新文科·高质量教材建设计划

U0754886

GONGCHENG XIANGMU

GUANLI
（DI-ER BAN）

工程项目

管理

（第2版）

陈光宇◎主编

电子科技大学出版社
University of Electronic Science and Technology of China Press

·成都·

图书在版编目（CIP）数据

工程项目管理 / 陈光宇主编. -- 2版. -- 成都 ：
成都电子科大出版社，2025. 1. -- ISBN 978-7-5770
-1470-8

Ⅰ. F284

中国国家版本馆 CIP 数据核字第 20245WJ780 号

工程项目管理（第2版）

陈光宇　主编

策划编辑　罗国良
责任编辑　罗国良
助理编辑　赵倩莹
责任校对　梁　硕
责任印制　段晓静

出版发行　电子科技大学出版社
　　　　　成都市一环路东一段159号电子信息产业大厦九楼　邮编　610051
主　　页　www.uestcp.com.cn
服务电话　028-83203399
邮购电话　028-83201495

印　　刷　成都市火炬印务有限公司
成品尺寸　170 mm×240 mm
印　　张　19.75
字　　数　370千字
版　　次　2025年1月第2版
印　　次　2025年1月第1次印刷
书　　号　ISBN 978-7-5770-1470-8
定　　价　49.80元

在面向第四次工业革命的新工程教育中，我们更加注重融合基础学科、工程学科、人文学科，以更全面地培养人才的交叉跨界与集成创新。在我国提出了全面实施"新工科"建设行动计划的背景下，工程管理原理与经济决策方法知识体系课程在工程专业的研究生和本科生的工程教育中显得尤为重要，成为工程教育认证的关键内容。鉴于此，我们精心编写《工程项目管理（第2版）》教材，适用于工程专业本科生的通识课程、工程管理硕士生的专业基础课程和MBA学生的方向课程。

在教材编写过程中，我们参考了国内外多种同类教材和国际相关协会推出的最新的项目管理知识体系，如美国项目管理学会（PMI）的《项目管理知识体系（PMBOK指南）（第6版）》、国际项目管理协会（IPMA）的《个人项目管理能力基准（ICB）（第4版）》和英国商务部（OGC）《受控环境下的项目管理（PRINCE2）》相关国际标准等。

《工程项目管理（第2版）》教材编写本着从培养"单一技术的工程师"向"知识融合、能力集成的领军人才"转变，教育目标是培养学生的思维—行为—环境的综合能力，培养学生的工程系统性管理思维和创新性思维，使学生掌握项目团队领导的行为规范和职业伦理规范，提高在较复杂工程环境中的决策能力。面向能够适应，甚至引领未来工程需求的人才培养，本教材在相应章节尝试融入创新和思政元素，具体章节内容安排如下：第1章包括工程与项目的含义与特点，工程项目管理的内涵、背景、现状及发展趋势；第2章包括项目组织的环境、概念、结构、应用，项目经理与团队管理、沟通管理，以及新经济下的组织结构创新；第3章包括项目立项评估的目的、过程、指标和方法；第4章包括系统与项目，项目整合管理、风险管理、安全管理；第5章包括项目范围管理，项目进度与成本计划、成本控制，关键链项目进度管理；第6章包括项目质量管理基础、概述，项目规划质量管理，管理质量，控制质量；第7章包括项目采购与合同管理的概念，采购规划、实施，合同管理、收尾；第8章包括PPP的定义、生命周期、立项评估，项目中期评估，项目后评估，PPP项目的风险分担，传统施工、PPP、EPC的区别，PPP项目的应用；第9章包括全过程工程咨询的概念、行业分类，全生命周期下的全过程工程咨询服务，总建筑师与总咨询师。教材覆盖的知识点既能满足在校学生对工程项目管理知识体系的需求，也能为工程领域的践行者提供前沿的理论指导。

本书由电子科技大学陈光宇教授（第1章和第8章，全书的统稿）担任主编，夏远强教授（第6章）和晏鹏宇教授（第5章）担任副主编。编委成员有电子科技大学的张徽燕副教授（第2章）、路应金副教授（第3章）、雷鸣副教授（第4章）、冯薇副教授（第7章）以及客座教授权生老师（第9章）。非常感谢电子科技大学陆力副教授、唐泳博士给予的大力支持，感谢电子科技大学博士生税发萍，硕士生杨欣昱、梁娜和何甫等参与本书素材的收集和案例的整理工作。

尽管作者在编写过程中进行了反复推敲和认真教研，但受作者的能力所限，书中的错误和问题在所难免。在此，作者恳请使用本书的老师、学生和读者提出宝贵的意见和建议。

>> Contents
目 录

第1章　工程项目管理概论

本章导读

工程是应用科学技术改造物质世界的社会实践。一般而言，工程全生命周期覆盖决策、实施、使用和退役四阶段。项目是在限定条件下，为完成特定目标要求的一次性任务。

本章为引导作用，主要内容包括：

(1) 工程与项目的含义和特点；

(2) "工程管理"和"工程项目管理"的基本概念；

(3) 项目管理的发展历程；

(4) VUCA时代及展望。

1.1　工程与项目的含义与特点

对于"工程"的理解，国内外并没有一个统一的定义。1828年，英国土木工程师协会章程最初把工程定义为"利用丰富的自然资源为人类造福的艺术"。1852年，美国土木工程师协会章程将工程定义为"把科学知识和经验知识应用于设计、制造或完成对人类有用的建设项目、机器和材料的艺术"。在我国，各学者从不同的角度对工程进行了定义，通常可以分为两类：一类，工程为将自然科学理论应用到具体工农业生产部门中形成的各学科的总称，如水利工程、化学工程等；另一类，工程为需要较多的人力、物力和较长的周期来进行的较大而复杂的工作，如中国载人航天工程、青藏铁路工程等。工程的定义和内容会随着社会的发展和阐述的角度发生改变，但工程的本质是不变的，即造物，工程是人类应用科学和技术改造物质世界的社会实践。

对于"项目"的理解，它是与工程密切相关的活动。项目的历史甚为久远，中国古代万里长城、古埃及金字塔等已被人们普遍誉为早期成功项目的典

范，其造物活动属于工程的范畴。在今天，项目已经成为人类生产与进步的主要动力，项目无处不在。举办一届运动会，组织一次综合文艺晚会的过程，都可以当作一个项目，但这类服务活动不属于工程的范畴。

中国有着极其丰富的项目实践。例如，古代的都江堰、秦始皇陵兵马俑和北京故宫等工程，这些项目即使是放在今天，也可以称得上是大型工程项目。新中国成立后，各种规模和类型的项目更是数不胜数。例如，国家领导和专家反复论证、慎重决策的长江三峡水利枢纽工程、京九铁路工程和载人航天工程，广大农民积极参与的科技推广，研究单位遍地开花的科研课题，以及各种基础设施建设、房地产项目等。

项目来源于人类有组织的活动的分化。随着人类的发展，有组织的活动逐步分化为两种类型：

（1）连续不断、周而复始的活动，人们常称为"作业"（operations），如企业日常生产产品的活动，也称为"运营"。

（2）临时性、一次性的活动，人们称为"项目"（projects），如企业的技术改造活动、一项环保工程的实施等。

尽管各行业对"项目"含义的理解不完全相同，但其共性的内容是：项目是在限定条件下，为完成特定目标要求的一次性任务。目标是非常重要的一个基本概念，按项目管理学的基本理论，没有目标的建设工程，不是项目管理的对象。项目与作业最重要的不同点是一次性和独立性，其特点如图1-1所示。

项目 { 是一种非常规性和一次性的任务
具有明确的目标和明确的约束——→进度、成本、质量（工作标准）等

图1-1　项目的特点

在项目管理学中，项目是指一个过程，而不是过程完成后形成的成果。项目管理的任务是对这个过程进行控制与管理。

美国项目管理协会（Project Management Institute，PMI）是项目管理领域影响很大的一个国际性组织，在全球有许多分会。PMI制定的《项目管理知识体系指南》（PMBOK指南）的第6版对项目定义为：项目是为创造独特的产品、服务或成果而进行的临时性工作。

PMI针对项目的内涵做了如下的解释：

（1）尽管某些项目可交付成果中可能存在重复的元素，但这种重复并不会改变项目工作本质上的独特性；

（2）由于项目的独特性，其创造的产品、服务或成果可能存在不确定性；

（3）临时性是指项目有明确的起点和终点；

（4）当项目目标达成或中止时，或当项目需求不复存在时，项目就结束了。

在项目管理学中，特别强调项目的如下特点：

（1）项目的目标性和约束性：如进度目标、成本目标和质量目标等；任何项目是在一定限定条件下进行的，包括人力、财力和物力等资源条件和人为的约束，其中进度、费用和质量目标是项目普遍存在的三个主要约束条件。

（2）项目的一次性：由于目标、环境条件、组织和过程等的特殊性，不存在完全相同的项目，即项目的非重复性。但项目的一次性属性是对项目整体而言的，并不排斥在项目中存在着重复性的工作。

（3）项目的临时性：每一个项目都有确定的开始和结束时间，当项目的目的已经达到，或者已经清楚地看到项目目的不能达到时，则该项目达到了它的终点。临时性不一定意味着时间短，许多项目都要进行好几年，有些长达上百年，如在建的西班牙巴塞罗那圣家大教堂。然而，在任何情况下项目的期限都是有限的。

（4）项目的不确定性：大多数项目在其进行过程中，往往有许多不确定的影响因素。比如，涉及单位多，关系协调难度和工作量较大；技术复杂性不断提高；规模不断扩大；社会、政治和经济环境的影响，特别是国际工程项目。

1.2　工程项目管理的内涵

1.2.1　"工程管理"与"工程项目管理"的基本概念

工程管理覆盖决策阶段、实施（设计与建造）阶段、使用阶段和退役阶段的生命周期全过程，涉及项目阶段的项目投资方、开发方、设计方、施工方、其他咨询方等参与方和使用阶段的设施管理方和备件供应商等。

工程管理的核心任务是从全生命周期考虑，为项目建设增值和为设施使用增值。工程项目建设增值包括确保工程建设安全、提高工程质量、控制投资成本和进度等；运行增值包括确保使用安全、有利于环保节能、满足最终用户的使用功能、有利于降低工程运营成本和维护等。

广义上讲，工程项目管理主要涉及项目的决策阶段和实施阶段的过程管理，而没有覆盖使用阶段和退役阶段。

项目决策期的主要任务是开展立项论证，确定项目的定义，及明确将要开

发或建设项目的任务、目标和意义。项目立项论证包括调查、分析和科学论证工作，该阶段的主要工作是编制项目建议书和可行性研究报告等。

项目实施阶段可以细分为几个工作环节，如设计准备环节（编制设计任务书、选择设计单位以及组织实施等）、设计环节（初步设计、工程设计和施工工艺设计等）、施工环节、试运行环节。

使用阶段的设施管理是使用期管理方的工作。许多项目设施管理工作并不是等到项目建成后才开始的，而是在项目实施前期已介入。设施管理的核心任务是使设施得到保值和增值。

退役管理包括设备设施拆除、报废管理，保证拆除报废工作安全有序地进行。退役过程具备项目一次性特性。

英国皇家特许建造学会（The Chartered Institute of Building，CIOB）对工程项目管理表述为"自项目开始至项目完成，通过项目策划和项目控制，以使项目的费用目标、进度目标和质量目标得以实现。"其中，"自项目开始至项目完成"指的是项目的实施期；"项目策划"指的是目标控制前的一系列策划和准备工作；"费用目标"对业主而言是投资目标，对设计方而言是成本目标。

PMI针对泛指的一切项目，并不限于工程项目，给出如下表述：

"项目管理就是将知识、技能、工具与技术应用于项目活动，以满足项目的要求。项目管理通过合理运用与整合特定项目所需的项目管理过程得以实现。项目管理使组织能够有效且高效地开展项目。"

"项目管理通过项目经理和项目组织的努力，运用系统理论和方法对项目及其资源进行计划、组织、协调、控制，旨在实现项目的特定目标。"

项目管理框架包括项目干系人、项目管理知识领域、项目管理工具技术、项目成功，如图1-2所示。

项目干系人是指参与项目或受项目活动影响的人，包括项目发起人、项目团队、支持人员、客户、使用者、供应商，甚至是项目的反对者。这些干系人对项目通常有着不同的诉求和期望。项目管理知识领域是项目经理必须具备的重要知识，涵盖十大知识领域，如图1-2所示。项目管理工具和技术帮助项目经理和团队进行十大知识领域涉及的项目管理。例如进度管理的甘特图、项目网络图以及关键路径分析等。

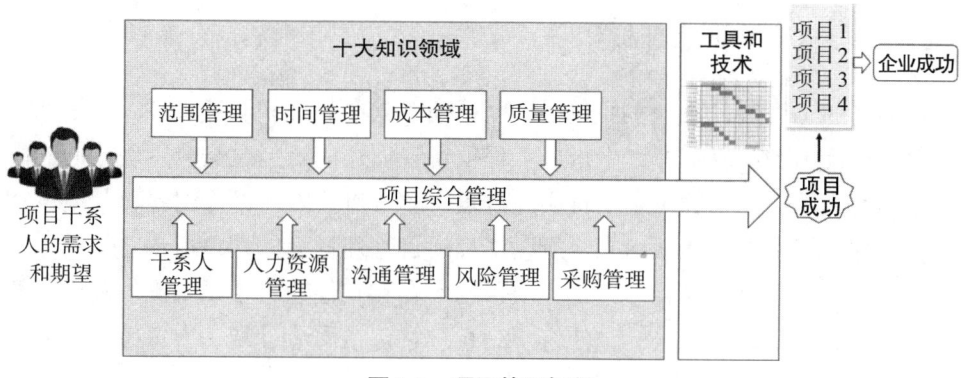

图1-2 项目管理框架

下面列出项目成功的常用衡量标准：

（1）在项目经理和高级管理层批准的范围、时间、成本、质量、资源和风险等因素制约下，完成项目。

（2）在竞争的制约因素内达到期望的商业价值。

1.2.2 不同参与方的工程项目管理

按工程项目不同参与方的工作性质和组织特征，划分工程项目管理为：

（1）业主方的工程项目管理；

（2）设计方的工程项目管理；

（3）施工方的工程项目管理；

（4）供货方的工程项目管理；

（5）建设项目总承包方的工程项目管理等。

业主方项目管理是项目管理的核心，是项目成败的关键。业主方是工程项目全过程的总组织者，是项目实施的"发动机"。

设计方项目管理主要服务于项目的整体利益和设计方本身的利益。设计方项目管理的目标包括设计的成本目标、设计的进度目标和设计的质量目标，以及项目的投资目标。

施工方受业主方的委托承担工程任务，施工方必须树立服务观念。项目的整体利益和施工方本身的利益是对立的统一关系，既有统一的一面，也有矛盾的一面。

建设项目总承包方作为工程项目的重要参与方之一，其项目管理主要服务于项目的整体利益和总承包方本身的利益，其项目管理的目标应符合合同的要求。

1.2.3　工程项目管理目标体系

传统的工程项目管理主要包括进度管理、成本管理和质量管理。王祖和教授在《现代工程项目管理》中指出工程项目管理还应该包含安全管理方面的内容，因为人的安全与健康是项目实施过程中非常重要的一部分内容，其应该在项目管理目标中具体体现出来。所以工程项目管理目标体系包括：

（1）工程项目质量管理，是为项目的顾客和其他项目干系人提供高质量的工程与服务，实现项目目标，使客户满意。它包括质量计划、质量控制和质量保证等内容。

（2）工程项目成本管理，是在工程建设的各个阶段，对工程项目成本进行预测、计划、执行、检查、协调和控制等的总称。它具体包括投资控制、成本管理和成本控制管理等内容。

（3）工程项目进度管理，是采用科学的方法确定进度目标，编制进度计划和资源供应计划，进行进度控制，在与质量、费用和安全目标协调的基础上实现工期目标。它具体包括进度计划的编制、进度计划的实施和进度计划的控制等方面内容。

（4）工程项目安全管理，是在项目的实施过程中，组织安全生产的全部管理活动。它具体包括安全管理目标、安全计划、安全控制、安全管理措施等内容。

工程项目管理目标体系具备如下特点：

（1）多目标性。不论其规模大小、无论何种类型，工程项目的目标往往不是单一的，它至少是由项目的质量、成本、进度和安全等几个基本目标构成的多目标系统，而且不同目标之间彼此相互冲突，要确定工程项目目标就要对多个目标进行权衡。实现工程项目的总目标过程就是多个目标协调的过程，这种协调包括项目在同一层次的多个目标的协调，项目总体目标与其他工程项目目标的协调，不同层次目标的协调等。

（2）相关性。工程项目的各个基本目标之间并非彼此独立，而是相互联系、相互制约的对立、统一的有机整体。例如：工程项目工期的缩短往往要以成本的提高为代价，在这方面两者是对立的，但项目工期的缩短可以使工程项目提前投入使用、缩短项目的投资回收期，提高投资效益，在此两者又是统一的。又如要提高工程项目的质量标准会使成本增加，两者有矛盾的一面，但如能较好地控制工程质量，可以减少返工损失费、降低工程项目的维修费和长期使用费，从而使项目全寿命周期内的总成本减少，两者又有统一的一面。同时，项目的工期和质量之间、项目的安全与工期方面亦存在对立统一的关系。

1.2.4 项目管理、运营管理与组织战略的关系

项目管理是指在项目活动中运用专门的知识、技能、工具和方法，使项目能够在有限资源限定条件下，实现或超过设定的需求和期望的过程。运营管理关注产品的持续生产和服务的持续运作。它使用最优资源满足客户要求，保证业务运作的持续高效。它重点管理把各种输入（如材料、零件、能源和劳力）转变为输出（如产品、商品和服务）的过程。组织战略指公司根据战略任务、战略目标和战略决策，确定公司在执行战略过程中，组织公司各项活动的模式，决定了一个企业或组织在一定时期的全局的、长远的发展方向、目标、任务和政策，以及资源调配做出的决策和管理。

三者之间的关系：组织的战略包括生存和发展两个部分，项目管理更多的是为组织战略发展和增长服务的，而运营管理更多的是为组织的生存和延续服务的。因此，当组织的战略强调发展与增长的时候，项目管理是实现组织战略的主要手段，任何组织的每个项目都是为实现组织战略目标服务的，所以组织的项目管理必须为组织的战略管理服务；而当组织的战略强调生存和延续的时候，运营管理是实现组织战略的主要手段，任何组织的日常运营活动的结果都表现为组织使命、愿景和目标的部分或全部的实现。

运营管理和项目管理作为实现企业战略的重要支撑，主要区别见表1-1所列。

表1-1　运营管理和项目管理的对比

	运营管理	项目管理
主要特征	重复性、持续性的工作	独特性、一次性的工作
内容	日常运营管理	项目管理
组织结构	基于职能分工的组织结构	基于项目团队的组织结构
管理模式	按职能和直线模式管理	按项目过程和活动管理

1.2.5 组织级项目管理和战略

项目管理过程、工具和技术的运用为组织达成目的和目标奠定了坚实的基础。一个项目可以采用三种不同的模式进行管理：作为一个独立项目（不包括

在项目组合或项目集中）、作为一个项目集、作为一个项目组合。如果在项目组合或项目集内管理某个项目，则项目经理需要与项目集和项目组合经理互动合作。例如，为达成组织的一系列目的和目标，可能需要实施多个项目。在这种情况下，项目可能被归入项目集中。项目集是一组相互关联且被协调管理的项目、子项目集和项目集活动，以便获得分别管理所无法获得的利益。

有些组织可能会采用项目组合，在任何特定的时间内同时进行多个项目或项目集的有效管理。项目组合是指为实现战略目标而组合在一起管理的项目、项目集、子项目组合和运营工作。

项目集管理和项目组合管理的生命周期、活动、目标、重点和效益都与项目管理不同。但是，项目组合、项目集、项目和运营通常都涉及相同的相关方，还可能需要使用同样的资源，而这可能会导致组织内出现冲突。这种情况促使组织增强内部协调，通过项目组合、项目集和项目管理达成组织内部的有效平衡。

项目组合、项目集和项目均需符合组织战略，或由组织战略驱动并以不同的方式服务于战略目标的实现。

（1）项目组合管理通过选择适当的项目集或项目，对工作进行优先排序，以及提供所需资源，来与组织战略保持一致。

（2）项目集管理对其组成部分进行协调，对它们之间的依赖关系进行控制，从而实现既定收益。

（3）项目管理使组织的目的和目标得以实现。

作为项目组合或项目集的组成部分，项目是实现组织战略和目标的一种手段，常常应用于作为项目投资主要引导因素的战略规划之中。为了使项目符合组织的战略业务目标，对项目组合、项目集和项目进行系统化管理，可以应用组织级项目管理（Organizational Project Management，OPM）。OPM 指为实现战略目标而整合项目组合、项目集和项目管理与组织驱动因素的框架。OPM旨在确保组织开展正确的项目并合适地分配关键资源。OPM 有助于确保组织的各个层级都了解组织的战略愿景、支持愿景的举措、目标以及可交付成果。战略、项目组合、项目集、项目和运营相互作用的组织环境如图 1-3 所示。

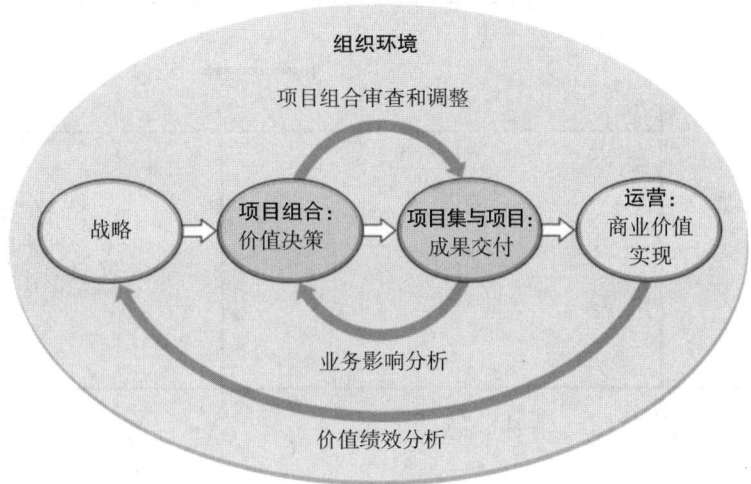

图1-3 组织项目管理

项目组合、项目集和项目管理均需符合组织战略或者由组织战略驱动。反之，项目组合、项目集和项目管理又以不同的方式服务于战略目标的实现。项目组合管理通过选择正确的项目集或项目，对工作进行优先排序，以及提供所需资源，来与组织战略保持一致。项目集管理对项目集包含的项目和其他组成部分进行协调，对它们之间的依赖关系进行控制，从而实现既定收益。项目管理通过制定和实施计划来完成既定的项目范围，为所在项目集或项目组合的目标服务，并最终为组织战略服务。

OPM把项目、项目集和项目组合管理的原则和实践与组织驱动因素（如组织结构、组织文化、组织技术、人力资源实践）联系起来，从而提升组织能力，支持战略目标。组织应该测评自身能力，然后制定和实施能力提升计划，以期系统地应用最佳实践。

1.3 项目管理的国内外背景及现状

1.3.1 项目管理的发展历程

项目管理概念及其学科的演变与发展进程经历了经验式的项目管理、科学化的项目管理以及现代项目管理等三个阶段，如图1-4所示。

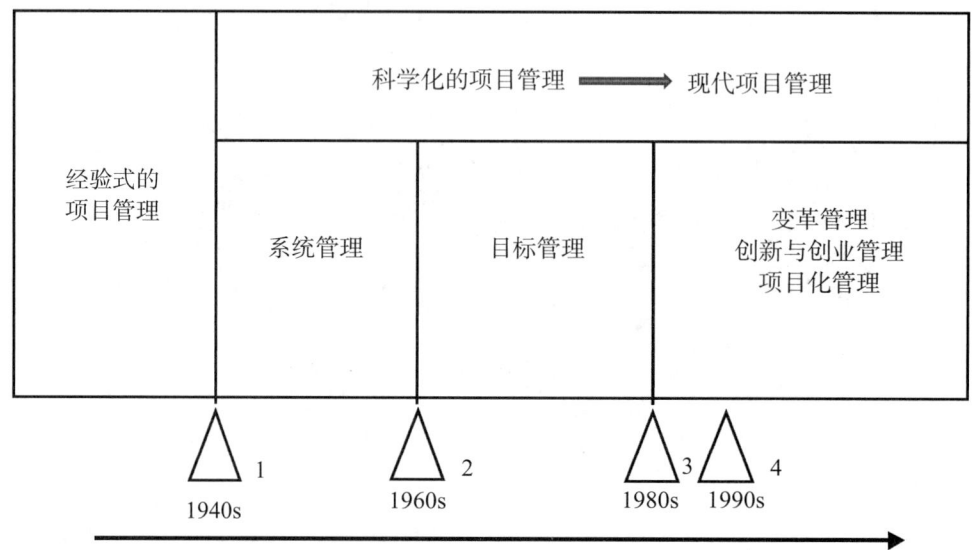

图1-4　项目管理概念及其学科的演变与发展进程

从20世纪20年代起，美国开始研究工程管理，如，杜邦公司的亨利·甘特首先提出了时间管理的重要工具——甘特图法。1936年，美国在洪水控制水利工程中提出了直至目前仍在沿用的"效益与费用比"的基本准则。

传统的项目管理阶段从20世纪40年代开始，在此之前普遍认为是经验式的项目管理阶段。第二次世界大战中，项目管理主要应用于国防和军工项目。典型的项目是美国第一颗原子弹的研制项目"曼哈顿计划"，首次全面地采用了项目管理，主要致力于项目的投资和进度的控制。为达到项目目标而使用管理的理论和方法，是系统工程的成功实践。这阶段的特征是强调计划的协调与控制，因此产生了制定项目计划的甘特图方法。

20世纪50年代后期到60年代，美国杜邦公司和兰德公司提出关键路径法（critical path method，CPM），美国海军在计划和控制北极星导弹研制时发展了计划评审技术（program evaluation and review technique，PERT）。

20世纪60年代，美国实施的由42万人参加、耗资400亿美元、有两万多个企业参加的载人登月项目"阿波罗计划"，在应用关键路径法和计划评审技术的基础上，基于"阿波罗计划"涉及多部门、多专业、众多单位参与的实际现状，提出了"矩阵组织"的管理技术，使得"阿波罗计划"取得巨大成功。此时，项目管理有了科学的系统方法和系统工具。现在，甘特图计划、关键路径法和计划评审技术、矩阵组织技术已被认为是项目管理的核心方法。

在20世纪60年代末期和70年代初期，工业发达国家开始将项目管理的理论和方法应用于建设工程领域，紧接着在大学开设了与工程管理相关的专业；70年代中后期兴起了项目管理顾问服务，项目顾问公司的主要服务对象是业主，也服务于承包商、设计方和供货方。

在传统的项目管理阶段，着重强调系统化的项目管理技术，利用关键路径法和计划评审技术实现项目的时间、成本、质量三大目标。

国际咨询工程师协会（FIDIC）于1980年颁布了《业主与咨询工程师项目管理协议书国际范本及通用规则》（IGRA1980 PM）。该文明确了代表业主方利益的项目管理方的地位、作用、任务和责任。

现代项目管理阶段从20世纪80年代开始，特别是进入20世纪90年代以后，信息系统工程、网络工程、软件工程和大型建设工程以及高科技项目等管理新领域的出现，融入变革管理、创新与创业管理等新理论，促使项目管理在理论和方法等方面不断地发展和现代化。现代项目管理除了实现时间、成本、质量三大目标外，其管理范围不断扩大，应用领域进一步增加，与其他学科的交叉渗透和相互促进不断增强，比如企业项目化管理正发展成为项目管理学科的知识体系组成部分。

1.3.2 中国项目管理的发展历程

我国项目管理的发展最早起源于20世纪60年代华罗庚推广统筹法，现代项目管理学科就是由于统筹法的应用而逐渐形成的。此外，在我国"两弹一星"的研制中推行的系统工程方法也是项目管理体系形成的重要基础。"两弹一星"元勋钱学森教授在1978年指出："系统工程是组织管理'系统'的规划、研究、设计、制造、试验和使用的科学方法，是一种对所有'系统'都具有普遍意义的科学方法。"（《论系统工程》，1982年）

1984年，在鲁布革水电站引水导流工程中，建筑企业运用项目管理方法对这一工程的施工进行了有效的管理，使得该工程的投资总额降低了40%，工期也大大缩短，取得了很好的效果。这给当时我国的整个投资建设领域带来了很大的冲击，人们确实看到了项目管理技术的作用。1987年，国家计委、建设部等有关部门联合发出通知，在一批试点企业和建设单位要求采用项目管理施工法，并开始建立我国的项目经理认证制度。1991年，建设部进一步提出把试点工作转变为全行业推进的综合改革，全面推广项目管理和项目经理负责制。后来的三峡水利枢纽建设和其他大型工程建设中，都采用了项目管理这一有效手段，并取得了良好的效果。

2000年后随着国际项目经理资质认证（International Project Management Professional，IPMP）、项目管理专业人员资格认证（Project Management Professional，PMP）的引进与推广，项目管理培训得到普及。10年的时间，参加项目管理的培训、普及与应用的人数达到数十万人。这一阶段最为典型的特征是：我国项目管理知识体系的形成与发布，各行各业项目管理的应用得到普及。

进入21世纪后，我国的重大工程项目层出不穷：首艘货运飞船"天舟一号"完成多项应用，巩固了航天器多方位空间交会技术；"墨子号"量子卫星成功实现量子纠缠实验，开启全球化量子通信大门，同时世界上首条量子保密通信干线——"京沪干线"正式开通；国产大飞机C919首飞成功，设计规划了102项关键技术攻关，意味着中国实现了民用飞机技术集群式突破；由"中国通号"研发的全球首套时速350公里高铁自动驾驶系统（C3+ATO）顺利完成实验室测试，标志着我国成为首个攻克高铁自动驾驶技术的国家。从大型工程内容来看，新时代的大型工程涉及领域更广，对每个领域的研究也更加深入。除了在国防工程上取得了重大突破外，也开始重视基于市场、基于民生的大型工程。十九大将"军民融合"上升为国家战略是促进军民两用工程发展的最直接动力。社会的发展和需求对工程技术研发、应用提出了更高的要求，因此21世纪的大型工程涉及的技术更复杂。

1.3.3　项目管理的重要国际标准和认证

1. 重要国际标准

美国项目管理协会（PMI）出版了第一代、第二代和第三代的标准，即《项目管理知识体系指南》（PMBOK指南）、《项目集管理标准》《项目组合管理标准》以及《组织变革管理实践指南》，对项目管理的发展做出了很大的贡献。虽然美国项目管理协会出版的标准和其他出版物并不是专门针对建设工程项目管理，但其基本理论和方法具有深远的指导意义。参考美国项目管理协会的有关标准的体系，我国已编制出版了国标《建设工程项目管理规范》（GB/T50326-2006）。《组织变革管理实践指南》是美国项目管理协会于2013年出版的实践指南，认为"变革管理是贯穿项目组合、项目集和项目管理的一种基本能力。PMI相信组织的所有战略变革都是通过项目集和项目来实现。成功的组织都以有效地管理项目和项目集来引领变革。"

组织项目管理能力评价的相关评价指南和标准，主要包括PMI的《组织级项目管理成熟度评价模型（OPM3）》评价指南；国际项目管理协会（International Project Management Association，IPMA）的《国际卓越项目管理评估模型及应用》；中国的"卓越绩效评价准则"体系，包括GB/T19580《卓越绩效评价准则》、GB/Z19579《卓越绩效评价准则实施指南》以及卓越绩效评价准则内容展开评分表等指导文件。

2. 国际上主要的两大认证

目前，IPMA和PMI各提出了一套针对项目管理专业人员能力的认证标准。IPMP是IPMA在全球推行的四级项目管理专业资质认证体系的总称。IPMP认证的基准是IPMA建立的个人项目管理能力基准（Individual Competence Baseline，ICB），ICB自1992年提出以来经历过多次修改完善，2017年ICB4.0正式发布。ICB涵盖了项目经理、大型项目经理、项目组合经理及项目管理人员应具有的知识和经验，定义了46个能力要素。在此基础上，针对时间领域的项目经理水平现状，IPMA将项目经理的管理能力分为了A、B、C、D四个等级，需要通过不同等级的笔试、面试、报告、案例模拟等考核。

PMP是由PMI发起的，严格评估项目管理人员知识技能是否具有高品质的资格认证考试。其目的是给项目管理人员提供统一的行业标准。目前，美国项目管理协会建立的认证考试有：PMP和CAPM（Certified Associate in Project Management，项目管理助理师），其已在全世界190多个国家和地区设立了认证考试机构。PMP考试内容主要包括项目管理五个过程：启动、规划、执行、监控、收尾。

1.3.4　项目管理成熟度

项目管理成熟度指的是一个项目组织制定目标后，具有按照预定预期和条件，成功且可靠地达成目标的能力。

成熟度模型自20世纪80年代开始进入管理研究者的视野，美国卡耐基·梅隆大学研究人员与美国国防部合作，在1984年成立卡耐基·梅隆大学软件研究所（SEI），于1987年正式发布世界上第一款完整的成熟度评价模型CMM。项目管理成熟度旨在为组织提供一个在管理方面评估和改进的框架。随后各个国家、地区、组织参与进来，针对项目管理成熟度进行创新和发展，目前已有30多种成熟度模型，几乎可以适应于各个国家、地区、组织的特点。

1. OPM3 模型

1998年，美国项目管理学会（PMI）开始启动OPM3计划，并期望作为标准模型投入市场竞争。John Schlichter担任OPM3计划的主管，并在全球招募

了包括中国在内的35个不同国家、不同行业的800余位专业人员。经过五年的努力，OPM3（Organizational Project Management Maturity Model）在2003年12月问世，掀起继CMM震撼后的另一股企业开始追求建立"组织全面性项目管理能力"的风潮。

PMI对OPM3的定义是：评估组织通过管理单个项目和项目组合来实施自己战略目标的能力的方法，还是帮助组织提高市场竞争力的方法。OPM3为使用者提供了丰富的知识和自我评估的标准，用以确定组织的当前的状态，并制定相应的改进计划。

相比于CMM/CMMI模型仅从成熟度和达成成熟度等级的关键目标方面进行的评估，OPM3从三个维度评价项目管理的成熟度，第一维是成熟度的四个连续的梯级，第二维是项目管理的十个领域和五个基本过程，第三维是组织项目管理的三个层次域。

第一维的四个梯级分别为标准化、可测量、可控制、持续改进；第二维的十个领域是项目管理中涉及各项细化的管理，分别为项目整体管理、项目范围管理、项目时间管理、项目成本管理、项目质量管理、项目人力资源管理、项目沟通管理、项目风险管理、项目采购管理和项目干系人管理；五个基本过程是启动、规划、执行、监控和收尾，而对于项目组来说，有两个过程组，分别为组合和监控；第三维的三个层次域即是单项目管理、项目集管理和项目组合管理。

OPM3在我国已经拥有较多的应用和变种，譬如神舟项目管理成熟度模型（SZ-PMMM）、高分辨率对地观测系统科技重大专项中所使用的简化模型、航天型号项目管理成熟度评价体系构建及方法研究（CAR-PM3）等。

2. 国际卓越项目管理评估模型

国际卓越项目管理评估模型是由德国项目管理协会于1998年提出的，在IPMA的帮助下于2001年正式完成国际化转化工作，成为国际项目管理协会推动全球项目管理发展的一个重要产品，被称为组织进行项目管理评价的度量器和追求卓越的导航仪。国际卓越项目管理评估模型的核心主要体现在：①结果为导向、关注过程；②以客户为中心，为利益相关方创造价值；③建立并发展合作伙伴关系；④领导者关键作用；⑤注重环境、节约资源；⑥基于事实的管理；⑦系统的观点；⑧不断学习、创新改进。

国际卓越项目管理评估模型总分为1 000分，从"项目管理"和"项目结果"两个方面对项目进行评价，如图1-5所示。在"项目管理"部分，包括项目目标、领导力、人员、资源、过程5个准则，反映了成功的项目管理的5个关键要素。在"项目结果"部分，包括客户结果、人员结果、其他相关方结果、主要成就和项目成果4个准则，呈现了现代项目管理评价项目成功与否的重要标准。各准则后面括号内的数字表示在评价中对权重的考虑。

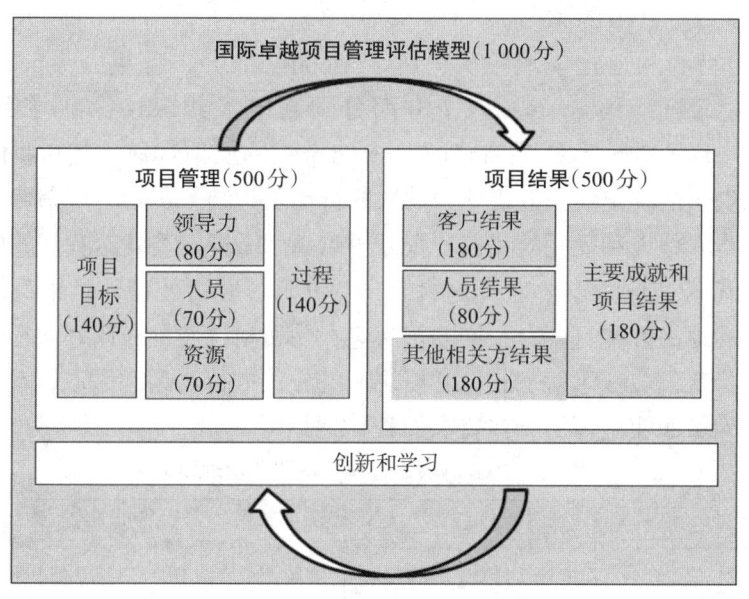

图1-5　国际卓越项目管理评估模型

　　项目管理成熟度，既可以评价项目本身，也可以评价项目的组织团队；既是表征团队管理能力的指标体系，也是指导项目团队不断改进的方法。项目管理评估者在评估后可以根据对于各部分评价结果中出现的漏洞或问题进行针对性的改进，以达到提高管理水平的目的。同时在一些成熟度评价模型中，也可以帮助管理者对于自身的管理能力，做出指导性的提升。

1.3.5　职业道德规范

　　广义的道德就是基于什么是对的、什么是错的来引导我们做出决定的一系列原则。做出符合道德规范的决定对项目经理的个人和职业生活十分重要，因为它是使人产生信任和尊敬的基础。道德标准的多元化以及人类自身的复杂性，常常导致在具体情境之下的道德判断与选择的两难困境，即"伦理困境"。为引导项目管理从业者在面临伦理困境时应该做出更好的选择，部分国际组织发布了一系列道德规范章程，在保证项目管理从业人员以符合道德规范

的方式完成工作方面有重大意义。

PMI是由项目管理专业领域中研究人员、学者、顾问和经理组成的全球性专业组织机构。PMI编制了《职业行为和道德规范》，适用对象为项目管理人员，包括：所有PMI成员；虽不是成员，但拥有PMI认证或正在申请认证的项目管理人员；PMI的志愿者。

《职业行为和道德规范》从责任（responsibility）、尊重（respect）、公正（fairness）、诚信（honesty）四个方面分别制定了共识性标准（aspirational standards）和强制性标准（mandatory standards）。所谓责任，是指我们对所做出的或未做出的决定、采取的或未采取的行动及其结果负责。所谓尊重，是指对我们自身、他人和委托给我们的资源予以高度重视，委托给我们的资源包括人、钱、名誉、他人安全以及自然或环境资源。所谓公正，是指我们应客观地、无偏袒地决策和行事，我们的行为应不受私利、偏见和偏好的影响。所谓诚信，是指我们应该了解真相，并以真诚的方式进行沟通和采取行动。PMI对项目管理人员职业伦理的具体要求如表1-2所示。

表1-2　PMI对项目管理人员职业伦理要求

	共识性标准	强制性标准
责任	基于社会、公共安全和环境的最大利益做出决定和采取行动	持续学习并维护那些规范我们工作、职业、志愿活动的政策、准则、规章和法律
	只接受那些符合我们的背景、经验、技能和资格的工作任务	向有关管理机构报告不道德或违法行为。如果有必要，也向受影响的人报告
	履行我们许下的承诺——做我们所说的我们要做的事	提请合适的机构对违反本守则的行为进行决议
	当犯下错误或疏漏时，我们会负责并迅速改正。当发现他人造成的错误或疏漏时，我们会立即与相关机构沟通。我们接受因我们的错误或疏漏造成的任何问题的问责	只备案被事实证实的道德伦理投诉
	保护委托给我们的专有或机密信息	我们将对那些打击报复举报人的行为人采取纪律惩戒行动
	坚持这个规范并与其他遵守此规范的人携手共进	

续表

	共识性标准	强制性标准
尊重	努力了解其他人的规范和习俗,避免发生他人可能认为是失礼的行为	真诚地进行谈判
	倾听别人的观点,试图了解他们	不利用自己的专业知识或地位来影响他人的决策或行为以谋求自身的利益
	直接联络与我们有冲突或分歧的人	不辱骂、诽谤或虐待他人
	以专业的方式采取行动,即使得不到回报	尊重他人的财产权
公正	确保决策过程的透明	主动且充分地向利益相关者披露任何实际或潜在的利益冲突
	持续地重新审视我们的公正性和客观性,并进行适当的纠正	当意识到有实际或潜在的利益冲突时,我们避免在决策过程或其他过程中试图影响结果,除非:已向利益相关者充分披露;有一项获批准的缓解计划;已取得利益相关者的同意,可以继续
	将信息公平地提供给那些应该知道这些信息的人	不基于个人考虑(包括但不限于偏好、裙带关系或贿赂)来雇佣或解雇,奖励或惩罚,订立或拒绝合约
	向合格的候选人提供公平的机会	不因性别、种族、年龄、宗教、残疾、国籍或性取向等原因歧视他人
		不偏袒或有偏见地运用组织(雇主、项目管理协会或其他组织)的规则
诚信	努力寻求了解真相	不参与或纵容欺骗人的行为,包括但不限于:做出错误或虚假的陈述,做出半真半假的陈述,提供断章取义的信息或者隐瞒那些可以反映陈述是误导或不完整的信息
	真诚地进行沟通和采取行动	不采取以损人利己为目的的不诚实行为
	及时准确地提供信息	
	真诚地作出承诺与保证	
	努力创造一种环境以使别人能感觉说实话是安全的	

1.4　现代项目管理发展趋势

1.4.1　变革与创新

20世纪90年代以后，随着信息时代的来临和高新技术产业的飞速发展，项目管理的特点也发生了巨大变化，在信息经济环境里，事务的独特性取代了重复性过程，信息本身也是动态的、不断变化的，所以灵活性成了新秩序的代名词。

所谓灵活性，实质是指变革管理，即当组织不能依靠自然演变而取得成功，必须借助于有目的、有活力的战略，进行有效预测，影响和应对不断变化的外部趋势、模式和事件，这就需要变革管理，即把个人、团体或组织从当前状况转变为未来状况的一种综合性、周期性、结构化的工作。

企业变革的核心是管理变革，而管理变革的成功来自于变革管理。变革的成功率并不是100%，甚至更低，常常使人产生一种"变革是死，不变也是死"的恐惧。但是市场竞争的压力，技术更新的频繁和自身成长的需要，"变革可能失败，但不变肯定失败"。因此知道怎样变革比知道为什么变革和变革什么更为重要。变革和项目必须结合在一起，变革项目的例子有数字化、敏捷转变、新领导、战略信息技术项目、文化变革项目、组织发展项目等，如图1-6所示。

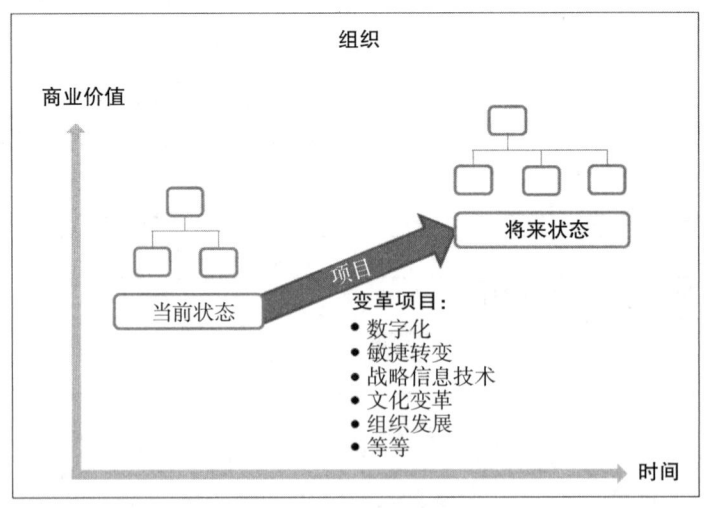

图1-6　组织通过变革项目进行状态转换

变革管理是一个涉及改变的系统过程，其另一层含义是创新，对一个组织，变革管理意味着在多变的商业环境中不断创新，从变化的机会中获利。早在1911年，美籍奥地利经济学家约瑟夫·阿罗斯·熊彼特（J. A. Schumpeter）就注意到创新在经济发展中的重要作用，其创新思想首先反映在其1911年出版的德文版著作《经济发展理论》一书中，此书1934年译成英文时，使用了"创新"（innovation）一词。熊彼特在1928年发表的首篇英文论文《资本主义的非稳定性》中首次提出了创新是一个过程的概念，并在1939年出版的《商业周期》一书中比较全面地提出了创新理论。他认为，所谓创新，是指把一种从来没有过的关于"生产要素的新组合"引入生产体系。创新的目的在于获取潜在利润。

在企业管理实践层面，彼得·德鲁克（Peter F. Drucker）认为创新是展现企业家精神的特殊手段，他认为创新是指赋予资源一种新的能力，使它能创造财富。德鲁克对创新的定义承袭了萨伊（J. B. Say）对企业家精神定义的精髓：创新就是通过改变产品和服务，为客户提供价值和满意度。

不管是熊彼特，还是德鲁克对创新的论述，我们都可以发现，技术创新是创新中最为重要的一类。技术创新包括：创造新技术并把它引入产品、工艺和商业系统中，或者创造全新的产品和工艺以及对现有产品和工艺的重大技术改进，并且产品被引入市场（产品创新）或生产工艺得到应用（工艺创新）。

中共中央和国务院1999年颁发的《关于加强技术创新，发展高科技，实现产业化的决定》中关于技术创新的定义相对较为系统："企业应用创新的知识和新技术、新工艺，采用新的生产方式和经营管理模式，提高产品质量，开发生产新产品，提供新服务，占据市场并实现市场价值。"

21世纪初至今，由于不断加快的科技创新频率，以及科技与产业融合速度的不断加快，使得"突破性创新""新兴技术""颠覆性创新"等主题成为过去十多年中技术创新领域的热点领域。这一阶段技术创新的研究表现出如下特点：

（1）突破性技术创新不仅能够带来产业架构与组件的双重变革，还可能带来市场颠覆，是实现"创新"驱动"发展"的破局之举，受到学术界和产业界的高度关注。

但是目前尚未形成突破性技术创新研究的系统性理论框架，相关研究更多是从技术和市场相对独立的维度展开。同时，现有研究对突破性技术创新概念有较多分歧，较少关注突破性技术创新路径的非联系、非线性等问题。

（2）克里斯滕森的"颠覆性创新"理论对学术界和实践界产生深远的影

响。20世纪末期西方社会发生的大型在位企业突然衰败事件引发了学者对此类现象的警觉，由此提出"颠覆性创新"概念。21世纪初期，随着互联网概念的提出与传播，"信息技术""电子商务""信息系统"等关键词不断进入学者们的研究视野，探究"颠覆性创新"模式成为研究的焦点。在初步探索期，学界主要延续着克里斯滕森的研究思路，关注了技术密集型产业，如生物技术、信息通信技术产业等的颠覆性创新现象。但是近年来随着颠覆性创新理论和实践逐渐丰富，学者研究对象从高新技术产业逐步拓展到传统产业，从宏观的产业层面逐步细化到微观的企业层面。

与突破性创新不同的是，"颠覆性创新"不强调技术的突破性和领先性，而是强调"技术够用"原则，重点是通过"技术—市场"的创新性匹配，实现对已有产业和市场格局的颠覆。很多学者从跨领域的理论视角，对颠覆性创新的机理、实施路径及其内外部驱动要素进行多角度研究。

（3）新兴技术带来的巨大机会和挑战，使其从21世纪初就成为国外技术创新领域的一个重要研究问题。随着中国在科技创新领域的不断追赶和突破，新兴技术的创新管理也成为国内企业尤其是高科技领域企业不得不面对的重要问题。国内外学者们从不同角度、层次对新兴技术相关创新问题进行了研究，具体包括：一是以特定新兴技术为研究对象，分析其对已有产业进行创新的机会和路径；二是对新兴技术管理的基础问题进行理论研究，例如新兴技术的概念、内涵和特征，新兴技术的共生演化机理，新兴技术的识别与评估等理论框架和管理方法；三是将新兴技术带来的机会和挑战作为特殊情境，研究企业（在位企业和新创企业）如何通过创新开发或利用新兴技术带来的机会。

随着硅谷的崛起和美国高科技产业的发展，技术创新开始引起除经济学家之外的其他学者（尤其是管理学者）的普遍关注。美国在创新管理研究领域占有绝对的优势地位，有一批知名学者提出了系列原创新理论，引领全球创新管理的研究趋势。此外，随着移动互联网、云计算等新兴技术和产业的不断涌现，创新价值的实现方式日趋多元，"商业模式创新"成为最近乃至将来创新管理领域的又一个热点。围绕新兴技术和商业模式创新活动相关的项目管理问题研究将会层出不穷。

1.4.2　VUCA时代及展望

VUCA一词最早源自军事用语，由Volatility（易变性），Uncertainty（不确定性），Complexity（复杂性），Ambiguity（模糊性）的缩写构成，近年来在商业、管理领域被频繁提及，用于表达阐述环境的动态变化。在工程项目管理发展过程中，随着工程项目的大型化、复杂化、高技术化，VUCA已成为今后工程项目环境的新常态。

VUCA经常以一个缩略词的形式出现在商业杂志和新闻中，人们往往将四个部分作为同义词来表达"不可预测的变化"。不可否认，易变性、不确定性、复杂性、模糊性之间确实有相关性，但重要的是关注他们之间的差异。对于工程管理者来说，VUCA代表着风险，要进行针对性的风险管理和应对，就需要分别探索四个部分的独特含义，从而了解VUCA环境究竟给现代工程管理带来什么样的风险和挑战。VUCA的解释如图1-7所示。

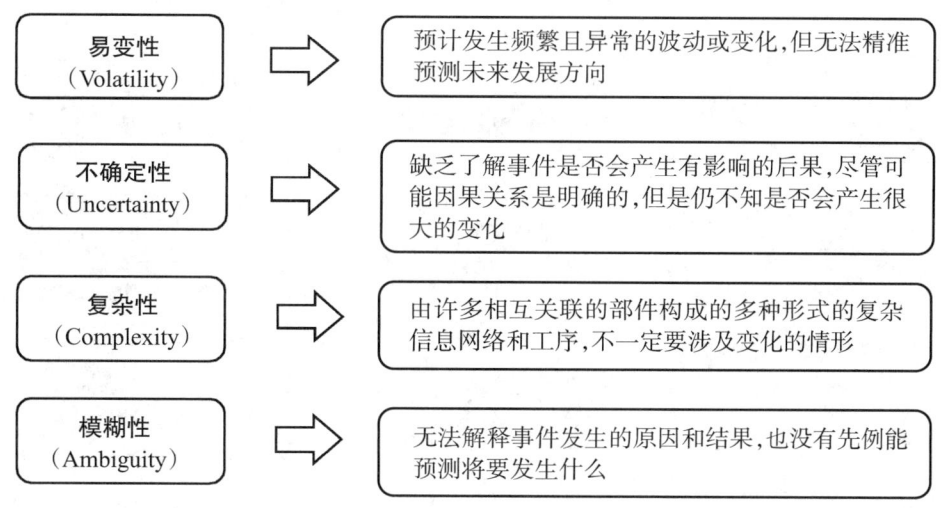

易变性 （Volatility）	⇒	预计发生频繁且异常的波动或变化,但无法精准预测未来发展方向
不确定性 （Uncertainty）	⇒	缺乏了解事件是否会产生有影响的后果,尽管可能因果关系是明确的,但是仍不知是否会产生很大的变化
复杂性 （Complexity）	⇒	由许多相互关联的部件构成的多种形式的复杂信息网络和工序,不一定要涉及变化的情形
模糊性 （Ambiguity）	⇒	无法解释事件发生的原因和结果,也没有先例能预测将要发生什么

图1-7 VUCA的解释

易变性最接近于商业新闻中常用的VUCA的一般定义，指不稳定的波动和变化。其特征表现为：信息可用，变化发生的因果关系可以理解，但变化频繁，有时不可预测。例如在21世纪，工程项目采购材料的价格波动往往很大，导致成本发生相应的变化。

不确定性是指对即将发生的问题和事件缺乏预测性，不能准确描述未来。问题和事件产生的原因和影响是可以理解的，但不知道一个事件是否会产生重大的变化。例如，工程项目的建设或管理过程充满了不确定性，往往会发生HSE风险，我们虽然可以理解HSE风险发生的原因和结果，却无法预测它们何时以及以怎样的形式发生。

复杂性是常见的环境或事物的属性，由于涉及许多相互关联的部件形成的复杂信息网络和工序，导致问题或事件发生的原因和相关因素难以理解，通常

形式多样、错综复杂，但不一定涉及变化。例如，大型工程承包企业在进入国际市场开展工程项目建设时，在新的环境往往会遇到复杂的关税、法律法规和物流、文化等问题。

模糊性是指本身缺乏关于"基本规则"的认知，不能理解事件发生的原因和影响，也没有先例来预测将要发生的事情。例如，工程中的技术创新是具有模糊性的，无法预测新技术对工程项目的影响。

基于上述 VUCA 差异性分析，工程项目管理将面临新的挑战并采用相应的应对措施，如图1-8所示。

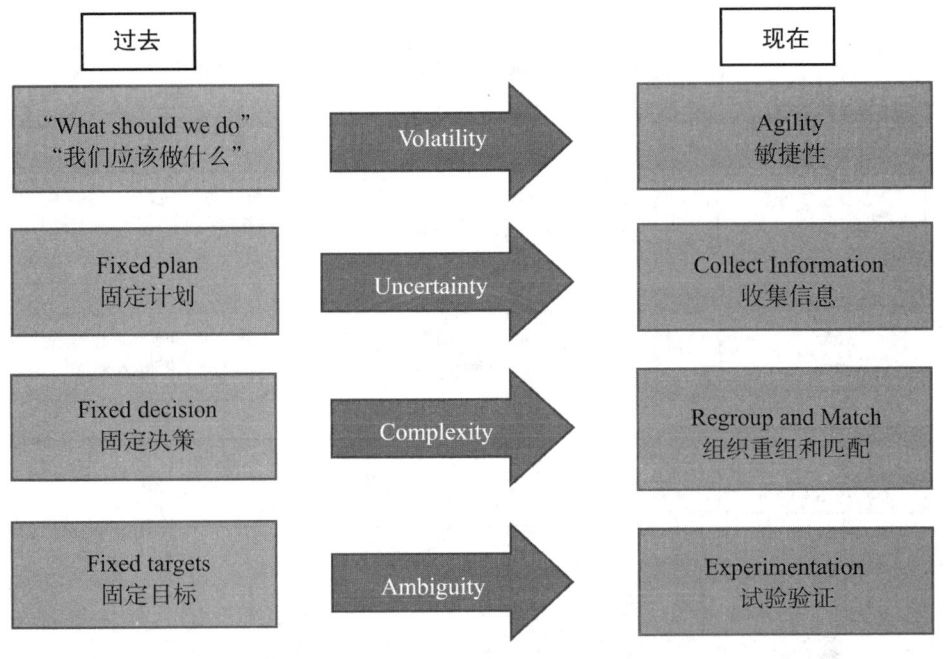

图1-8　VUCA处理措施

针对易变性，由于可预计将发生异常的变化，那么总要通过敏捷性应对这类变化。比如，通过充分储备资源，把握波动带来的机遇；当变化即将来临，但其规模、方向尚不清楚时，领导者需考虑其闲置资源未来的可用性，为可能的"漫长冬天"做准备。从短期来看该方案似乎是不可取，因为储存资源会造成成本上升。但从长期来看，如果一个市场真的是不稳定的，该方案将成为推动项目成功的重要手段。以原材料价格的波动为例，通过现阶段的储存资源，使项目成本在未来可以实现灵活管理。

针对不确定性，主要原因是缺乏足够的信息，因此只需要不断获取信息，减少不确定的情况。比如，组织通过将资源投入到跨越边界的活动中，可以从结构上解决不确定性：跨组织构建合作伙伴信息网络，从中收集更多有效信息；为应对风险事件的不确定性，项目管理者可以通过建立利益相关者网络及时收集、筛选信息，充分掌握风险发生的可能性，从而建立合理的应对措施。

针对复杂性，最直接的方法是通过采用组织结构重组来匹配内外部环境的变化。组织结构应适应并利用好环境复杂性，而不是与之抗衡。比如，当项目管理者面对一个较小的工程项目时，以一个相对简单的组织结构或较少的规章制度，管理较小的供应商群是有效的。但是，当面对大型工程或项目群时，组织的运行环境会变得更加复杂。此时，应重构组织结构，建立风险、成本、监督等专业化部门。随着组织规模的扩大，复杂性会增加，部门可能会进一步分化。此外，外部环境的复杂性也可以采用组织结构重组来应对。比如，当进入国际市场时，面对各国家法律、市场环境的差异，最有效的解决方案就是重组相关部门，以更好地符合变化的要求。

针对模糊性，持续试验验证是重要的应对措施。比如，大科学工程的技术创新活动，往往涉及突破性创新的活动，由于可能不清楚新技术产生的原理、新技术的应用效果等，无法采用前面所述的储存资源、收集信息或组织结构重组来应对，只能通过对多个方案的不断试验来确定适用的策略。

如果说在相对稳定的时代可以基于以运营为主的认识论来改造世界，那么在VUCA时代，就需要积极的"重新定义项目""重新定义项目成功""重新定义项目管理"，建立VUCA时代的项目认识论，据此去认识项目实践并提炼为相关的新理论体系，以工程项目实践为基础更新项目管理理论，用更新的项目管理理论去指导将来的项目实践。

本章小结

工程项目是造物的项目，具备项目的目标性和约束性、一次性、临时性和不确定性等特点，与服务类项目有本质区别。广义上讲，工程项目管理主要涉及项目的决策阶段和实施阶段的过程管理，而没有覆盖使用阶段和退役阶段。现有成熟的项目管理知识体系完全适用于工程项目管理。按工程项目不同参与方的工作性质和组织特征，可划分不同类型的工程项目管理。工程项目管理目标体系具备多目标性和相关性的特点。运营管理和项目管理都是实现企业战略的重要支撑。项目组合、项目集和项目管理均需符合组织战略。

项目管理概念及其学科的演变与发展进程经历了经验式的项目管理、科学化的项目管理以及现代项目管理等三个阶段。以PMI和IPMA为代表的项目管理协会/学会分别颁布了相应的重要标准，包括PMBOK、OPM3和ICB等，并各自推出国际上主要的两大认证体系。PMI编制了包括责任、尊重、公正和诚信的《职业行为和道德规范》，适用对象为项目管理人员。

现代项目管理理论体系需要持续发展。面对组织变革、新兴技术和商业模式等创新活动带来的挑战以及VUCA时代的新挑战，需要我们通过认识项目实践并提炼相关的新理论体系，用更新的项目管理理论去指导新时代环境的项目实践。

（1）项目。项目是为创造独特的产品、服务或成果而进行的临时性工作。在项目管理学中，项目是指一个过程，而不是过程完成后形成的成果。项目管理的任务是对这个过程进行控制和管理。

（2）工程管理。工程管理涉及决策阶段、实施阶段和使用阶段的生命周期的全过程，项目各参与单位包括项目投资方、开发方、设计方、施工方、其他咨询方以及使用阶段的设施管理方等。工程管理的核心任务是从全生命周期考虑为项目建设增值和为使用增值。

（3）项目管理。项目管理通过项目经理和项目组织的努力，运用系统理论和方法对项目及其资源进行计划、组织、协调、控制，旨在实现项目的特定目标的管理方法体系。广义上讲，工程项目管理涉及项目决策阶段和项目实施阶段的过程管理。

（4）传统的项目管理和现代项目管理。传统项目管理着重强调项目的管理技术，利用关键路径法和计划评审技术实现项目的时间、成本、质量三大目标。现代项目管理除了实现时间、成本、质量三大目标外，引入人本管理及柔性管理的思想，强调知识体系的项目管理学科，追求利益相关者的满意。

（5）变革管理。变革管理是一个涉及改变的系统过程，其另一层含义是创新，对一个组织，变革管理意味着在多变的商业环境中不断创新，从变化的机会中获利。

（6）技术创新。技术创新是指企业应用创新的知识和新技术、新工艺，采用新的生产方式和经营管理模式，提高产品质量，开发生产新产品，提供新服务，占据市场并实现市场价值。

（7）VUCA及策略。VUCA指的是易变性（Volatility）、不确定性（Uncertainty）、复杂性（Complexity）和模糊性（Ambiguity）。VUCA的策略指的是

快速反应、意外处理、洞察一切、行动敏捷。

关键术语

项目；工程管理；工程项目管理；组织级项目管理；变革管理；技术创新；成熟度模型；职业伦理；VUCA

参考案例

第1章参考案例·案例1

第1章参考案例·案例2

案例1：成功的大科学工程项目管理——"两弹一星"工程

摘要："两弹一星"工程是20世纪中叶中国实施的第一个大科学工程项目。在特殊时代、管理文化下，"两弹一星"工程的成功不仅得益于在工程实施过程中形成的一整套符合中国国情并行之有效的领导、组织和管理重大专项工程的管理体系，也得益于科技工作者在研制、试验核弹、导弹以及人造卫星的过程中所体现出的爱国情感、奉献精神、团队合作、艰苦奋斗以及自主创新等优秀品质。分析"两弹一星"工程，可为国家科学技术发展创新战略提供指导，为中国大科学工程的组织管理提供经验和借鉴，对形成具有本土特色的工程管理理论具有重要意义。同时，科技工作者在"两弹一星"工程实施过程中所表现出来的精神对在当代育人过程中深化社会主义核心价值观具有重要的意义。

关键词："两弹一星"工程；工程项目管理；社会主义核心价值观

案例2：科研院所创新能力成熟度模型

摘要：科学研究是国家创新发展的主要动力之一，决定了一个国家的国际竞争力。科研院所承担的科学研究对国家自主创新能力的提升有着不可替代的作用。由于科研院所的工作具备极强的创新性质，因此提升科研院所的持续创新能力是非常必要的。通过分析某科研院所在创新能力评价方面的研究，可以对国家创新能力的发展提供经验和借鉴。同时，在未来军民融合的过程中，为科研院所的转型提供有力的理论支持。

关键词：科研院所；创新能力；成熟度模型

思考与讨论

（1）请阐述项目主要特征。

（2）请阐述项目生命周期的具体内容。

（3）请阐述工程项目管理的含义和内容，分析项目管理对企业成功的作用。

（4）请分析组织管理成熟度评价在项目管理中的作用。

（5）请分析变革管理在现代项目管理中的重要性。

（6）请分析技术创新管理在工程项目管理中的意义。

（7）请分析重大工程项目管理对中国现代化社会建设的意义。

（8）面临伦理问题时，工程项目工程师和管理者应有怎样的义务和权利？

（9）请讨论工程项目管理过程中可能涉及的工程伦理问题和社会价值观。

参考文献

[1] 钱学森.论系统工程[M].长沙：湖南科学技术出版社，1982.

[2] 美国项目管理协会.项目管理知识体系指南[M].6版.北京：电子工业出版社，2017.

[3] 美国项目管理协会.项目集管理标准[M].2版.北京：电子工业出版社，2009.

[4] 美国项目管理协会.项目组合管理标准[M].2版.北京：中国电力出版社，2009.

[5] 美国项目管理协会.组织变革管理实践指南[M].2版.北京：中国电力出版社，2014.

[6] 丁士昭.工程项目管理[M].北京：高等教育出版社，2017.

[7] 白思俊.现代项目管理（升级版）[M].北京.机械工业出版社，2015.

[8] 李正风，丛杭青，王前.工程伦理[M].北京.清华大学出版社，2016.

[9] 银路.技术创新管理[M].北京：清华大学出版社，2020.

[10] 马旭晨.创业项目管理[M].北京：中国铁道出版社，2019.

[11] 陈光宇，黎亮，侯伦.项目管理信息系统[M].成都：电子科技大学出版社，2011.

第2章 项目组织与项目经理

本章导读

当项目立项后，就要研究如何实施这个项目了。项目管理既是技术导向的，又是以人为导向的。项目的成功与项目的负责人——项目经理的作用有密切的联系。项目实施过程中，项目经理需要应对组织结构和治理框架带来的制约因素。为高效地开展项目，项目经理需要了解组织内的职责和职权的分配情况，这有助于项目经理有效地利用其权力、影响力、能力、领导力和政治能力成功地完成项目。

什么样的组织和管理风格有利于项目的成功？项目经理如何管理由供应商、分包商、项目团队成员、高管人员、部门经理和客户等组成的复杂关系网络？哪些因素有助于高效能团队的建立？应建立什么样的项目管理系统对项目进行控制？项目经理如何做好自身的发展？本章以一个全面的视角来整合这些问题，讨论在项目实施过程中的环境因素、项目管理的组织结构、项目经理的能力与项目团队的建设等问题。

2.1 项目组织的环境

2.1.1 组织的框架

项目管理的系统方法要求项目经理要以更大的组织环境背景看待他们的项目。

项目管理系统是各种组件的集合，可以实现单个组件无法实现的成果。组件是项目或组织内的可识别要素，提供了某种特定功能或一组相关的功能。各种系统组件的相互作用创造出组织文化和能力。以下是关于系统的几个原则：

（1）系统是动态的；

（2）系统是可以优化的；

（3）系统组件是可以优化的；

（4）系统及其组件不能同时优化；

（5）系统呈现非线性响应。

项目管理系统内部以及项目管理系统与其环境之间可能会发生多个变更。出现这些变更时，各组件内部发生的适应性行为反过来会增加系统的动态特性。这种特性取决于组件之间的联系和依赖关系的相互作用。

项目管理系统通常由组织管理层负责。组织管理层检查组件与系统之间的优化权衡，以便采取合适的措施为组织实现最佳结果，这一检查工作的结果将对相应的项目造成影响。因此，项目经理在确定如何达成项目目标时务必要考虑这些结果。此外，项目经理应考虑到组织的治理框架。

组织问题经常是项目管理最让人头疼的工作。很多人认为：大多数项目的失败通常都是项目经理没有花足够的时间研究项目各利益相关者，特别是那些对项目有反对意见的人；同样，他们也很少考虑项目在组织中的政治背景。为了提高项目的成功率，项目经理很有必要在理解组织的同时，还要更好地理解有关人这个特殊的因素。

组织可以看作是由4个不同的框架构成：结构、人力资源、政治、标志。项目管理者必须学会使用这四种框架，以便在组织中更有效地运营项目。

（1）结构：用来解决组织如何结构化的问题。如何划分角色、责任和层级，以满足组织目标的实现。在这个过程中一般会形成一定形式的组织结构图，用来解决协调和控制的问题。例如，IT业内在结构框架上的一个关键问题是，专业技术人员是应当集中在一个部门还是应当分散到各个不同的部门。

（2）人力资源：用来解决组织需求与个人需求之间平衡的问题。组织、部门、工作和个人等因素的需求一般都不一致，这就需要有个框架来解决这些潜在的问题。在IT业，专业技术人员的短缺，使得很多项目的进度不能按计划进行，项目进度与个人需求之间需要加以平衡与协调。

（3）政治：用来解决组织内团体或个人为权力和地位而竞争的问题。这类组织是由各种人和利益集团组成的联合体。对稀缺资源的争夺就更能成为组织中冲突问题的起因，而权力则能够增加获取稀缺资源的能力。例如，数据存储项目跨越了部门的界限，改变了数据的拥有权和获取权，影响了一些拥有权力的团体和用户的习惯。在IT业，与政治有关的问题是项目的运行权力是否从职能部门向执行部门转移，或者说是项目的主导权力是否从职能经理向项目经理转移。

（4）标志：用来解决组织文化的问题。组织文化由一系列符号、事件及时间节点等含义组成。一个公司的CEO来参加项目的启动仪式会，这意味着什么？人们要连续工作多少时间才算敬业？人们是怎样开会的？等等。在IT业，与标志框架有关的主要问题是在什么环境下开展工作、参加了什么项目、投入了多少时间、在项目中扮演了什么角色等。

2.1.2 项目利益相关者

项目利益相关者是指可能影响项目决策、活动或结果的个人、群体或组织，以及会受或自认为会受项目决策、活动或结果影响的个人、群体或组织。项目利益相关者可能来自项目内部或外部，可能主动或被动参与项目，甚至完全不了解项目。项目利益相关者可能对项目施加积极或消极影响，也可能受到项目的积极或消极影响。项目利益相关者包括（但不限于）：

内部相关者：发起人、资源经理、项目管理办公室（Project Management Office，PMO）、项目组合指导委员会、项目集经理、其他项目的项目经理、团队成员。

外部相关者：客户、最终用户、供应商、股东、监管机构、竞争者。

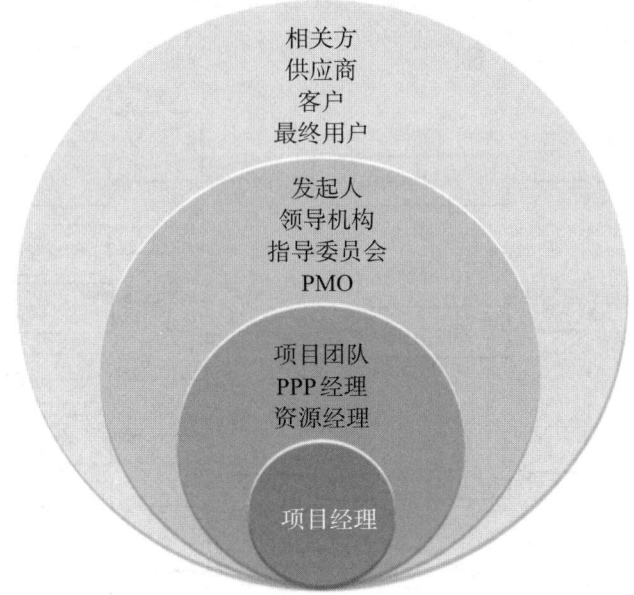

图2-1　项目利益相关者示例

项目利益相关者的示例如图2-1所示。有些相关者只是偶尔参与项目调查或焦点小组活动，有些则为项目提供全方位资助，包括资金支持、政治支持或其他类型的支持。在整个项目生命周期内，他们参与项目的方式和程度可能差别很大。因此，在整个项目生命周期中，有效识别和分析项目利益相关方，引导他们合理参与，并有效管理他们对项目的期望和参与，对项目的成功至关重要。

2.2　项目组织的概念

在项目管理中，由哪些人员或部门来定义项目的目标、如何确定项目任务的分工、依据怎样的管理流程对项目进行动态控制等等，这些问题都属于项目的组织问题。

Richard L. Daft 在其所著的《组织理论与设计》一书中对组织理论的解释是："组织理论是对组织的一种思考和思维方式。组织理论提供了一种比其他方式能更正确并深入考察和分析组织的方法。"

Richard L. Daft 认为"组织是指这样一个社会实体，它具有明确的目标导向和精确设计的结构与有意识协调的活动系统，同时又同外部环境保持密切的联系。"

任何一个社会系统要进行运作，如公司、教育与科研机构、企事业单位乃至大型工程建设指挥部等，都要结合其任务和目标，进行组织分工，选用适宜的组织结构模式，确定其工作流程，组织结构的含义如图2-2所示。

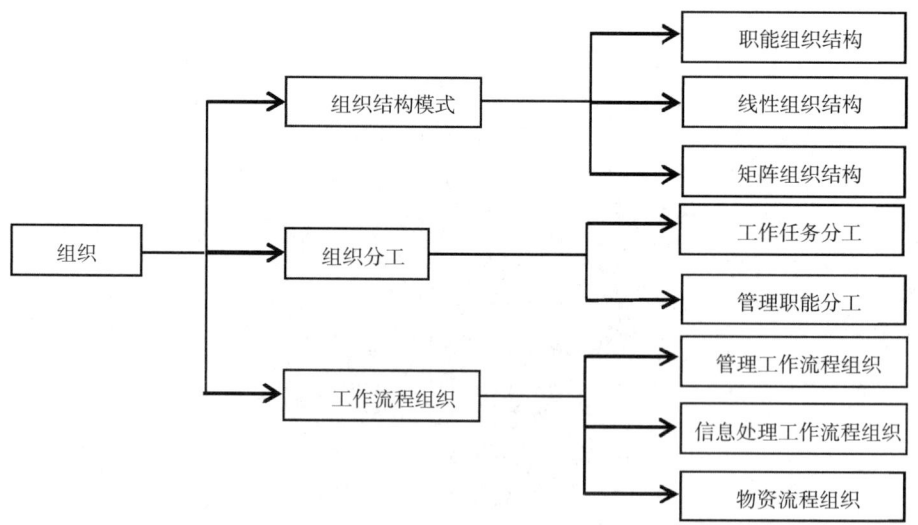

图2-2　组织结构的含义

　　组织的分工：组织分工不是传统意义上的岗位职责描述，而是更科学、更深化、更严谨的工作任务的分工和管理职能的分工。

　　组织结构模式：组织结构模式的选择决定了组织中的正式报告关系，包括职权层级数目和主管人员的管理幅度。

　　工作的流程：包括管理工作流程（如投资控制流程、付款流程、进度控制流程等）、信息处理工作流程（如反映各工作部门和各类信息的处理流程等）以及物资流程（工程实体作业的流程，如设计流程）等。

　　一个组织的目标与计划制定出来后，一个重要的问题就是如何使它们变为现实。组织根据组织目标和计划中所提出的要求，设计出合理、高效、能保证计划顺利实施的组织结构与体系，并保证各项工作的落实。有学者指出："首先，组织是用来实现目标的；其次，组织必须通过分工来形成自己的力量，然后再去完成功能；再次，组织很大程度上是为了解决稳定性问题，组织带来的稳定性有利于绩效的获得；最后，组织的局限性在于面对不稳定和变化的时候很被动。"

　　一个公交车上的全体人员，他们是个组织吗？显然不是。

　　组织是人们为了实现某一特定的目的而形成的系统集合。能称为组织的一般具备以下三点：

　　共同目标：共同目标的存在是组织存在的前提；

　　分工合作：没有分工与合作的全体不是组织；

　　权力责任：组织要有不同层次的权利与责任制度。

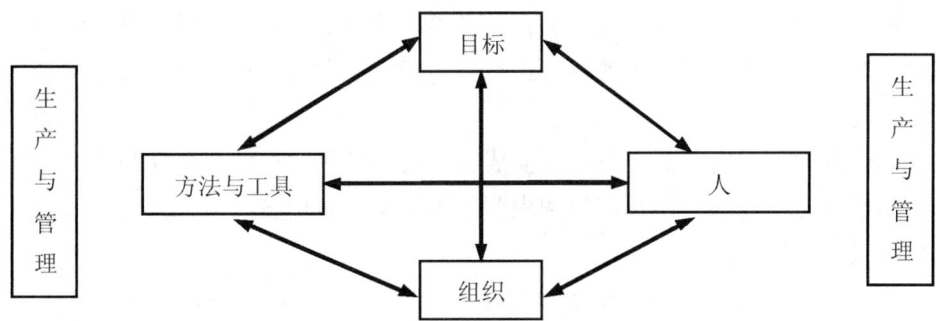

图2-3　系统目标与系统组织的关系

　　系统中的人、方法与工具、目标、组织之间的关系如图2-3所示。首先，项目的目标（投资目标、进度目标、质量目标等）能否得以实现，与该项目的设计人员、实施人员的数量和质量以及该项目的利益相关者的数量与质量有

关，并与设计和实施的方法与工具以及项目参与各方的管理方法和工具有关。同时，业主方和项目参与各方的组织（组织的观念、组织方法和组织手段）对项目的实现都有影响。

一个系统的目标决定了该系统的组织，而组织是目标是否能够实现的决定性因素。由此可见，项目管理的组织是非常重要的。

2.2.1　组织设计

组织设计的任务是建立组织结构和明确组织内部的相互关系。在组织结构中，人与人之间的关系主要表现为职权的关系。组织内的职权是为了达到组织目标而拥有的开展活动或指挥他人行动的权力。组织内不同层级的权力来自于组织的授予，权力等级表明了成员间的相互关系。

组织设计中应遵循以下原则：

（1）目标原则。必须根据组织目标来考虑组织结构的总体框架，按照目标有利原则进行组织结构的具体设计。

（2）分工与协作原则。分工合理，协作明确，对于每个部门和每个员工的工作内容、工作范围、相互协作方法等有明确的规定。

组织设计是进行专业分工和建立使各部分相互有机地协调配合的系统的过程。在组织设计过程中，要根据组织目标体系，明确为实现组织目标必须开展哪些工作，并将这些工作按方便管理的原则进行部门化，形成具有独立职能的工作单元的组合。

根据组织目标，确定必须要进行的各项工作任务；在组织结构设计中，根据分工与协作原则以及组织的任务与目标，设置各种工作岗位，用以完成和实现组织的任务。

岗位是由一组有限的工作集合而成的，与岗位相对应的是责任与权力。在设计组织权力结构时，组织岗位图表明了组织中配置的各种岗位及其岗位之间的权力关系。

组织设计的结果是形成组织结构图（如图2-4所示）、部门职能说明书、岗位结构图（如图2-5所示）、岗位说明书、业务流程图（如图2-6所示）以及各种管理制度。

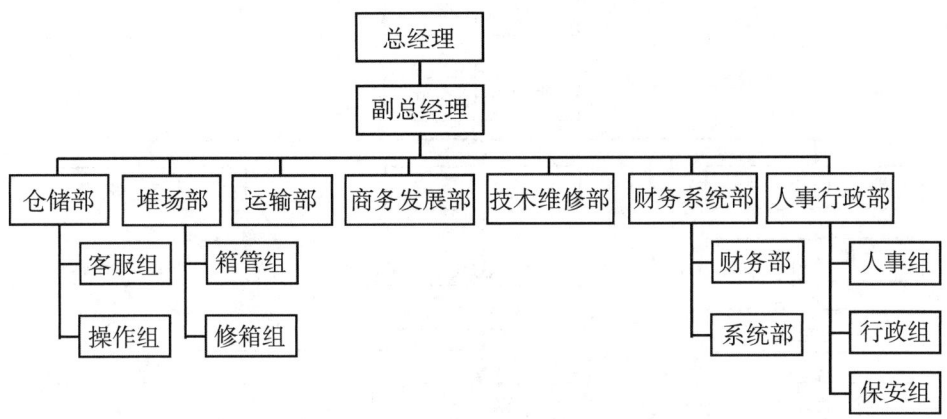

图2-4　组织结构图

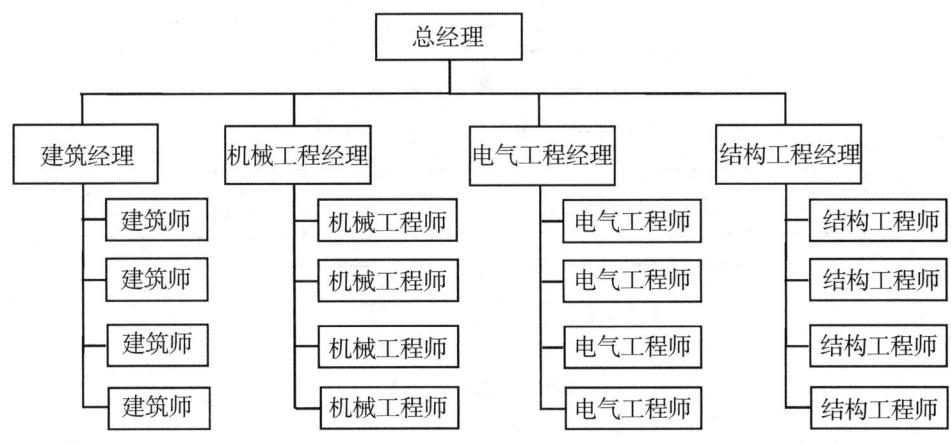

图2-5　岗位结构图

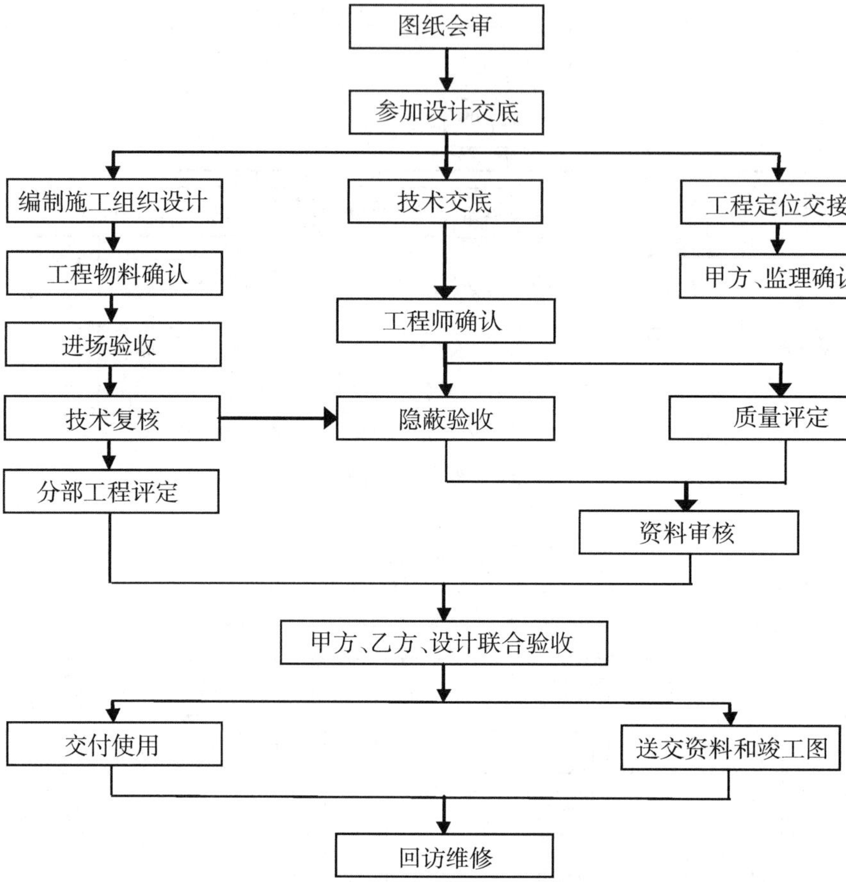

```
                          ┌──────────────┐
                          │   图纸会审    │
                          └──────┬───────┘
                                 ↓
                          ┌──────────────┐
                          │  参加设计交底 │
                          └──────┬───────┘
         ┌───────────────────────┼───────────────────────┐
         ↓                       ↓                       ↓
┌──────────────┐        ┌──────────────┐        ┌──────────────┐
│ 编制施工组织设计│        │   技术交底    │        │ 工程定位交接  │
└──────┬───────┘        └──────┬───────┘        └──────┬───────┘
       ↓                                               ↓
┌──────────────┐                                ┌──────────────┐
│  工程物料确认 │                                │ 甲方、监理确认 │
└──────┬───────┘                                └──────────────┘
       ↓                        ↓
┌──────────────┐        ┌──────────────┐
│   进场验收    │        │  工程师确认   │
└──────┬───────┘        └──────┬───────┘
       ↓                        ↓
┌──────────────┐        ┌──────────────┐        ┌──────────────┐
│   技术复核    │───────→│   隐蔽验收    │        │   质量评定    │
└──────┬───────┘        └──────────────┘        └──────┬───────┘
       ↓                                               ↓
┌──────────────┐                                ┌──────────────┐
│  分部工程评定 │                                │   资料审核    │
└──────────────┘                                └──────────────┘
                          ┌─────────────────────┐
                          │ 甲方、乙方、设计联合验收 │
                          └─────────┬───────────┘
       ┌───────────────────────────┼───────────────────────────┐
       ↓                                                       ↓
┌──────────────┐                                        ┌──────────────┐
│   交付使用    │                                        │送交资料和竣工图│
└──────────────┘                                        └──────────────┘
                          ┌──────────────┐
                          │   回访维修    │
                          └──────────────┘
```

图2-6　业务流程图

2.2.2　权力配置

在组织结构设计过程中，强调任务的分派和责任的明确，同时，伴随着任务和责任的分派，进行权力的配置。在一个组织的各种关系中，权力的分布或委派是至关重要的。权力是每一个人得以履行其职责的必要条件，有责无权或授权不当是组织管理工作中经常出现的严重问题。

授权是指上级给予下级以一定的权力和责任，使下级在一定的监督之下，拥有相当的自主权而行动。进行权力的授予，是因为人的精力是有限的，管理者不可能亲自决定或监控所有的工作，为了有效管理和高效完成任务，管理者必须要将部分权力授予下级。

授权应当遵循职、权、责、利对等的原则，即授予一定的权力是为了保证其完成任务，权力的大小应与其所应完成的工作相对应；有多大的权力就要承担多大的责任；对额外的责任必须给予额外的利益。

授权还应当遵循有利于人才成长和合理使用原则，既可以视人定岗：根据各人的各方面能力设置相应岗位，适用于各项工作量较少，且可以兼顾的情况；还可以按岗定人：根据岗位要求，选择最符合工作要求的人上岗，适用于工作量大且独立或工作性质要求专职的情况，它着眼于发挥每一个人的特长。

2.3 项目组织的结构

在项目实施过程中所使用的三种不同的项目管理结构：职能型组织、项目型组织以及矩阵型组织。这三种不是项目管理结构类型的全部，但是它们及其在此基础上的延伸变化形式代表了组织项目的主要方法。这里重点讨论这三种项目管理组织结构的特点以及导致企业选择其中某种结构的关键因素。

2.3.1 职能型组织结构

职能型组织就是按照组织的专业分工，分别设置了有关的职能部门（如工程、制造、IT、营销和人力资源等），同时按照任务的要求对职权进行分派，形成了组织层级。各个职能部门的经理都向 CEO 负责，各个职能部门的人员都具备各自领域的专业技能。大多数的大学与学院基本上也是职能型组织，按照专业领域划分各个院系的老师，讲授各自专业领域的课程。

职能型组织结构如图 2-7 所示。

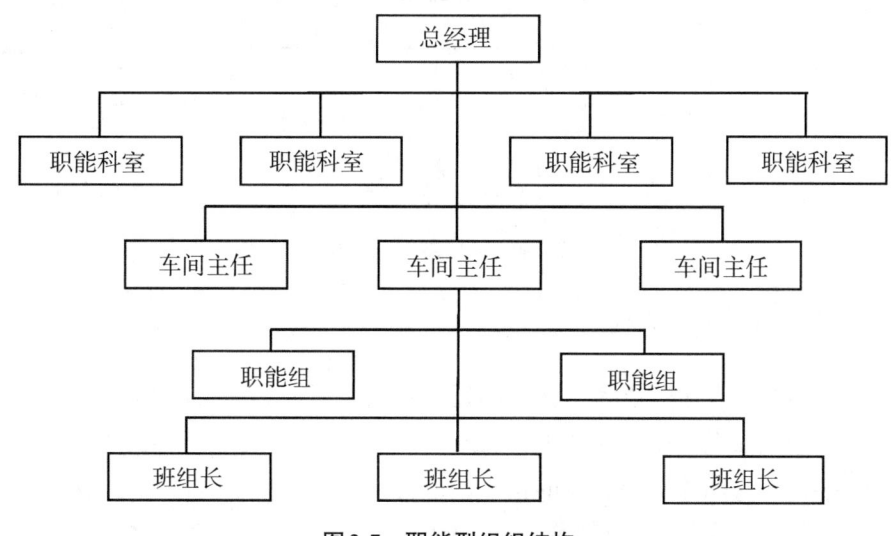

图 2-7 职能型组织结构

2.3.2　项目型组织结构

项目型组织也有层级结构，它是由项目发起而组织了有关该项目人员所形成的项目管理组织。在项目型组织中，项目人员有完成特定项目所需的各种专业知识与技能，项目经理直接对CEO负责。许多大型的科研生产机构都采用项目型组织，任命某一领导人来负责特定的研发项目，会根据特定的项目要求发起和组织项目团队，招聘相关工作人员。

项目型组织结构如图2-8所示。

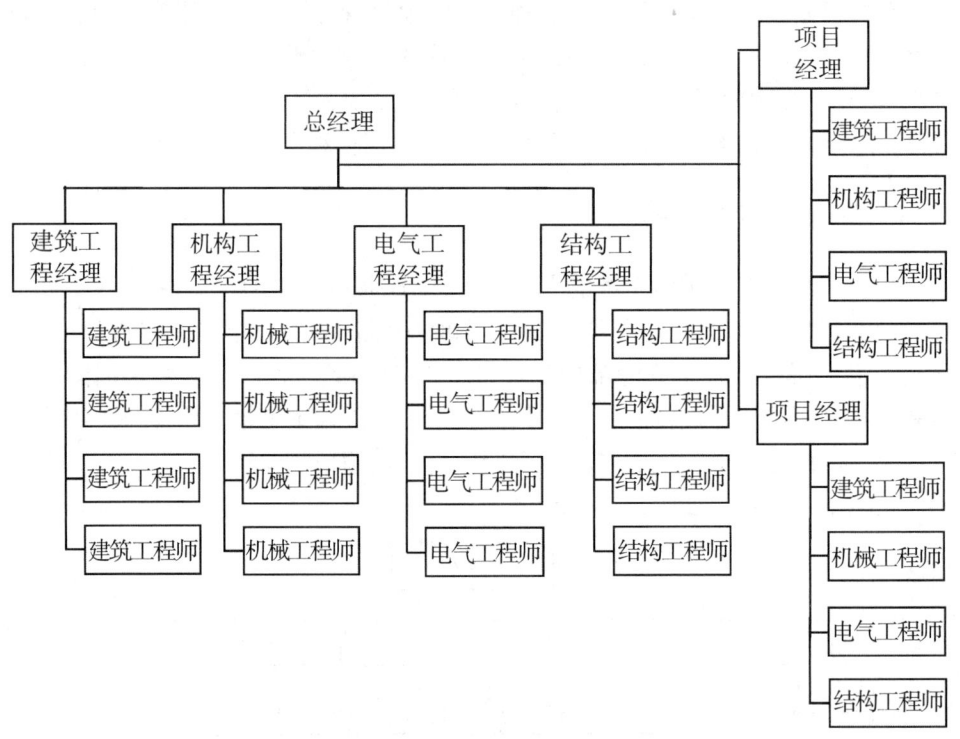

图2-8　项目型组织结构

2.3.3　矩阵型组织结构

矩阵型组织介于职能型结构和项目型结构之间。尽管它是由项目发起而组织起有关该项目人员所形成的项目管理组织，但是，在矩阵型组织中的人员往往既要接受原有职能部门领导的指令，还要接受现在所属项目领导的指令。根据项目经理管理权限的不同，矩阵型组织可以表现为弱矩阵型、强矩阵型以及平衡矩阵型。

矩阵型组织结构如图2-9所示。

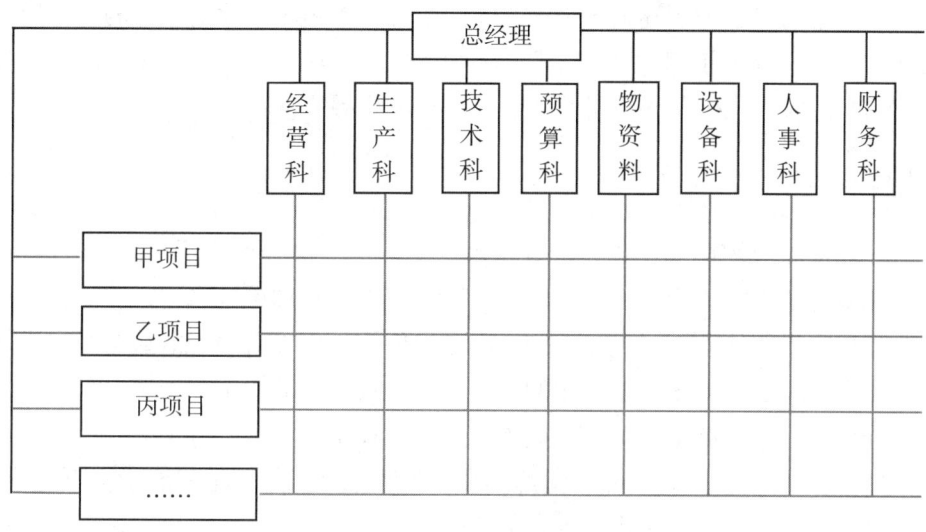

图2-9　矩阵型组织结构

各类型项目组织结构的特点及对项目的影响如表2-1所示。

表2-1　组织结构对项目的影响

项目特点	组织结构类型				
	职能型	矩阵型			项目型
		弱矩阵型	平衡矩阵型	强矩阵型	
项目经理权力	很小或没有	有限	小~中等	中等~大	权力很大
组织人员参与项目的占比	没有	0~25%	15%~60%	50%~95%	85%~100%
项目经理地位	兼职	兼职	兼职	全职	全职
项目经理头衔	项目协调人/项目领导人	项目协调人/项目领导人	项目经理/项目官员	项目经理/项目群经理	项目经理/项目群经理
项目行政人员	兼职	兼职	兼职	全职	全职

2.4　项目组织的应用

为了完成项目，企业是选择传统的职能型组织、独立的项目团队，还是某种形式的矩阵结构，这只是问题的一个方面。在多个组织中工作过的人都会认

识到，即使是项目组织结构相同的企业之间，项目管理方式也存在着很大的差异。例如，在AT&T的矩阵系统工作的感觉与惠普公司的矩阵环境中工作的感觉就颇为不同。这种差异归于组织文化的差异，对组织文化的差异的一个简单的解释就是它反映了组织的"个性"。每个组织都有自己独特的文化，项目管理结构与组织文化一起构成了项目运行环境的主要方面。

2.4.1　职能型组织的应用

在职能型组织内实施项目，其项目的不同部分被分配到不同的职能单位，各职能单位负责完成指定的项目任务，通过正常的管理渠道来进行项目协作。

如果某一职能领域对项目的完成起主导作用，往往就用职能型组织来进行项目的组织，这时，该职能领域的高管人员负责项目的协调工作。

采用现有的职能型组织来完成项目，优点在于：

（1）母体职能结构不用大改变。项目在母体组织的基本职能结构下完成，母体组织的设计与运营不需要太大的改变。

（2）人员使用的灵活性。在项目进行过程中，临时将职能部门的专业人员抽调到项目团队中，项目完成后再回到原职能部门的工作岗位，各职能部门的人员可以在各个项目中转换角色。

（3）指定职能部门的责任明确。如果项目涉及的范围较小，就由某一职能部门负主要责任，该职能部门的业务专长也在该项目的关键部分中得以发挥。

（4）职业升迁路线不变。参与项目的人员在各自的职能领域中，在部门里其正常的职业升迁路线不变。

当项目涉及的范围较宽，或者一个职能部门不足以对项目的技术与管理承担主要领导责任时，用现有的职能型组织来完成项目的不足就尤为明显：

（1）项目缺乏重点关注。每个职能单位都有自己的核心常规业务，项目在各个职能部门中的优先级不同，因此，项目在不同的部门受到重视的程度不同。

（2）职能单位之间难以整合。各个职能部门往往只关注自己负责的那部分项目任务，并非是关注整个项目，因此，要将各部门间的资源有效整合是一件较困难的事情。

（3）项目完成的时间更长。项目的信息与决策是在常规的职能管理渠道内传递，加上缺乏横向的直接沟通渠道，因此，项目的完成会需要更长的时间。

（4）项目参与者积极性不高。在职能部门里，人们往往将项目看成是额外的负担，如果项目与职业发展及晋升没有直接关系，项目的参与者不会全力投入到项目的相关活动中。

2.4.2 项目型组织的应用

项目型组织是完成项目的最好方式。为特定的项目组建起独立的项目团队，配置完成该项目所需的资源；为这些新项目制定独特的政策，允许这些项目的经营管理与母体组织不一致，不受母体组织传统管理的影响，以便进行项目的创新和创造。

母体组织与独立项目团队之间可以有不同的形式存在：一种是母体组织制定项目的管理与财务控制程序；另一种是分配给项目团队一些资源，然后授予项目经理执行该项目的最大自由；最后一种是项目团队不设项目经理，由该项目团队自我管理。

在一些行业里，如建筑企业、咨询企业或者是电影制作企业，项目是其业务的主导形式，因此，整个组织的设计是为了支持项目团队。在这些企业内，有一系列专门从事项目工作的团队，企业内职能部门的主要责任是为这些项目团队提供支持和帮助。

用专业团队来组织实施项目，其优点是明显的：

（1）项目不受企业日常经营的干扰。专业项目团队独立运作，同时，企业职能部门仍保持完整，彼此遵守各自的政策与原则，按照各自的专业特点进行工作，避免发生不必要的冲突。

（2）项目人员得以全力投入项目。在独立的项目团队内，项目人员可以全身心投入到项目中去，不会因为有多头领导指令而带来的困惑。同时，在目标明确的项目团队中，成员的动力大，凝聚力高，项目任务完成的进度较好。

（3）项目目标得以最优化。如果项目团队能得到适当的资源，就会出现高水平的职能领域的整合；在适当的指导下，可以做到项目最优化，而不是各自在自己专业领域里的最优化。

但是，项目型组织也有其不足之处：

（1）组建专门项目团队成本高。专门组建的项目团队往往配置的是全职人员，这会导致部分岗位上的人员工作量不饱满，也会导致不同项目的重复工作及规模经济的丧失。

（2）项目水平受限于项目人员。项目水平一般受限于项目人员的能力与经验，项目人员也难与职能部门的专业人员有广泛的交流。

（3）项目人员难以返回原单位。当项目结束后项目团队将解散，项目人员回到原有部门较为困难，甚至被遣散。一是他们原来的岗位工作已有人顶替，二是可能远离了职能领域的最新发展，需要再学习。

2.4.3　矩阵型组织的应用

矩阵型组织是一种混合组织形式，是在常规的职能层级上"加载"了水平的项目管理结构。在矩阵组织中，项目成员既可参加多个项目的工作，又能履行正常的职能部门职责，这种组织结构的设计目的是资源的优化使用。矩阵结构可以是临时性的组织，也可能是永久性的组织。原则上，在矩阵组织中的项目经理负责整合各职能部门的投入，监督项目的进程；职能经理则负责监督职能部门对项目的支持。

根据项目经理在矩阵组织中对项目参与者直接权力的大小，可以分为弱矩阵、强矩阵和平衡矩阵。在弱矩阵组织中，权力重心在职能经理一方；在强矩阵组织中，权力重心在项目经理一方；在平衡矩阵组织中，权力在职能经理与项目经理之间得到很好的分配与协调。

用矩阵组织实施项目管理的优点在于：

（1）有限资源共享。组织内的有限资源可以共享，个人可以根据需要同时参加多个项目，这样可以减少项目型组织对人力资源的重复配置需求。

（2）项目重点突出。矩阵型组织内的项目经理要整合资源，协调各个职能部门的工作，用整体性方法来解决项目的问题，避免了职能部门各自为政的弊端。

（3）人员使用灵活。项目经理有理由要求职能部门提供有关项目的技术和专家，同时，在项目结束后项目人员可以返回原职能部门。

从矩阵型组织的优点中，也可以看到其潜在的不足：

（1）多头领导。矩阵型组织复杂的结构带来了多头领导，项目参与者至少有两个上司，他们会接收到来自项目经理和职能经理的不同指令，他们往往不知应该听从哪个经理的指挥，从而导致项目人员不知所措，身心俱疲。

（2）资源争夺。跨部门跨项目共享的设备、人员与其他资源可能会导致冲突，因为相关人员有时关注的是什么对自己的工作最有利。

（3）权力争斗。对资源的争夺可能会产生内部争斗，相关人员有时想拥有支配资源的权力，这会造成项目经理与职能经理之间的紧张局面。问题在于如何平衡这些权力的争斗，矩阵型组织要得以发挥作用，合理的冲突和有价值的讨论是管理者关注的问题。

2.4.4 选择合适的组织结构

影响组织选择项目管理结构的主要因素在于以下几个方面：

（1）项目规模大小；

（2）战略重要性；

（3）新颖性和创新需要；

（4）整合的需要（涉及多少个部门）；

（5）环境复杂程度（涉及众多外部因素）；

（6）预算和时间限制；

（7）需求资源的稳定性。

由此可见，项目组织应该采用哪种管理结构，这是个复杂而没有确切答案的问题。最好的系统是那些能够平衡项目与母体组织需要的系统。

首先，我们关注的是，该项目对组织的成功有多重要？核心任务70%是在项目里的，组织就应该考虑成立专门的项目组织；如果组织既有常规任务又有项目任务，矩阵型结构就比较合适；临时性任务的项目甚至可以外包。

其次，我们关注项目如何获得的资源。可以将组织内部缺乏资源的项目外包出去；需要共享资源的项目用矩阵型组织较为合适；也可以建立专业的项目团队，集中有限资源以便于项目任务的顺利完成。

2.5 项目经理

项目经理在领导项目团队达成项目目标方面发挥着至关重要的作用。在整个项目期间，这个角色的作用非常明显。很多项目经理是从项目启动时参与项目，直到项目结束。

项目经理要与项目利益干系人打交道，要选聘人员组建团队，要解决各种冲突，要为项目设计沟通渠道并管理沟通。

单个组织内多种因素的交互影响创造出一个独特的系统，会对在该系统内运行的项目造成影响。这种组织系统决定了组织系统内部人员的权力、影响力、利益、能力。系统因素包括（但不限于）：管理要素、治理框架、组织结构类型。

在某些组织内，项目经理可能会在项目启动之前就参与评估和分析活动。这些活动可能包括咨询管理层和业务部门领导者的想法，以推进战略目标的实现、提高组织绩效，或满足客户需求。某些组织可能还会要求项目经理管理或协助项目的商业分析、商业论证的制定以及项目组合管理事宜。项目经理还可能参与后续的跟进活动，以实现项目的商业效益。不同组织对项目经理的角色有不同的定义，但本质上它们的裁剪方式都一样——项目管理角色需要符合组织需求，如同项目管理过程需要符合项目需求一般。

2.5.1　项目经理的能力

有研究表明：项目要想取得成功，以下这些因素都是必不可少的：

（1）项目目标：明确的工程项目目标和工程项目范围；

（2）高级管理层的支持与参与：高级管理层为工程项目实施提供的资源与权威；

（3）人力资源：完善、稳定的工程项目组织，为工程项目团队选拔、培训人员；

（4）沟通交流：工程项目内外部建立良好的交流网络或信息传递渠道；

（5）项目团队建设：建立良好的、积极的工程项目合作氛围；

（6）项目计划与监控：具有合理、明确的工作计划与监督、控制措施；

（7）项目经理：强有力的工程项目管理能力；

（8）技术支持：必要的技术与专家具有为完成工程项目特定的专业技术能力；

（9）利益相关者合作：良好的工作合作与交流。

这些要素中重要的部分是与项目的组织与项目负责人（管理层与项目经理）有关。发挥项目经理的作用是项目成功的关键。在项目管理过程中，项目经理可能会遇到以下的问题：

（1）客户需求的改变；

（2）竞争者推出了新品；

（3）项目参与者的退出；

（4）项目资源供给的断绝；

（5）项目未能按计划进行。

以上这些问题都会让项目陷入停顿，如果处理不当，项目就会失败，造成不可挽回的损失。

优秀的项目经理既要有能力管理项目，又要有能力领导项目。也就是说，项目经理要将项目组织得有条不紊，通过制定计划与目标、设计结构与程序，监督结果并与计划对照，在必要时采取措施来实现项目有序进行并达成项目目标。同时，项目经理还应有预见力，善于激发团队人员应对变化，阐明对项目的方向做出重大变化的需要，激励人们共同努力来克服困难并实现新的目标。

《项目经理能力发展框架》（Project Manager Competency Development Framework，PMCDF）是由美国项目管理协会开发制定，已成为国际标准。它构建了项目管理能力的三个关键维度，定义了影响项目经理绩效的关键能力元素，对项目经理能力的评估和提升提出如下指导与建议。

环境能力：指可用于支持个人与环境交互的方法、工具和技术，以及引领个人、组织和社会发起或支持项目、项目集群和项目组合的理论依据。项目层面的能力要素包括战略，治理、架构与过程，遵循的要求、标准与规则，权力与利益，文化与价值。

行为能力：在项目、项目集群或项目组合中工作的个人要想取得成功所需的行为方面和处理人际关系的能力。项目层面的能力要素包括自我反思与自我管理、诚信与可靠、人际沟通、关系与参与度、领导力、团队工作、冲突与危机、谋略、谈判、结果导向。

个人能力：指使项目、项目集群或项目组合成功而使用的具体的方法、工具和技术。项目层面的能力要素包括：项目策划、需求与目标、范围、时间、组织与信息、质量、财务、资源、采购、计划与控制、风险与机会、利益相关者、变化与变革。

2.5.2 项目利益相关者的管理

项目的成功依赖于与项目各方面人员的合作。项目的利益相关者是参与项目和受项目影响的人，包括有项目发起人、项目团队、客户、高层管理者、职能经理、行政支持人员、承包商、政府机构甚至其他团体。

目前，日益突出的问题是项目经理要对利益相关者的管理以及对变化的预测。项目的各个利益相关者对项目有各种需求，项目经理管理项目有别于常规管理的一个方面，就是需要对利益相关者加以管理。

为了达到项目目标，项目经理需要建立一个合作网络，识别该项目成功所需要依赖的人员，需要问以下的一些问题：

（1）该项目需要与哪些人合作？

（2）需要得到哪些人的同意或许可？

（3）哪些人会阻止或反对我们完成该项目？

在识别出项目相关利益者后，就要换位思考，要从他们的角度来看待项目：

（1）他们是怎样看待项目的（支持、反对、无关)？

（2）我与他们之间有什么差别（目标、价值、压力、各种方式、风险)？

（3）我与他们的关系处于什么状态（友好、紧张、平和)？

（4）我要影响他们，我拥有哪些资源？

显然，"互惠互利"和"双赢"是管理利益相关者至关重要的指导原则。项目经理首先要识别各方利益相关者的需求，要缓解客户的担忧，寻求高层管理者对项目的支持，快速鉴别危及项目工作的问题，与此同时，还要保证项目的完整性，维护项目参与者的利益。这就要求项目经理需要有较好的沟通能力、政治智慧以及广泛的影响力。

2.5.3 项目经理的职业发展

在互联网时代，对IT的需求与日俱增，IT项目使得组织对项目经理的需求更是超乎寻常激增。大多数人都知道高级程序员、网络管理员、网站开发人员等职位，但是很少人知道项目经理应该如何去发展。

大多从事IT业的人都有一定的项目工作能力，有些人在早期的职业生涯中就已经是项目经理了，或者是兼职的。要想成为项目经理，就必须有多年的工作经验和丰富的专业技术知识，特别是对一些大型的、复杂的和高投入的项目来说，丰富的经验和技术知识可能是必不可少的。但是在目前万众创业的时代，许多IT项目是由一些刚出道的年轻人来领导的。由此可见，项目经理确实需要一些管理知识和专业技术知识，但是更为重要的是他们要有成为项目经理的技能和愿望。

项目管理职业在飞速发展，也为项目经理人的职业发展提供了光明的前景。进入21世纪，很多公司在企业内部发展项目管理技能，并为项目经理开辟更加正式的职业成长通道。许多大专院校纷纷推出与项目管理相关的课程。项目管理知识越来越普及，这些都有助于项目经理人的成长及提升在社会与组织中的地位。

项目管理在一定程度上与一般管理知识和应用领域知识相互重叠。然而，项目经理使用独特的项目管理技能，从整体上综合运用各领域的知识，得以成功地实现项目目标。

2.6 项目团队管理

2.6.1 项目团队

项目团队可以快速组合、重组或解散，因此在多变的环境中，项目团队比传统的部门或其他形式的稳定性群体更灵活，反应更迅速。我们在体育竞赛中可以看到团队的力量，如龙舟团队、足球团队或篮球团队等。团队的神奇力量在于"协同效应"。现实中既有"正的协同效应"，也有"负的协同效应"。当整体大于部分之和时，就是正的协同效应；反之，当整体小于部分之和时，就是负的协同效应。

能够产生正的协同效应的高效团队，通常有以下特征：

（1）有共同目标。团队拥有共同的目标，成员乐于为完成项目目标而工作。

（2）能因才施用。团队能识别每个人的能力，根据项目需要分配角色，且注意平衡关系。

（3）能解决问题。团队将能量集中于解决项目问题，不在人际关系的争斗上耗费精力。

（4）能承担风险。鼓励成员承担风险，不同意见可以自由表达并鼓励创新。

（5）能认同团队。成员对业绩设立较高个人标准，将团队看成是职业发展的重要源泉。

2.6.2 团队发展的五阶段

项目团队组建后并非一蹴而就能成为高效团队，以下的模型描述了群体是如何发展成为有效的团队（如图2-10所示）。

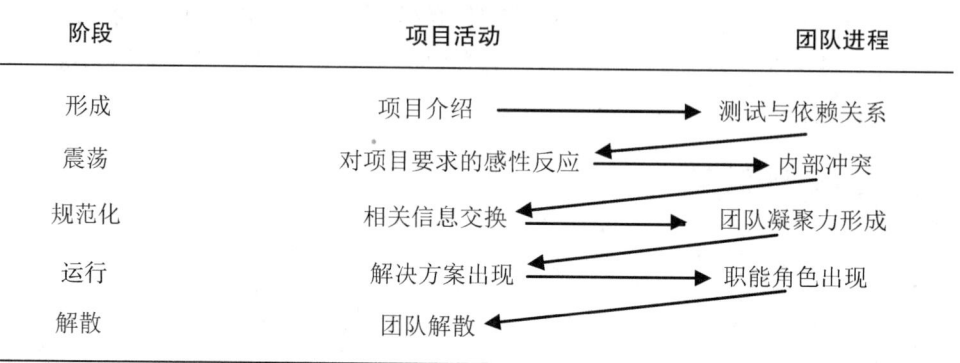

阶段	项目活动	团队进程
形成	项目介绍	测试与依赖关系
震荡	对项目要求的感性反应	内部冲突
规范化	相关信息交换	团队凝聚力形成
运行	解决方案出现	职能角色出现
解散	团队解散	

图2-10　团队发展的五阶段

（1）形成阶段

在项目起步阶段，项目成员互相认识，理解项目范围。彼此试探并建立基本规则，了解领导和其他成员在项目中的角色。当成员开始认为自己是这个团队的一分子时，这个阶段就算完成了。

（2）震荡阶段

成员虽然知道他们是这个群体的一份子，但是不愿受项目和群体对自己的束缚。此时会产生冲突和对抗，主要矛盾是竞争领导角色和目标冲突。如目标的相对优先次序、责任分配、领导关于任务的引导和指示等方面；群体开始形成自身的结构，不适应者则选择离开。

（3）规范化阶段

为了团队目标，人们开始表现出凝聚力，逐渐形成融洽的关系；成员协作配合，工作行为发展为信息分享，积极地进行一些需要妥协的决策；成员制定团队的操作规则，合作与责任分担成为共识。

（4）运行阶段

团队运行结构为成员所接受，成员角色明确并接受分配；成员能一起配合并有效地工作，每个成员都接受和理解自身角色；成员也学会何时独立工作，何时相互帮助。

（5）解散阶段

团队任务完成，进行收尾工作，团队将为自身的解散而准备；工作任务完成，团队解散；成员会产生积极情绪或消极情绪，有人因项目团队的成就而兴高采烈，有人因离开熟悉的团队而感到失落。

团队发展五阶段模型对项目团队的管理有几点启示：一是项目经理应该理

解群体要发展成为团队，有其自身的规律性；二是在第二阶段（震荡阶段）有其重要意义，它对第四阶段的生产力水平有重大的贡献；三是项目经理要在最初的阶段，帮助群体尽快进入具备生产能力的第四阶段（运行阶段）。

2.6.3　影响团队发展的因素

每个项目团队都会受到各种各样的环境因素的影响，致使项目团队的发展可能不尽如人意。以下列出可能影响项目团队发展的主要因素，在团队建设过程中，项目经理应该多加关注。

（1）项目组成人数；

（2）项目组织文化；

（3）成员工作意愿；

（4）成员工作时间；

（5）成员汇报关系；

（6）成员之间距离；

（7）项目目标强制性。

2.7　项目的沟通管理

任何项目成功的最大威胁是沟通的失败。有研究发现，与IT项目成功的三个主要因素是：用户参与、主管层的支持和需求的清晰表达。而所有这些因素都依赖于良好的有效的沟通。

项目沟通管理的目标是及时而适当地创建、收集、发送、存储和处理项目的信息。项目沟通管理包括沟通计划编制、沟通方式确定以及建立沟通基础结构。

2.7.1　沟通计划编制

沟通计划编制是一个指导项目沟通的文件，它包括确定利益相关者的信息和沟通需要，即谁需要什么信息，什么时候需要，以及如何将信息发送给他们。

沟通管理计划类型可以根据项目的需要而变化，但是它是项目整体计划中不可或缺的一部分。沟通管理计划主要内容为：

（1）描述信息收集和归档的结构。这一结构用于项目中如何收集和保存不

同类型的信息。

（2）描述信息传递的架构。这一结构要描述项目中什么信息传递给谁，什么时间和如何发送。

（3）传递重要项目信息的格式。这里要确定项目的书面报告与口头报告的格式、缩写词和定义等。

（4）用于创建信息的日程表。描述项目中什么时间得到什么信息，什么时候归档什么文件，谁来变更沟通计划等。

（5）获得信息的访问方法。项目中哪些人可以访问哪些信息，即访问权限的设计，哪些信息用什么方式来保存与传递等。

2.7.2　沟通的方式

项目经理与项目团队必须确定发送信息的最佳方式，要考虑使用何种信息传递技术、正式与非正式的沟通，以及沟通的复杂性，才能将项目信息在适当的时间以适当的格式发送给适当的人。

使用新的信息传递技术，能使信息的发送更加便利。如通过项目管理信息系统，将项目文件、会议记录、客户要求，以及变更请求等组织起来，做成电子格式供各方使用。

非正式的口头沟通也是一种有效的信息发送方式，这依赖于良好的沟通。沟通有许多方式，如听、说、读和写。项目成员与其他利益相关者有着不同的沟通需要，不同的人对不同类型的沟通其反应是不同的，因此，有必要对项目成员及其利益相关者进行沟通管理培训，形成一致性的沟通，确保信息的准确性与有效性。

2.7.3　沟通的复杂性

沟通的复杂性随着项目人数的增加而增加，沟通渠道的计算公式如下：

$$沟通渠道的数目 = \frac{N(N-1)}{2} \tag{2-1}$$

式中，N 是沟通的人数。

显然，如果想改善沟通，必须考虑不同的成员与利益相关者之间的相互影响。同一个词在不同语言中可能会有不同的含义，时间、日期及其传递方式也会有不同的含义，例如，与在会议上同10个人一起讨论同一个问题相比，给10个人发电子邮件可能导致更多的问题。这就需要注意沟通各方的沟通方式与偏好。短时间的面对面会议比电子方式沟通更有效；工作休息期间了解项目进展与反馈意见会更加及时；一个人的音调和身体语言会表达出更多的真实的想法；口头沟通还有助于人们相互建立较强的联系与信任。

2.7.4 沟通的改进

很多IT项目都具有很高的风险，占用组织重要的资源，极易产生冲突。项目的冲突一般发生在项目的优先次序、人员安排、技术问题、管理程序、成员个性以及项目进度上。面对在项目中可能发生的不同类型的冲突，项目经理要带领团队开发解决冲突的方法，利用人力资源管理与沟通技能来识别和减少项目冲突。

布莱克、摩登（1964年）描绘了5个处理冲突的基本模式：强制、整合、折中、迁就、撤退（如图2-11所示）。

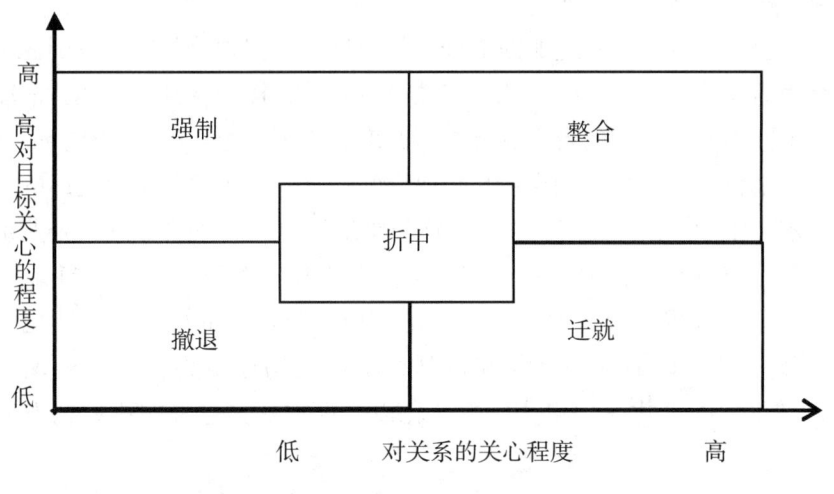

图2-11 冲突处理模式

（1）强制。采用非输即赢的方法来解决冲突，以牺牲对方利益来实现自己的目标。

（2）整合。面对问题，突破固有的思维框架，最大限度扩大合作利益。

（3）折中。提供双方都可以接受的方案，使冲突双方在一定程度上都有收获。

（4）迁就。牺牲自己的利益来满足他人的要求，强调意见一致的方面，避免分歧的领域。

（5）撤退。离开冲突环境，从不同意见中撤退或做出让步。

整合模式是双赢的策略，各方一起努力寻找解决问题的最佳方法；折中实际上是一种妥协的方式，仍然是寻求双方是否都可以接受的冲突解决方案。

并非所有的冲突都是有害的，冲突可以分为建设性的冲突和破坏性的冲突。在项目目标如何达成等与任务有关的冲突，往往能激发成员的工作积极性，提高项目团队的绩效。而由于个性碰撞或误解产生的情感冲突，则常常会影响项目团队的绩效。项目经理应该创建一个环境，鼓励和保证建设性冲突发挥其积极作用。

2.8 新经济下的组织结构创新

如今，互联网与移动互联技术迅猛发展，企业外部经营环境发生了翻天覆地的变化，企业的生存模式和商业模式不断进化和创新，随之带来的组织结构创新成为极具挑战性的课题。

企业组织结构是反映企业内部分工与协作、部门划分与职责范围、决策权限与组织边界的构成体系，它的适应性与合理性直接影响到企业经营活动的效率和竞争能力的强弱。随着互联网技术的广泛应用，企业组织与社会的联系方式正在发生较大的改变，如企业与企业之间的联系、企业与用户之间的关系。

艾尔弗雷德·D·钱德勒在《战略与组织结构》一书中提到，企业组织结构设计因战略选择不同而有所不同。当企业采用风险型战略，不断地进行市场拓展和新品开发，以应对复杂的市场环境以及快速的用户需求变化，则要求组织不能过多地追求规范化和控制，柔性结构通常为主要的组织结构特征。扁平化、虚拟化、网络化、柔性化以及模块化是企业组织结构发展的新趋势。

扁平化是企业内部管理层次的减少和管理幅度的扩大，组织结构形态从金字塔型向横向型转化。

虚拟化是若干个独立企业为了快速响应市场变化，以技术相联结，共享技术、共享市场、共同承担成本的临时的企业联合体，是从企业与企业的关系角度来考察的组织结构。

网络化是各种企业集团和经济体以网络的形式分立、联合和并购紧密联结在一起，从而形成了组织变革的网络化趋势。

柔性化是组织能够根据外部环境的变化适时地对组织结构、人员配备做出调整，使企业在瞬息万变的外部环境中，最大限度地做出及时、恰当的反应。

模块化是把复杂系统分拆成不同的模块，并通过标准化的接口进行信息沟通的动态整合过程。

以模块化为基础组成的企业间生产网络的出现，使原来由一个企业从事生产经营的所有功能，现在由多个企业来完成，原包揽生产经营活动全过程的垂直一体化的企业界限因此被打破。

网络组织打破了组织边界，使组织之间的边界变得模糊化和动态化，这种组织间网络组织的自适应比传统组织更加有效。

团队结构可以快速组合、重组、解散，在多变的环境中，团队组织的柔性优点比传统的部门结构或其他形式的稳定性群体更灵活，反应更迅速。

企业通过选择多样化和灵活的动态契约组合建立"柔性契约网络"，使企业随内外部环境的变化重新排列、组合、增加或减少相应的契约，使企业能在全球整合资源，以达到减少生产成本与交易费用，赢得竞争优势的目的。

受益于互联网时代下大数据技术的发展，新的经济形态不断涌现，如"零工经济""共享经济""分享经济"等。新经济形态将社会海量、分散、闲置的资源进行平台化、协同化的集聚、复用与供需匹配，进而实现经济与社会价值创新的新形态。组织形式扁平化、组织弹性无边界化、组织结构网络化，为企业组织结构的创新与变革提供了创新思路。

新经济形态相对应变化的是企业的岗位呈现模糊化、组织结构逐渐去中心化、组织边界进一步开放化。在这一背景下，平台型组织不断涌现，如Uber、Airbnb及韩都衣舍等。这些平台型组织为增强适应性，不断引进新技术、新设备，并及时调整组织结构，因而使得传统的组织结构发生了巨大的变化。如在业务流程再造引导下的企业，其横向间组织结构发生转变；若企业强调均衡与灵活性要求，其矩阵型及动态虚拟网络设计是其常用的组织形态。越来越多的企业创新需要建立柔性组织结构、分散化决策机制、虚拟化企业运营。

本章小结

项目的组织结构、项目团队与冲突管理，一起构成了项目环境的主要方面。

项目是需要一定的组织形式去实现的，项目的组织结构类型对项目的执行产生重要的影响。职能型、矩阵型及项目型组织结构都各有其优缺点，采用哪种组织结构取决于项目的特点及组织的资源，项目经理及其上级管理者必须了解这些问题并保持一定的灵活性。

项目经理不仅是项目的组织者，也是项目团队建设的负责人。在项目人员

配置与使用、人员开发与管理上，项目经理是关键角色；要建设一支高效的项目团队，这要求项目经理在具备相应的专业知识基础上，还应懂得人力资源管理，能够激发项目团队成员的工作积极性，领导项目团队去完成项目任务。

在项目期间，各种冲突是不可避免的。了解冲突的来源，正确地判断冲突的可能，可以促进团队的发展与项目绩效的提高。良好的人际沟通及恰当的冲突解决，才能保证项目得以顺利实施直至项目成功。

（1）项目组织。从动词上，项目组织是指为项目动员起一切必要的资源来开展项目的活动；从名词上，项目组织是指为完成项目所构建的组织形式。

（2）项目组织结构。根据项目特点与组织资源来选择合适的项目组织结构，界定职能部门和项目部门之间的管理边界及其协调路径，能够有效调配组织资源来满足项目实施的需要。项目组织有三种典型的类型结构：职能型、项目型、矩阵型。项目经理在项目型组织中权力最大，在矩阵型组织中权力一般，在职能型组织中权力最小。

（3）项目经理。项目经理需要承担各种角色的工作，因此需要具备一定的专业知识与技能，同时也需要具备很强的管理技能，善于沟通，精于领导，才能有效应对各种局面，带领团队实施项目。

（4）项目团队。为实现项目目标，来自不同领域的人们聚集在一起成为项目团队，但是人们不是一开始就达成共识形成凝聚力。一般项目团队发展会经历五个阶段，项目经理必须了解这些群体动力学的原理。

（5）沟通管理。有必要为项目设计一份项目沟通管理计划，沟通计划涉及几个方面：沟通对象的确定；信息搜集的渠道与方式；信息搜集的归档格式；信息发布的渠道与方式；信息发布与使用的权限；信息发布的时间。

（6）利益相关者。利益相关者是与项目有关的人与团体，他们对项目有着积极或消极的影响。项目经理必须能够识别和理解项目所有的利益相关者的不同需求，并能及时沟通，达成共识。

关键术语

项目组织；项目组织结构；职能型组织；矩阵型组织；项目型组织；利益相关者；项目经理；职业发展；沟通管理；冲突管理

参考案例

第2章参考案例

案例：A机型装配环节的管理

摘要：A机型装配实施进度未能达到预期时间，大大地影响了A机型项目研制任务的完成。有关部门对装配环节进行了调查研究，问卷调查发现与A机型项目装配环节相关的组织设置、沟通渠道、沟通方式等存在种种管理问题，如信息传递延误、相互推脱责任、信息沟通不畅、缺乏有效的项目组织体系和相应的沟通管理体系等。从何着手以及如何能够改变现状，这是摆在管理者面前的主要问题。

关键词：装配环节；项目管理；组织形式；沟通管理；案例研究

思考与讨论

（1）请阐述项目组织的类型及主要特征。

（2）请阐述不同项目组织应用的特点。

（3）请分析如何管理项目利益相关者。

（4）请分析项目团队的发展过程。

（5）请阐述项目经理如何管理与发展自己的职业生涯。

（6）请根据某个项目特点设计一份项目沟通管理计划。

参考文献

[1] 丁士昭. 工程项目管理[M]. 北京：高等教育出版社，2017.

[2]（美）凯西·施瓦尔贝著，邓世忠等译. IT项目管理（第二版）[M]. 北京：机械工业出版社，2005.

[3]（美）克利福德·格雷等著，徐涛等译. 项目管理教程[M]. 北京：人民邮电出版社. 2005.

[4] 美国项目管理协会. 项目管理知识体系指南[M]. 6版. 北京：电子工业出版社，2017.

[5] 美国项目管理协会. 项目经理能力发展框架[M]. 2版. 北京：电子工业出版社. 2011.

第3章 项目立项评估

本章导读

伴随着项目可行性研究等方法的推广应用，20世纪70年代末我国引进项目立项评估。现代项目论证与评估是项目决策的前提和保证，也是获得项目融资的凭证和依据，项目立项评估能促进和提高项目管理水平，不断提升政府管理机构的宏观经济管理的能力。而项目投资的成效主要取决于项目的立项筛选过程，近年来项目立项评估已经成为社会关注的焦点。

3.1 项目立项评估的目的

项目立项评估是在对拟建项目的市场供需关系进行深入分析的基础上，对项目技术上是否具有先进性、适用性、可行性，经济上是否具有合理性和盈利性，实施上是否具有可能性和风险性，以及建设上的市场必要性等方面所进行的综合分析和全面科学评价的技术经济研究活动。其主要目的是站在项目咨询的角度对项目的市场必要性、在技术条件的可能性以及项目经济合理性进行评估，提出多种预选方案，对各种方案进行经济分析并决定最佳立项时期和项目规模，提出可能实施的具体措施以及资源的有效利用方法，对可行性研究报告提出的几种不同方案（如生产规模、项目地址、工艺设计等）应进行比较，选出最佳方案。主要解决建设该项目是否有必要，生产规模多大为宜，项目应建在什么地方，采用何种工艺、设备和设计方案，以及项目的财务、经济效益如何。确保"做正确的事情""正确地做事情""把事情做正确"。其基本特性如下：

（1）决策支持性：即所有的项目立项评估都是为项目决策服务的；

（2）比较分析特性：即所有评估论证都需要对项目各种备选方案的技术经济投入和结果进行分析，找出最优的项目方案；

（3）假设前提性：即项目立项评估的各种数据，部分是实际情况的描述数据，部分是根据项目各种假设前提条件确定的预测数据。

3.2 项目立项评估的内容

3.2.1 项目立项评估过程

1. 需求识别

需求识别是项目立项评估的首要工作。为了避免项目投资的盲目性，除了利益相关方明确提出的需求外，还经常会有很多模糊的甚至是隐含的需求。如果不能识别出所有的需求并对这些需求进行甄别、管理，可能会对整个项目的后期工作产生严重的影响。需求识别是一个过程，它开始于对需求、问题或机会的识别，结束于项目需求建议书（Request for Proposal，RFP）的发布。

2. 项目识别

项目识别是识别需求、问题和机会，考虑满足需求或解决问题的途径。面对客户已识别的需求，从备选的项目方案中选出一种可能的项目方案来满足这种需求。项目识别的任务是确定项目来源，明确项目目标，识别有关的制约和限制条件，准备和完善需求建议书。项目识别是承约商的行为，而需求识别是客户的行为。

项目构思通过提出实施项目的各种各样的实施设想，寻求满足客户需求的项目最佳方案。其内容包括项目投资背景、意义、方向、目标、功能、价值、市场前景、环境、成本、技术、资金、经济效益、整体效益、风险、管理等。项目构思追求"突破"，而"突破"是应用新技术、新管理生产新产品，提供新服务。项目识别或构思是一种创新性活动。

3. 项目论证

对拟实施项目在技术上的先进性、适用性，经济上的合理性、盈利性，实施上的可能性、风险性进行全面科学的综合分析，为项目决策提供客观依据的一种技术经济研究活动。项目论证过程中，市场是前提，技术是手段，财务经济是核心。

（1）项目论证的作用

项目论证是确定项目是否实施的依据，是筹措资金、向银行贷款的依据，也是编制计划、设计、采购、施工以及机构设置、资源配置的依据，更是防范风险、提高项目效率的重要保证。

（2）项目论证的阶段划分

机会研究：发现项目需求投资机会，鉴别项目投资方向；

初步可行性研究：初步判断项目是否能盈利；

详细可行性研究：详细进行技术、经济及市场三方论证，并得出实施方案。

（3）项目论证的一般程序

①明确项目范围和业主目标；

②收集并分析相关资料；

③拟订多种实施方案；

④多方案分析、比较；

⑤选择最优方案进一步详细全面论证；

⑥编制项目论证、环境影响报告和采购审批报告；

⑦编制资金筹措计划和项目实施进度计划。

（4）项目论证的判定

①技术上的先进适用；

②经济上的合理盈利；

③事实上的可操作性。

3.2.2　项目立项评估指标

项目立项评估是项目论证的重要环节，它为项目决策提供参考依据。因此，项目立项评估在项目论证过程中是至关重要的。如何更准确、更高效地对项目是否立项做出判断是项目论证成败的关键。从目前已知的项目立项评估内容来看，项目立项评估中涉及现金流量的地方越来越多，应用也越来越广，已成为正确判断项目能否立项的关键因素之一。为此，本章项目立项评估主要内容包括现金流量与现金流量图、资金时间价值与资金等值。

1. 现金流量与现金流量图

（1）现金流量

现金流入量CI：流入项目的货币，包括营业收入、补贴收入、回收固定资产余值和回收流动资金等；

现金流出量CO：流出项目的货币，包括建设投资、流动资金、经营成本等；

净现金流量NCF（或CI-CO）：同一时点现金流入量与现金流出量之差（或其代数和）。

（2）现金流量图

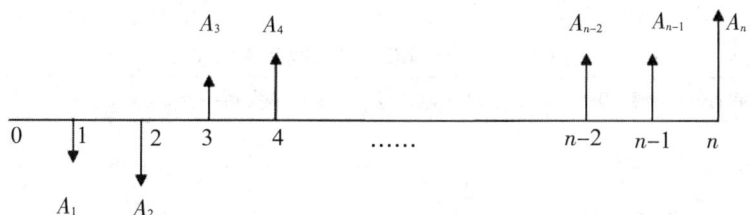

图 3-1 现金流量图

2. 资金时间价值与资金等值

（1）资金时间价值的概念

资金时间价值在商品货币经济中有两种表现形式：利润和利息。

资金时间价值等值变换原理：将不同时点上的资金价值转换为相同时点（一个或多个）上的价值，使之具有时间可比性。

（2）资金时间价值的衡量

利息额：衡量资金时间价值的绝对尺度。

$$\text{利息} = \text{目前应付（应收）总金额} - \text{原来借（贷）款金额} \tag{3-1}$$

利息率（利率）：衡量资金时间价值的相对尺度。

$$\text{利率} = \frac{\text{每单位时间增加的利息}}{\text{原金额（又称为本金）}} \tag{3-2}$$

利率高低的决定因素：社会平均利润率、借贷资本的供求状况、风险、通货膨胀、期限长短。

单利与复利：当包括一个以上的计息期时，要考虑"单利"与"复利"。

单利法：

$$F = P(1 + n \times i) \tag{3-3}$$

在投资分析中单利使用较少，通常只适用于短期投资或短期贷款。

复利法：

$$F = P(1 + i)^n \tag{3-4}$$

注意：在投资分析中，一般采用复利计算。

①名义利率与有效利率

$$i = \left(1 + \frac{r}{m}\right)^m - 1 \tag{3-5}$$

注意：名义利率相同，而计算利息次数不同时，年末本利和是不同的。

名义利率与有效利率在数值上是不相等的，在一年内计息不止一次时，有

效利率均大于名义利率。

设年名义利率$r=10\%$，则年、半年、季、月、日的年有效利率如表3-1所示。

表3-1　年名义利率与年有效利率比较表

年名义利率(r)	计息期	年计息周期数(m)	计息周期利率($i=r/m$)	年有效利率(i)
10%	年	1	10%	10%
	半年	2	5%	10.25%
	季	4	2.5%	10.38%
	月	12	0.833%	10.46%
	日	365	0.0274%	10.51%

工程经济分析中，必须换算成有效利率进行评价。

（3）资金等值的含义

①等值资金

把特定利率下不同时点上绝对数额不等而经济价值相等的若干资金称为等值资金。

②影响资金等值的因素

◇资金额的大小；

◇换算期数；

◇利率的高低。

③资金等值换算

将某一时点或某些时点上的资金等值到另一时点，称之为资金等值换算。

（4）常用的资金等值换算公式

现值（P：presentvalue）：资金在某一特定时间序列的初始值。

终值（F：futurevalue）：资金在某一特定时间序列的终点值。

年值（A：annualvalue）：表示发生在某一特定时间序列各计算期末的等额资金系列的价值。

①现值与终值的相互变换

◇现值变换为终值（已知P求F）

$$F=P(1+i)^n \qquad (3-6)$$

式中　是现值P与终值F的等值变换系数，称为整付（或一次支付）本利和系数，又称一次支付终值系数，或简称为终值系数，记为（$F/P,i,n$）。

◇终值变换为现值（已知F求P）

由F向P的等值变换，公式为：

$$F = P(1+i)^{-n} \qquad (3\text{-}7)$$

式中的 $(1+i)^{-n}$ 称为一次支付现值系数，并可记为 $(P/F, i, n)$。

②年值与终值的相互变换

◇年值变换为终值（已知 A 求 F）

等额支付系列现金流量的终值为：

$$F = \sum_{t=1}^{n} A_t (1+i)^{n-t} = A\left[(1+i)^{n-1} + (1+i)^{n-2} + \cdots + (1+i) + 1\right] \qquad (3\text{-}8)$$

整理得：

$$F = A\frac{(1+i)^n - 1}{i} \qquad (3\text{-}9)$$

式中 $\dfrac{(1+i)^n - 1}{i}$ 称为年金终值系数，可记为 $(F/A, i, n)$。

◇终值变换为年值（已知 F 求 A）

$$A = F\frac{i}{(1+i)^n - 1} \qquad (3\text{-}10)$$

式中 $\dfrac{i}{(1+i)^n - 1}$ 称为偿债基金系数，可记为 $(A/F, i, n)$。

③现值与年值的相互变换

◇年值变换为现值（已知 A 求 P）

$$P = F(1+i)^{-n} = A\frac{(1+i)^n - 1}{i(1+i)^n} \qquad (3\text{-}11)$$

$\dfrac{(1+i)^n - 1}{i(1+i)^n}$ 称为年金现值系数，可记为 $(P/A, i, n)$。

◇现值变换为年值（已知 P 求 A）

$$A = P\frac{i(1+i)^n}{(1+i)^n - 1} \qquad (3\text{-}12)$$

$\dfrac{i(1+i)^n}{(1+i)^n - 1}$ 称为资金回收系数，可记为 $(A/P, i, n)$。

当 n 很大时，资金回收系数约等于 i。

（5）资金等值换算小结

①等值计算公式注意事项

计息期数为时点或时标，本期末即等于下期初。0点就是第一期初，第一期末即等于第二期初，以此类推。

各期的等额支付 A，发生在各期期末。

当问题包括 P 与 A 时，系列的第一个 A 与 P 隔一期。即 P 发生在系列 A 的

前一期期末，即当期期初。

当问题包括A与F时，系列的最后一个A与F同时发生。不能把A定在每期期初，因为公式的建立与它是不相符的。

②等值计算公式小结如表3-2所示。

表3-2 六个常用资金等值计算公式小结

公式名称		已知	求解	公式	系数名称符号	现金流量图
整付	终值公式	现值 P	终值 F	$F=P(1+i)^n$	一次支付终值系数$(F/P,i,n)$	
	现值公式	终值 P	现值 P	$P=F(1+i)^{-n}$	一次支付终值系数$(P/F,i,n)$	
等额分付	终值公式	年值 A	终值 F	$F=A\dfrac{(1+i)^n-1}{i}$	年金终值系数$(F/A,i,n)$	
	偿债基金公式	终值 F	年值 A	$A=F\dfrac{i}{(1+i)^n-1}$	偿债基金系数$(A/F,i,n)$	
	终值公式	年值 A	现值 P	$P=A\dfrac{(1+i)^n-1}{i(1+i)^n}$	年金终值系数$(P/A,i,n)$	
	资本回收公式	现值 P	年值 A	$A=P\dfrac{i(1+i)^n}{(1+i)^n-1}$	资金回收系数$(A/P,i,n)$	

3.2.3 项目立项评估方法

财务盈利能力评价主要涉及计算分析全部投资回收期、投资利润率、投资利税率、资本金利率、财务净现值、财务净现值率、财务内部收益率等评价指标。

项目清偿能力分析主要涉及计算分析借款偿还期、资产负债率、流动比率、速动比率等评价指标。

财务外汇效果分析主要计算分析财务外汇净现值、财务换汇成本等评价指标。

1. 静态评价法

不考虑资金的时间价值的分析方法。主要评价指标如下：

（1）投资收益率（E_t）

①定义

投资收益率又称投资利润率，是指投资收益（税后）占投资成本的比率。

②计算

$$投资收益率 = \frac{投资收益}{投资成本} \times 100\% \tag{3-13}$$

③判据

只有投资收益率指标大于或等于无风险投资收益率的投资项目才具有财务可行性。

④优点

计算公式最为简单。

⑤不足

没有考虑资金时间价值因素，不能正确反映建设期长短及投资方式不同和回收额的有无对项目的影响，分子、分母计算口径的可比性较差，无法直接利用净现金流量信息。

⑥作用意义

投资收益率反映投资的收益能力。当该比率明显低于公司净资产收益率时，说明其对外投资是失败的，应改善对外投资结构和投资项目；而当该比率远高于一般企业净资产收益率时，则存在操纵利润的嫌疑，应进一步分析各项收益的合理性。

（2）静态投资回收期（P_t）

①定义

$$\sum_{t=0}^{P_t}(CI - CO)_t = 0 \tag{3-14}$$

②计算

$$P_t = 累计净现金流量开始出现正值的年份数 - 1 + \frac{上一年累计净现金流量的绝对值}{当年净现金流量} \tag{3-15}$$

③判据

若 $P_t \leqslant P_c$，可以考虑接受该项目；若 $P_t > P_c$，可以考虑拒绝接受该项目。

④优点

经济意义明确、直观、计算简单，便于投资者衡量建设项目承担风险的能力，同时在一定程度上反映了投资效果的优劣。

⑤不足

只考虑投资回收之前的效果，不能反映回收期之后的情况，难免有片面性。不考虑资金时间价值，无法用以正确地辨识项目的优劣。因为存在着这样的不足，因此静态投资回收期可能导致评价判断的错误。

注意：静态投资回收期不是全面衡量建设项目的理想指标，它只能用于粗略评价或者作为辅助指标和其他指标结合起来使用。

2. 动态评价法

（1）动态投资回收期（P_t'）

①定义

$$\sum_{t=0}^{P_t}(\text{CI}-\text{CO})_t(1+i)^{-t}=0 \tag{3-16}$$

②计算

$$\frac{\text{上年累计净现金流量折现值的绝对值}}{\text{当年净现金流量折现值}} \tag{3-17}$$

③判据（与基准动态投资回收期 n 比较）：

$P_t' \leqslant n$ 时，考虑接受项目，条件是贴现率取 i_c（行业基准收益率）。

优点与不足：考虑了资金的时间价值，优于静态投资回收期。但是计算相对复杂；不能反映投资后的情况，仍具有片面性。

（2）净现值（NPV）

①经济含义

净现值是反映项目投资盈利能力的一个重要的动态评价指标。

②分类

财务净现值（FNPV）：净现值用于财务分析；

经济净现值（ENPV）：净现值用于经济分析。

③计算

公式法：根据净现值的定义，直接利用理论计算公式来完成该指标计算的方法

$$\text{NPV}(i)=\sum_{t=0}^{n}(\text{CI}-\text{CO})_t(1+i)^{-t} \tag{3-18}$$

列表法：通过现金流量表计算净现值指标的方法。即在现金流量表上，根据已知的各年净现金流量，分别乘以各年的复利现值系数，从而计算出各年折现的净现金流量，最后求出项目计算期内折现的净现金流量的代数和，就是所求的净现值指标。

④判据

若 NPV≥0，则该项目在经济上可以接受；

若 NPV<0，则经济上可以拒绝该项目。

如果给定的折现率 i 是设定的基准收益率 i_c，则：

NPV(ic)=0，表示项目达到了基准收益率标准，而不是表示该项目盈亏平衡；

NPV(ic)>0，则意味着该项目可以获得比基准收益率更高的收益；

NPV(ic)<0，仅表示项目不能达到基准收益率水平，不能确定项目是否会亏损。

⑤优点

不仅考虑了资金的时间价值，对项目进行动态分析；考察了项目在整个寿命期内的经济状况；直接以货币额表示项目投资的收益性大小，经济意义明确直观。

计算净现值时，以下两点十分重要：净现金流量 NCF_t，即 (CI-CO)$_t$ 的预计；折现率 i 的选取。

一般来说，折现率 i 的选取有三种情况：

选取社会折现率 i_s，即 $i=i_s$。进行经济分析时，应使用社会折现率 i。社会折现率 i_s 通常是已知的。

选取行业（或部门）的基准收益率 i_c，即 $i=i_c$。根据项目的生产技术或企业的隶属关系，选取相应行业或部门规定的基准收益率 i_c。

选取计算折现率 i_0，即 $i=i_0$。从代价补偿的角度，可用下式表示计算折现率的求法：

$$i_0 = i_{01} + i_{02} + i_{03} \tag{3-19}$$

（3）净年值（NAV）

①含义

净年值也称净年金（记作 NAV），它是把项目寿命期内的净现金流量按设定的折现率折算成与其等值的各年年末的等额净现金流量值（净现值的年化过程）。

②计算

先求该项目的净现值，然后乘以资金回收系数进行等值变换求解，即：

$$NAV(i)=NPV(i)(A/P,i,n) \tag{3-20}$$

③判据

若 NAV≥0，则该项目在经济上可以接受；若 NAV<0，则经济上可以拒绝该项目。

注意：用净现值NPV和净年值NAV对一个项目进行评价，结论是一致的。根据公式可知NPV≥0时，NAV≥0；当NPV＜0时，NAV＜0。

④优点

对寿命不相同的多个互斥方案进行选优时，净年值有独到的简便之处，可以直接据此进行比较。

⑤缺点

一般求净年值NAV，要先求该项目的净现值NPV，因此，在项目经济评价中，很少采用净年值指标。

（4）内部收益率（Internal Rate of Return，IRR）

IRR就是资金流入现值总额与资金流出现值总额相等、净现值等于零时的折现率。如果不使用电子计算机，内部收益率要用若干个折现率进行试算，直至找到净现值等于零或接近于零的那个折现率。内部收益率，是一项投资渴望达到的报酬率，是能使投资项目净现值等于零时的折现率。

它是一项投资渴望达到的报酬率，该指标越大越好。一般情况下，内部收益率大于等于基准收益率时，该项目是可行的。投资项目各年现金流量的折现值之和为项目的净现值，净现值为零时的折现率就是项目的内部收益率。在项目经济评价中，根据分析层次的不同，内部收益率有财务内部收益率（FIRR）和经济内部收益率（EIRR）之分。

①含义

$$\sum_{t=0}^{n}(\mathrm{CI}-\mathrm{CO})_t(1+i)^{-t}=0 \qquad (3\text{-}21)$$

若某项目在1年初（零点）投资I_p，以后每年末获得相等的净收益R，则内部收益率可由（3-22）、（3-23）两式表示：

$$(P/A,\mathrm{IRR},n)=\frac{I_P}{R} \qquad (3\text{-}22)$$

$$或\ (A/P,\mathrm{IRR},n)=\frac{R}{I_P} \qquad (3\text{-}23)$$

内部收益率指标的经济含义是项目对占用资金的恢复能力。也可以说内部收益率是指项目对初始投资的偿还能力或项目对贷款利率的最大承受能力。

②分类

财务内部收益率（FIRR）：内部收益率用于独立项目财务分析,其判别基准是i_c；

经济内部收益率（EIRR）：内部收益率用于独立项目经济分析，其判别基准是i_s。

③计算

◇计算机编程求解

◇人工试算法

$$r = r_1 + (r_2 - r_1) \frac{NPV_1}{NPV_1 + |NPV_2|}$$

◇公式推导

r——$NPV_0 = 0$

r_1——NPV_1

r_2——NPV_2

$$\frac{r - r_1}{r_2 - r} = \frac{-NPV_1}{NPV_2}$$

④判据

应用 IRR 对单独一个项目进行经济评价的判别准则是：若 IRR$\geq i_c$（或 i_s），则认为项目在经济上是可以接受的；若 IRR$< i_c$（或 i_s），则项目在经济上应予以拒绝。

注意：由于内部收益率不是用来计算初始投资收益的，所以不能用内部收益率指标作为排列多个独立项目优劣顺序的依据。

⑤优点

与净现值指标一样，内部收益率指标考虑了资金的时间价值，用于对项目进行动态分析，并考察了项目在整个寿命期内的全部情况。

内部收益率是内生决定的，与净现值、净年值、净现值率等指标需要事先设定基准折现率才能进行计算比较起来，操作困难小。

注意：我国进行项目经济评价时往往把内部收益率作为最主要的指标。

⑥缺点

内部收益率指标计算烦琐，非常规项目有多解现象，分析、检验和判别比较复杂。

内部收益率适用于独立方案经济评价和可行性判断，但不能直接用于互斥方案之间的比选。

内部收益率不适用于只有现金流入或现金流出的项目。

（5）净现值率（NPVR）

①定义和计算

$$NPVR = \frac{NPV}{I_P} = \frac{\sum_{t=0}^{n}(CI-CO)_t(1+i)^{-t}}{\sum_{t=0}^{n}I_t(1+i)^{-t}} \tag{3-26}$$

净现值率表明单位投资的盈利能力或资金的使用效率。净现值率的最大化，将使有限投资取得最大的净贡献。

②判别标准

若NPVR≥0，方案可行，可以考虑接受；若NPVR＜0，方案不可行，应予拒绝。

项目（方案）经济评价，应尽量考虑一个适当的评价指标体系，从不同的角度衡量项目的经济效益，避免仅用一两个指标进行评价。

本章小结

项目立项评估通过对拟建项目工艺技术、产品、原料、未来的市场需求与供应情况以及项目的投资与收益情况的分析，从而判断项目在技术上是否可能、经济上是否有利、建设上是否可行等，其目的是避免或减少项目决策失误，提高项目投资的效益和综合效果。

项目立项评估包括项目市场分析、项目建设条件和经营条件分析评估、项目技术方案评估、财务效益与费用估算、资金来源与融资方案评估、财务效益评估、国民经济效益评估、社会效益评估、不确定性分析与风险分析、项目后评估等。

本章以项目立项评估过程为分析重点，对项目的需求识别、项目识别、项目论证进行阐述，并通过叙述项目立项评估内容来呼应项目可行性研究内容。通过对项目评估方法分析，可为各类项目管理的实践提供理论知识。

（1）名义利率和实际利率。复利的计息期不一定总是一年，有可能是季度、月或日。当利息在一年内要复利几次时，给出的年利率叫作名义利率，而按照复利次数实际计算出的年利息率叫作实际利率。

（2）现金流量。将项目看成为一个独立系统的情况下，项目系统中所有现金的流入与流出活动的序列。它不是通常意义上的现金，而是上一种资金流动的情况说明。

投资项目进行经济分析时，通常将投资项目或技术方案视为一个独立的经济系统，考察其经济效果。对一个系统而言，在某一时点上流出系统的货币称为现金流出或负现金流量，流入系统的货币称为现金流入或正现金流量；同一时点的现金流入和现金流出的代数和称为净现金流量。现金流入、现金流出以及净现金流量通称为现金流量。

（3）沉没成本。指过去已经发生，不管当前决策如何都无法改变的费用。对这部分费用，实际最终决策时应做综合考虑。

（4）机会成本。指用于项目的某种资源若不用于本项目而用于其他替代机会，在所有其他替代机会中所能获得的最大收益。

（5）资金的时间价值。指相同的金额，由于所处的时间不同而导致的价值上的差别（资金在使用过程中产生了增值，不同时间发生的等额资金在价值上的差别，就是资金的时间价值）。

（6）净现值。净现值是指按一定的折现率（基准折现率），将各年的净现金流量折现到同一时点（计算基准年，通常是年初）的现值累加值。

（7）内部收益率。是反映项目盈利能力常用的动态评价指标。它指的是项目在整个计算期内各年的净现金流量累计等于零（或效益成本比率等于1）时的贴现率。它是项目本身所固有的投资收益率水平。

（8）项目盈利能力评估。考察项目的盈利水平，按是否折现，可把指标分为静态指标和动态指标。

关键术语

名义利率；实际利率；现金流量；沉没成本；机会成本；资金时间价值；净现值；内部受益率；盈利能力评估

参考案例

案例：某市网络安全运营中心项目立项评估报告

摘要：目前网络安全服务市场存在诸多行业痛点、网络安全产品使用效率偏低以及智慧城市的发展，需通过有效的方法解决网络安全问题，推动安全服务本地化，提高安全产品使用效率。因此拟投资某市网络安全运营中心，推动信息安全服务本地化，满足某市及周边区域市场的发

第3章参考案例

展需求，建立7×24小时的信息安全监控运营机制，为当地客户提供全方位的网络安全服务。在此大背景下，以某市网络安全运营中心项目立项评估为例，从项目立项的必要性、技术的先进合理性、经济效益、项目风险状况等方面进行全面的论证分析评价，并提出决策性意见或建议。

关键字：网络安全运营中心；立项必要性；技术可行性；风险分析

思考与讨论

（1）请阐述项目立项评估的主要特征。

（2）请阐述项目立项评估的关键环节。

（3）请阐述资金的时间价值的含义和内容，分析项目管理和运营管理的区别。

（4）请说出静态评价和动态评价的区别是什么？各适用于哪些类型的项目评估？

（5）为什么项目立项评估中要使用复利来计算资金的时间价值？

（6）请分析项目立项评估的主要作用。

（7）项目立项评估中为什么要使用复利来计算资金的时间价值？

（8）请分析项目立项评估中可能涉及的现金流量和收益分配问题。

参考文献

[1] 俞文青. 投资项目评价[M]. 上海：立信会计出版社，2004.

[2] 戚安邦. 项目论证与评估[M]. 北京：机械工业出版社，2009.

[3] 王华. 建设项目立项评估[M]. 北京：北京大学出版社，2008.

[4] 徐强. 建设项目立项评估[M]. 北京：机械工业出版社，2011.

[5] 黄明知，尚华艳等. 建设项目立项评估[M]. 北京：北京大学出版社，2013.

[6] 美国项目管理协会. 项目组合管理标准[M]. 2版. 北京：中国电力出版社，2009.

[7] 美国项目管理协会. 组织变革管理实践指南[M]. 2版. 北京：中国电力出版社，2014.

[8] 白思俊. 现代项目管理（上册）[M]. 升级版. 北京：机械工业出版社，2010.6.

第4章 工程项目系统化管理

本章导读

项目是将人、设备、原材料、设施组织和管理起来以实现一个目标的系统。从系统与周边环境的关系来看，项目是一个开放系统。在开放系统中，系统与环境之间的相互作用，将发生很多系统决策者（项目管理者，或项目经理）不希望发生或无法预料的事情，它们对项目的绩效指标，如成本、进度、质量，产生负面的影响，这构成了项目的风险。作为项目领导者的项目经理，对此要有清醒的认识。

本章将简短地给出系统与开放系统的定义与特点，从中导出不确定性与项目风险管理的理念，并基于这样的认识，实施项目的计划与控制行为。在此基础上，介绍了项目的生命周期以及贯穿项目生命周期的整合管理与风险管理、安全管理的体系与方法。

4.1 系统与项目

4.1.1 开放系统

系统可以简单地定义为"是由相互作用、相互依赖的若干组成部分结合而成的，具有特定功能的有机整体"。它在我们的生活中广泛存在，一台电脑、一个国家、整个社会都可以视为一个系统。

项目是一个系统，它由项目团队与配置给项目的资源构成。

系统运行在系统环境之中。对于项目这个系统，系统环境指的是超出项目的决策者（可以是项目的发起人、项目经理等）控制之外，并影响项目行为与输出的任何事物，也可以叫做项目环境。因此，项目环境可以包括项目执行所在的城市与地区、供应商、合作伙伴、所面临的法律与政策、社会风俗与文

化、呼吸的空气、项目组成员的家庭等等。

边界将系统与环境区分开来。但是，在一些项目系统中，边界有时是模糊的，从而导致系统与环境之间并没有一条清晰的界线。对于某个因素，如果不能确定它到底是属于系统还是属于环境，项目经理可以提出下面的两个问题：

（1）我能对它做什么？

（2）它对项目的执行与目标有影响吗？

如果对第一个问题的回答是"否"，而对第二个问题的回答是"是"，那么这表明它是环境的一部分。如果对上面这两个问题的答案都是"否"，那么这个因素属于项目的"不相关环境"。"不相关环境"表示所有对项目系统没有影响或无关的外在事物。

常有一些因素是模糊或者隐藏的，在环境的识别时被忽略，或者将其归为"不相关环境"，这可能会给项目带来风险。一个被忽略的项目干系人，例如潜在的竞争对手，可能在项目进行期间会给项目造成很大的负面影响。因此，在环境的识别与界定时，需要倍加小心，以防止此类的疏漏。

封闭系统是一个与外界无明显联系的系统，环境仅仅为系统提供了一个边界，不管外部环境有什么变化，系统仍表现为稳定的内部特性。

与封闭系统相对的是开放系统。开放系统是指在系统边界上与环境有信息、物质和能量交互作用的系统。例如商业系统、生产系统或生态系统，这些都是开放系统。

很显然，项目是一个开放系统。

4.1.2　系统环境的影响

设计一个系统是为了完成某个任务，实现系统的目标。目标是否达成，会有相应的指标来做判断。在项目的操作实务中，各个干系人所普遍关注的指标是所谓的项目铁三角，即进度、成本与范围或者质量。站在项目的所有者（例如客户）的角度来看，项目的范围，即最终的产品与某些中间可交付成果，才是他所关心的。一个合乎要求的项目可交付（最终）成果，其质量必定是通过检验而合格了的，至于是怎么完成的这个产品，并不在他的关注之中，这是项目经理关心的事情。站在项目的执行者（例如承包商，项目经理）的角度来看，项目执行过程中的质量控制才是最关心的，项目管理是一个过程的管理，好的过程会产生好的结果，优秀的质量控制过程，将带来让客户满意的最终产品。范围与质量，认识问题的角度会有差异，但其本质上是一样的。

作为一个开放性的系统，项目需要与环境打交道，与其相互作用，例如客户、供应商、政府组织、团队成员的家属等等。项目系统依赖环境提供信息、能量与物质，并向他们输出他们所需要的结果与服务。

由于项目本身一次性的特点，导致项目的环境是非常复杂的，这种复杂性，表现在下面几个方面：

每个项目可能都会面对不同的客户；

每个项目的最终产品与项目目标都会不同；

这样也会导致在每个项目中可能会采用新的、不同的技术、工艺与流程；

因而可能会组建新的项目团队；

也可能会让每个项目都处于新的不同的社会、政治环境中。

一个处在复杂环境下的开放系统，会受到环境中各种因素力量的影响，将导致在项目的执行过程中出现很多的不确定性，从而影响项目目标的实现。作为项目的领导者，项目经理应该认识到，项目不会在一个封闭的环境中运行，不可因忽略对环境的信息收集，导致可能会产生出乎意料的不利影响。

从原则上来说，可以按下面的步骤来处理项目的环境：

①识别环境中各种力量的需求；

②找出那些能够显著影响项目目标的环境力量；

③将这些力量结合进项目的目标、计划与行动中。

这三个步骤，是项目中处理环境因素时所遵循的基本原则，非常典型地表现在干系人管理、沟通管理、风险管理中。识别出那些能对项目目标产生影响的环境力量因素，是后续工作的基础，也是最为重要的第一步。一个工作态度严谨到几乎吹毛求疵程度的客户，会促使团队保持最为整洁的工作界面，与他保持最为畅通的沟通渠道。而一个项目中所需要的核心关键部件或设备，会在供应商的筛选与项目技术设计方案上，做出更多的备份应对措施。这些工作，都会在项目计划与目标的指标上得到体现，例如在成本预算中加入相应的管理或应急储备，在风险应对措施中采取相应的步骤与方案。

从另一方面来说，环境力量对项目的影响是双重的，它会产生风险，也可能会带来机遇。项目管理者或者项目经理，应该对其有清醒的认识，应能利用这些环境的力量，而不是被这些力量所左右。一个被外界力量过于影响的项目，会导致项目失去控制，甚至失败。

对环境的认识与理解，是项目顺利执行、实现项目目标的基础。

环境对项目的影响，绝大部分是要通过人来实施的，因此，干系人的识别与管理，在最近版的PMBOK中被提出来作为单独的一个知识领域予以强调，其意义是很明显的。

项目管理的前辈们很精辟地总结过：项目管理意味着在复杂的环境中如何做好一件事，即如何在复杂环境中实现我们的项目目标。

4.1.3　项目生命周期

项目的最终可交付成果是独特唯一的，导致项目本身是一个一次性的活动，有明确的起点与结束点。这种特性，使得将项目作为系统来看，与普遍存在的生物系统一样，在它的存续期间，将经历从萌发、出生、生长、成熟到结束这样一个完整的过程。这个过程，也就是系统或项目的生命周期。

系统在其生命周期内，其活力随着时间的分布，如图4-1所示。这个分布形状，很类似钟形的正态分布，这是很容易理解与接受的。正态分布是事物在正常状态下的普遍表现，说明了事物运行的普遍规律。

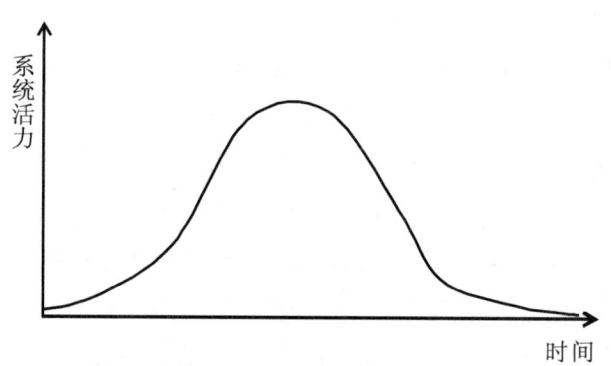

图4-1　系统活力分布

对项目来说，系统活力可以是员工的数量，资金、资源的投入需求，工作的密集程度等，对不同领域、不同规模的项目，这条分布曲线的形状可能会稍有差别，但是其大致趋势是相同的。

整个项目的生命周期可以分为一个到多个阶段，每个阶段由相应的可交付成果的产生作为标志。可交付成果是一种切实可验证的工作成果，如可行性研究报告、详细设计或一个工作原型等。全部阶段的组合构成了项目。

项目阶段的划分，与项目本身的特点和项目所处的产业领域有关，但是一般来说，可以划分为如下几个阶段：

（1）项目启动；

（2）项目规划；

（3）项目执行；

（4）项目收尾。

图4-2展示了一个典型的项目生命周期中的阶段、阶段中主要工作与各阶段的可交付成果以及与项目投入的关系。

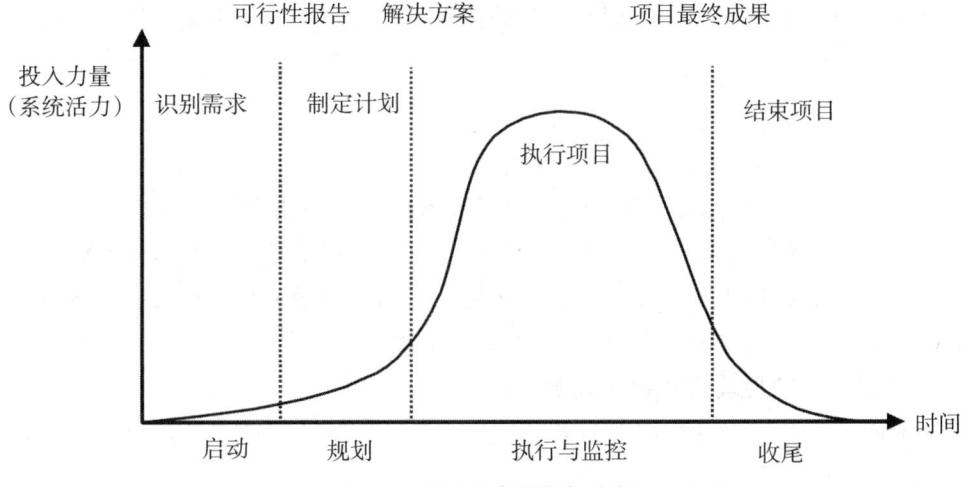

图4-2 项目生命周期与阶段

项目的生命周期与阶段，呈现如下的特点：

（1）在项目的前面的阶段，费用和人员投入水平较低，随着项目的进展逐渐增加，在项目收尾时又迅速降低。

（2）在项目开始时，成功完成项目的概率是低的，不确定性也最高。随着项目的进展，完成项目的概率通常会逐步提高。

（3）项目干系人影响项目费用和项目产品最终特性的能力，在项目开始时最高，随着项目的进展通常会逐步降低，但变更和错误纠正的成本逐步增加。

认识并理解项目的生命周期与其系统活力分布曲线的内在含义，对项目的顺利展开是有意义的。项目在其生命周期的不同阶段，其项目所处的状态与需展开的工作会呈现自己的特性，并产生相应的要求。项目经理要根据项目生命周期不同阶段所展现的特性，相应调整工作的关注（focus）重点。

在项目的初期阶段，一切尚未成型，约束较少，此时是项目干系人能够发

挥自己意志的最为自由与宽松的时间。项目干系人的过度干预，成为项目此时不确定性的重要来源之一。这种干预，包括需求、团队建设方案、技术实施路线、绩效、采用标准等的建议、调整与变更。干预是各干系人对项目利益诉求的反映，理解并平衡各个干系人在项目之间的利益，是项目经理当前需要解决的主要问题，特别要防止某些干系人对项目的过度干预。在某种程度上，项目管理是一种利益关系的管理。

随着项目的进展，资源的投入强度开始增加，此时解决资源的约束与冲突，保持项目执行的绩效，成为项目的主要矛盾，也是项目经理在此阶段的主要工作。在规划阶段，对此应有足够的预见与预案，并反映在制定出来的项目计划之中。

4.1.4　项目管理过程与过程组

作为在一个复杂环境下的运行的开放系统，项目需要整合繁多的项目活动，协调其共同工作，以达成项目的目标。这些项目活动，涉及多个领域的知识与技能，包括进度、成本、质量、风险、人力资源等领域。PMI在其出版的PMBOK中，对这些活动进行系统化的归纳整理，用过程（process）这个概念，来对项目的活动进行定义说明。

PMBOK将一个过程定义为创建预定的产品、服务或成果而执行的一系列相互关联的行动和活动。

可以更通俗地理解一个过程。过程是一个进行加工（process）的节点，它对接收到的输入（input）信息、资源等，通过自己独有的工具（tools）与技术（technique），进行处理加工，产生相应的输出（output）结果。这个输出结果，可能是信息、文档、资料和中间可交付成果，将作为下一个过程的输入，也可能就是项目的最终成果。在PMBOK中，一个过程，以ITTO的格式（输入、工具与技术、输出）进行描述与说明。

因此，每一个过程都有一个专属于自己的独特的功能，以完成一个专属于自己的独特的项目任务。

很显然，一个项目需要多个过程的共同配合才能实施并达成项目目标，PMI在其最新版的PMBOK中，为此一共定义了49个过程。

结合项目生命周期与项目阶段的特点，所有的过程被划分归类为五大组，构成项目过程组（process group），每个过程组包括了多个过程。五个过程组如下：

（1）启动过程组。定义一个新项目或现有项目的一个新阶段，授权开始该项目或阶段的一组过程。

（2）规划过程组。明确项目范围，优化目标，为实现目标制定行动方案的一组过程。

（3）执行过程组。完成项目管理计划中确定的工作，以满足项目规范要求的一组过程。

（4）监控过程组。跟踪、审查和调整项目进展与绩效，识别必要的计划变更并启动相应变更的一组过程。

（5）收尾过程组。完结所有过程组的所有活动，正式结束项目或阶段的一组过程。

需要指出的是，在PMBOK的思想中，过程与过程组，是面向工作的，因此，对过程组的划分，其核心是按照项目活动的性质来进行划分归类，而不是按照项目执行的阶段时间顺序来进行划分归类。所以，五大过程组的划分归类，尽管很类似以项目生命周期的时间顺序来进行的划分，但这其中的微妙区别，是我们需要了解的。

4.2　项目整合管理

项目的整合管理，是站在全局的高度，对项目经理所要着手进行的工作，进行归纳与指导。它以项目的时间进程（如前所述，也可以理解为以过程组）作为线索，给出项目在每个阶段的主要工作、主要内容以及确定这些工作之间的关系。在大部分时间，它并不给出每个工作具体的计划与执行细节，这些具体细节将在后续各知识领域中完成。

"整合"二字，兼具统一、合并、沟通和集成的意义。这意味着将散布在项目管理各知识领域内的项目活动与影响因素，进行统一、合并，以服务于实现一个全局最优的项目目标，而非各自为政的局部最优。为此，在项目整合管理中，通过沟通、协调，来平衡项目各个干系人的利益诉求，以达成一致的意见与承诺，并体现在项目计划与文件中。最终，集成所有的这些内容，形成一个能有效执行以达成目标的项目系统。

因此，整合管理，它将覆盖项目管理全部的五个过程组，并贯穿项目的整个生命周期，其内容涵盖了项目管理的所有知识领域，如图4-3所示。

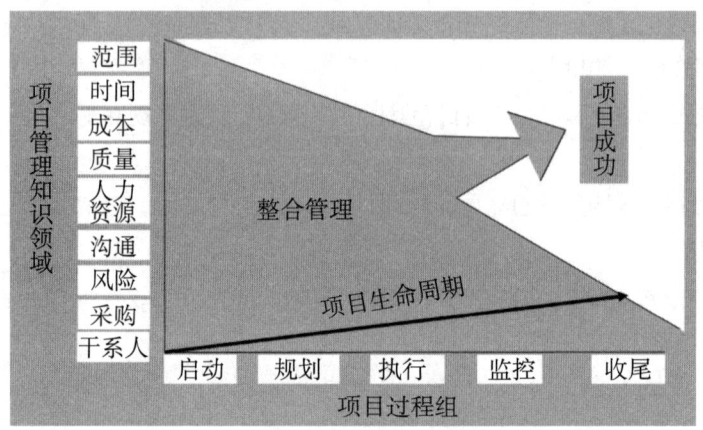

图4-3 整合管理

从项目生命周期的角度，整合管理包括如下四个阶段的工作：

（1）项目启动。以项目章程的制定与发布作为标志。

（2）项目计划。定义、准备和协调所有知识领域的子计划，并把它们整合为一份综合项目管理计划，也包括项目基准的制定。

（3）项目执行。包括三部分的工作：

①指导与管理项目工作。

②监控项目工作。

③实施整体变更控制。

（4）项目收尾。包括项目的管理收尾与合同收尾以及项目总结。

4.2.1 项目的启动

项目正式启动的标志，是项目章程的制定与发布。

项目章程是一份由项目发起人或启动者来签署、批准与发布的文件，它确定了项目的使命（目标）、项目组（项目经理）的权利与责任。

如公司章程、组织章程一样，项目章程的发布，明确了项目在项目所属的组织（比如某企业）内部的正式地位。这种地位的确立，意味着组织对于项目在程序上的认可与资源上的开放。

很显然，项目发起人或启动者，在项目所属组织内部的管理层级的位置，是高于项目组的，它可能是企业最高管理者、项目管理办公室（PMO）、项目立项审批委员会。在很多企业，项目章程是以项目立项批准报告或批准书的形式而发布的。

项目章程的发布，并不等于项目经理的任命，但项目经理的任命应该尽早进行。

在项目是组织外部项目时，项目章程的发布，也意味着与客户（甲方）的商务谈判已经完成，并已签署了正式的协作合同。潜在的项目经理如能提前参与商务谈判，则能更为深刻地理解客户的需求，以便在后续的项目管理活动中能有效地管理项目。

在项目是企业内部项目时，前期的需求分析、可行性研究、商业论证等工作，项目经理的尽早介入，能在可操作层面为这些前期工作提出建议，也能让项目经理更为全面地了解需执行的项目。

项目章程是对项目与项目经理授权的基础依据，但在一些情况下，可能还需要项目经理与组织管理层进行单独的谈判来获得授权，特别是关于财务与人事的某些权力。这些授权可能是口头的，也可能是书面的。在项目经理权力偏弱的矩阵型组织中，获取这类授权的意义是重要的。

基于确立项目在组织中的正式地位，明确项目的使命（目标），确定项目（经理）的权力与责任这三个基本要求，项目章程将可能包括如下主要内容：

◇ 项目目的或批准项目的原因；

◇ 可测量的项目目标和相关的成功标准；

◇ 高层级的项目描述和边界定义；

◇ 假设条件和制约因素；

◇ 高层级需求；

◇ 高层级风险；

◇ 总体里程碑进度计划；

◇ 总体预算；

◇ 干系人清单；

◇ 项目审批要求（项目成功评价标准，由谁下结论，谁签署项目结束）；

◇ 委派的项目经理及其权责；

◇ 发起人或其他批准项目章程的人员的姓名和职务。

4.2.2　项目管理计划的制定

计划类似自驾出游时使用的一张路线规划图，它告诉去目的地的路线方案。在计划中，目的地很重要，这是计划的起点，但是，如何到达目的地，才是计划的真正内容。项目计划是项目目标与为达成目标而采取的行动方案的集合。

从本质上来说，计划是对未来行动的一种规范与预测。对计划的制定者来说，需要回答一个关键的问题，即如何来说明或判断制定出来的计划是可行的？也就是说，对未来行动的规范与预测是否合理？

在很多项目中，总有一些关键的问题需要在解决之后，项目才能够往下执行，例如在研发类项目中，在项目的执行过程可能需要涉及一系列新的技术、工艺的专题攻关。此时，计划的制定者就可能会为计划的可行性这个问题而挠头。对此，可以用如下的简单准则来做出大致判断。

如果计划的制定者在方法与路线上知道如何解决这些个专题，并且为解决它们安排了自认合适的资源与时间，那么这个计划就是可行的。

一个可行的项目计划，是对一个项目正常行为的预测与规范。所谓项目的正常行为，即是我们期望它表现出来的行为。这种期望，是基于对团队的项目执行能力、资源供给能力、环境对项目的影响力这三种力量的综合判断以获得的，它合乎某种要求与偏好定义下的全局最优准则，比如进度、成本、客户期望等。

基于项目的正常行为而制定出来的计划，即是项目的基准计划（Baseline），并形成项目基准。所谓基准，即可以用此来作为评判项目执行绩效的标准。很显然，在一个开放系统中，环境以及项目内部会产生影响项目执行的不确定性因素，这将导致项目的执行可能会偏离基准计划。一般来说，经验丰富的项目经理，对这些不确定因素的影响会有自己的预判，并将这些预判作为冗余储备而放入基准计划中。

在项目各个子计划中，专门有一个风险管理计划，就是用来处理、应对各种不确定因素对项目的影响的，它包括对项目进度与费用发生延期与超支后的应对手段与储备。一个不确定因素对项目的影响，到底是放入基准计划中，还是放入风险管理计划中，这可能是一个需要权衡的问题。比如某个任务在正常的情况下其成本的预算为20万元，但由于某些因素的影响，可能会导致这个任务需要再增加10万元的预算才能完成。项目的执行者（例如项目经理）因基于基准计划来完成工作，可能会趋于把这增加的10万元预算放入基准计划中，这会减少他的工作压力，并增加自己的行动力与权力。如果放入风险管理计划中，在动用这额外的10万元预算时，则可能需要经过层层的审批，更可能的是，会因为没有完成基准计划所确定的工作，而使得自己的职业声誉受到不利的影响。而更高一层的项目管理者，基于相反的原因，可能会趋于将这个额外的10万元作为风险应对资金而放入风险管理计划中。对这类问题的处理，需要项目经理与更高层管理者做某种程度的抉择与权衡。同时，后续章节中涉及的PERT技术、关键链项目管理等方法，也可以认为是对它的一种考虑。

项目启动后，项目经理需要开始着手制定各知识领域的子计划，并将其综合为一份总的项目管理计划。这些子计划包括：

◇ 范围管理计划

◇ 需求管理计划

◇ 进度管理计划

◇ 成本管理计划

◇ 质量管理计划

◇ 人力资源管理计划

◇ 沟通管理计划

◇ 风险管理计划

◇ 采购管理计划

◇ 干系人管理计划

项目管理计划还涉及项目基准（baseline）的制定。项目基准作为衡量项目绩效的标准，是项目各个子计划的产物，在项目的执行过程中，对项目的进展进行检查时，用来与项目的执行情况进行对比，以评估项目的绩效。

最主要使用的基准包括：范围基准、成本基准、进度基准、质量基准等。

作为整合管理的内容，在项目管理计划的制定过程中，还有两个因素或问题也是需要考虑并解决的。

（1）计划的协调。在开始制定进度计划时，如果不考虑资源限制的情况，则项目进度管理计划的制定是一件比较直接的工作。但如果结合资源需求计划，则进度管理计划可能会发生改变，而改变后的进度管理计划，又会反过来影响资源需求计划。同时，资源需求计划还取决于资源的供给状况，获取的难易程度。这可能是一个极为复杂的过程，可能还会波及项目成本管理计划与其他的子计划。其他的子计划之间，也可能存在类似的关系，所谓触一发而动全身。因此，每一个子计划的制定，并不是一件独立的事情，需要通盘考虑项目内外所有的因素来进行，这也是系统论看问题的视角。

（2）计划的更新。没有项目是完全按计划进行的，在一个开放性的系统中，因为计划中的疏忽、不确定性事件的出现，对最初的计划甚至是对最终产品系统的变更（change）经常是无法避免的。

一旦发生变更，几乎所有的项目计划都需要修改或重新制定（例如进度、成本、质量计划。）一般来说，项目越大、越复杂，发生变更的次数就可能越多，实际的工期、成本与最初目标的偏离就越远。

在变更会导致计划更新时，这种变更应该纳入变更管理系统之中。

变更管理计划作为项目管理计划中最为重要的一个子计划，是项目经理在项目真正实施之前必须首先完成的计划之一，它确定了项目变更管理系统的工作程序与具体步骤。一个项目的变更管理系统，至少要实现如下三个主要的功能：

（1）跟踪记录变更。对变更发生的原因、来源以及具体的变更事项进行记录。这个记录可以作为可能的责任追溯、事后的经验总结的数据。一个良好管理的项目，会尽可能减少不必要的变更。在项目结束后的评审总结中，对变更处理的评估进行总结，其经验与教训，会是重要的组织资产。还有些变更是由客户提出来的，这个记录也可以作为后续补偿的商务谈判的原始依据之一。

（2）变更批准程序。不是所有的变更申请都是应该实施的，特别涉及范围、进度与成本的大的调整的变更申请，其变更申请的批准必须很慎重，因此需要一个程序来对变更申请进行审批控制。对小型的项目，项目经理可以根据自己的经验来判断决定一个变更是否需要实施，而对大型的项目，可能会成立一个变更控制委员会（Change Control Board，CCB）来完成这项工作。因为变更可能会涉及项目的范围、成本、进度的方方面面，因此变更控制委员会的成员应该包括项目各专业领域的负责人，在需要时，公司管理层也会受邀参加。

（3）变更的实施贯彻。获得批准的变更，一般来说，将会改变项目的计划与文件。范围的变更，会导致成本、进度等计划的更新，同时，也可能改变项目作业程序、验收标准等文件。这些更新与改变，需要变更管理系统来实施完成。

4.2.3　项目的实施

在项目的实施阶段，包括如下三类主要工作与职能：

◇指导项目的正常执行；

◇监控项目；

◇项目整体变更控制。

1. 指导项目的正常执行

这是项目经理与项目管理团队的日常工作，其目的在于领导和执行项目管理计划中所确定的工作，以实现项目目标。这些工作是基于项目正常行为下的基准计划来进行的，其内容会随着项目的进展而变化。其主要内容包括：

（1）提出变更申请，并实施已批准变更。在项目的正常执行过程中，可能会发生变更，变更的驱动因素，可以是内部的，也可能是外部的。

（2）配备、培训和管理项目团队。基于项目本身的性质，项目团队是一个开放性的团队，团队成员的到位与退出，是逐步进行的。让新来的成员熟悉项目工作并融入团队氛围，是一个可能会贯穿项目始终的工作。

（3）获取、配置与使用资源。资源获取的技术依据是已经制定出来的资源需求计划，但某些特殊资源的获得，可能需要通过取得特别的授权或者通过商务、公司政治谈判来获得，这对项目经理的综合素质是一个考验。

（4）管理干系人，建立并管理项目沟通渠道。干系人以及干系人对项目的利益关注点，会随着项目的展开而改变。在整个项目的执行过程中，持续分析项目干系人，确保不要遗漏关键的干系人，并以他们喜欢的沟通形式与频度，给出他们最感兴趣的项目信息。

（5）管理供应商。供应商是战略合作伙伴，而非单纯的买卖关系，因此供应商的选择有遗传的趋势，趋向于与老供应商合作。此时，对供应商资质的定期审核是必要的。

（6）管理风险。随着项目的展开，项目本身的内部情况，与项目的外部环境也将发生变化，风险的来源与影响程度也可能随之改变。持续对风险的识别与分析，至少在项目大的进度里程碑节点上重新进行，是必要的。

（7）生成绩效报告。绩效报告是已制定的绩效基准与项目执行行为的对比结果，为了获取项目执行行为的真实情况，这意味着需要建立完善的项目信息（情报）收集系统，这也是项目沟通管理的主要职能。

2. 监控项目

监控项目在此处的含义，更偏向于对项目的监测。它的作用是跟踪、审查和报告项目的进展，以判断在项目管理计划中确定的绩效目标是否达成，其主要作用在于让项目经理以及其他干系人了解项目的当前状态、已采取的步骤以及对预算、进度和范围的预测。

项目信息收集系统的建立，是监测项目工作完成的基础。项目管理者要通过建立属于自己的项目信息系统来了解项目执行的真实状态，这种信息收集系统包括正式的与非正式的形式。正式的包括例会、定期汇报、内部、外部审计等形式，大部分工作可以通过项目的沟通管理计划来实施。非正式的则可以是与团队成员的私人交流，观察团队的士气、工作状态，了解资源的消耗水平

等。一个有经验的项目管理者，可以通过非正式的方式获得非常宝贵的资料。

一个正式的项目信息收集系统，涉及对项目执行情况的监测频率。过于频繁地监测项目执行，会耗费大量的资源，造成不必要的人力物力浪费，形成文牍主义。而频率过于稀疏的监测，则可能导致项目执行状态的遗漏。美国DOD与NASA对其下面的项目，有一个经验法则，可以供参考：一周到两周，或项目工期的4%。

通过监测项目的进展情况，获得项目的绩效报告，如果由于外部的或者内部的原因（下述），导致项目的执行偏离了原定的计划，此时需要采取行动来纠正这种偏差。这种纠偏的行为，即项目的控制。

控制行为的启动，意味着采取了偏离原定计划的新行动，这可能涉及项目计划、项目文件、标准、基准的变化，因此，它本质上是项目的变更行为，应被纳入整体变更管理系统进行管理。故控制从程序上可以理解为是向CCB提出变更申请，获得批准后，通过执行新的计划来实现的。

把项目的执行通过控制拉回到基准计划上，是应有之义。不过，作为项目执行的领导者项目经理，只做到这一步是不够的。对上司和客户这两个最重要的干系人，与之建立并保持良好的沟通，让他们了解并理解项目的执行情况与结果，以获得他们的配合与支持，这是项目管理工作中最重要的任务之一，是项目干系人管理的重点。从他们的角度来看，对具体的控制过程并不感兴趣，他们的关注点是面向目标与未来的。控制行动的启动意味着项目执行偏离了原定的基准计划，即项目的执行出现了某些问题，那么，这会对项目目标的实现产生影响吗？

这要求项目经理用更长远的眼光来看待控制问题。在控制行为发生时，除了就事论事解决目前的问题之外，其对项目目标与项目整体的潜在影响，要有清醒的认识，并对其做相应的分析，通报给相关的项目干系人。挣值分析工具，可以在干系人最为关注的进度与成本两个方面，给出一个不错的可选择的解决方案。

挣值分析结合进度与成本，能对项目的执行状态与工作绩效给出一个较为完整的描述。SV、CV、SPI、CPI等指标给出了项目的目前执行状态与绩效，ETC、EAC、BAC等指标给出了对未来影响的预测，项目经理应该善于应用这些指标参数。

项目控制行为，总体可以归为如下三类，而这三类行为，都可能启动项目的变更申请：

（1）纠正措施。使得项目绩效与项目管理计划重新一致。

（2）预防措施。使得未来执行的项目绩效与项目管理计划一致。

（3）缺陷补救。修正与计划不一致的中间可交付成果或最终产品。

项目控制的启动，是因为产生了一些没有预想到的因素，导致项目的执行偏离了预定的计划，这实际上是项目风险的表现，意味着可能产生了新的风险。新风险的产生，是因为随着项目的展开，项目外部环境与内部环境都发生了变化，因此需要对项目的风险重新进行识别与分析（参见后续风险管理）。风险的重新识别与分析，并不需要等到控制行为发生后才进行，可以定期进行，至少，在项目里程碑的关键节点上，可以重新进行。

3. 项目整体变更控制

一般来说，变更会对项目的进度与成本目标造成负面的影响，并打乱原定的项目执行计划。很显然，作为领导项目执行的项目经理，是不欢迎变更的。

对是否需要变更，以及变更后对项目范围、成本及工期所造成的影响程度，这两个方面的分歧是项目经理与客户产生冲突的根源。这些分歧通常必须经由上级管理部门来解决或者重新进行合同谈判。

客户凭借甲方的天然优势，常常会提出一些所谓的"合理"变更，当这些变更超出了项目最初的合同范围时，客户会试图用甲方的身份来施压以达到目的，但维持合同的价格不变。

因此，正式、严格的变更管理，特别对大型复杂的项目，是必需的。并且，CCB的存在，也可以作为项目经理与客户之间的一个缓冲，起到调和他们之间关系的作用。

还有一类产生变更的原因，与人性有关，不是那么明显，故反而需要格外地加以留意。人们或多或少，都有一种完美主义倾向，其反映在工作中，就是对正在进行的工作精益求精，不断进行改善。这种倾向虽然看起来是可取的，但可能会导致项目超出原定的范围和要求，从而产生变更。例如在已经确定的产品设计中，加入越来越多的功能。

4.2.4　项目收尾

项目的结束，包括了三种可能的情况。第一种，是我们所希望的，实现了项目的目标而顺利结束；第二种，因为各种原因，例如客户的资金发生问题，而中途放弃项目；第三种，项目没有达到预定的目标而宣布失败。

无论哪一种情况，都涉及项目的收尾问题。项目的顺利收尾，比想象的要

难，耗费的精力与时间也比一般估计的多。古人说，"行百里者半九十"，越到后面，所遇到的烦琐事情会越多，一个有经验的项目经理，会对此有深刻的体会。

作为项目经理，应该意识到，一个顺利的收尾，实际上从项目的开始就在进行，并贯穿到项目的整个过程。从项目合同的签订开始，经过项目进行期间的可能的各种变更，到最后项目收尾客户进行验收时，最终的产品与要求，和初始签订合同相比，可能已经发生了很大的改变，客户与项目接洽联系的代表也可能已经换了很多次。因此，此时能够让客户认可项目产品并最终签收的依据，是项目合同与项目执行期间各次谈判协商后所签署的文件。项目过程中，对文档及时、完整的保存处理，是顺利收尾的重要保证，不要到最后阶段才去找当时客户派来与你谈判协商的人去签字。也许，你会发现，他可能已经转岗或离职了。

在项目的进度计划中，通常会设定多个里程碑点，利用这些里程碑点，作为项目的阶段性收尾点，对项目最终的顺利收尾，是非常有用的。利用各个阶段性收尾点中的时间，回顾总结过去的工作，整理那些来不及整理的资料文档；对在前面执行过程中，与客户口头或文字达成的协商结果，形成正式的文件；对当时因临时或匆忙还没签字的备忘录、纪要、文件等，请客户签字、归档。

从内容上来看，项目的收尾可以分为管理收尾、合同收尾、项目总结这几项工作。管理收尾与合同收尾这两项工作，并不是泾渭分明的，有时会有很多的交集，故在有些企业与项目中，并不做如此的区分。

1. 管理收尾

管理收尾的主要工作内容如下：

◇ 通知各下属负责人项目的收尾，并让其做好收尾计划，上交，审批；

◇ 做好收尾的工作安排与进度计划；

◇ 项目团队人员的安排分流计划，设备资源转移到其他项目的计划；

◇ 办公设备、场所的移交；

◇ 采购、分包合同的最终履行与收尾；

◇ 关闭项目的日志，安排移交项目文件文档给相关人员与机构；

◇ 向管理层提交项目总结报告，确认项目结束，也可能会通过正式的项目审计来确认。

2. 合同收尾

项目成功的标准，是让客户满意。而客户的满意，在可操作层面，体现在对合同条款的满足上，这些条款包含在项目执行过程中，客户提出的各种变更，也包括项目团队因条件的限制（比如因设备、技术原因，没有达到原先承诺的工期），提出并已征得客户同意的对参数、指标的修改。在收尾阶段，客户根据合同条款，一条一条地对照来对项目产品进行验收，确认是否合格。

由于项目中间的变更，以及对合同条款（需求）理解的不同，合同收尾阶段常常是与客户发生矛盾分歧的高发阶段。此时，项目经理如果已经建立并认真执行了严谨、完善的文档管理体系，将为解决这些矛盾分歧打下最为坚实的基础。

绝大多数项目，合同的收尾意味着客户支付最后一笔款项。而上述可能的矛盾分歧的解决方式，在与款项支付有关时（例如延迟付款，扣减等），企业的合同管理人员与法务人员，应当一起参与验收。

很多项目的最终产品，需要有相当多的附属产品的支持，才能够正常地使用与运行。例如使用、维护手册，人员的培训，专用的安装、测试设备等。附属产品的交付，常常是矛盾分歧产生的原因，其理由有如下两点：

首先，项目合同对附属产品没有加以明确说明，认为理所当然，这为客户与项目承包方对附属产品的认识发生分歧埋下了潜在的种子。

其次，合同中明确了附属产品作为项目的可交付成果，但是因为是附属产品，在签订合同时，其轻视的心理可能会低估附属产品所需要耗费的时间与成本，导致成本超支或延期交付。

因此，项目的附属产品在一开始就应该得到重视。一旦项目启动，它应该作为项目的必须工作包纳入项目的计划中，与其他的工作包一样，安排合适的资源与时间来完成它。

3. 项目总结

在项目完成后，对项目的执行进行总结与评估，其目的在于通过项目后评审，获得可以从中学习的经验与教训，以便将来不会再犯同样的错误，其结果将以项目总结报告的形式形成文档，作为组织的资产进行保存。

项目总结的目的在于总结经验教训，而不是对项目中发生的错误进行批评指责。因此，为了保证总结过程中的开放与坦率气氛，负责总结的管理人员，在某些时候可以考虑不参加总结会议。

为了让参与总结的人员保持对项目的清晰记忆与印象，项目总结不要在项

目完成后拖得太久进行。因为随着项目的收尾结束，人员的分流安排，可能导致一些应该参与总结的人员无法参与。

参与项目总结的人员应该包括所有与项目有关的人员代表，包括市场、设计、研发、质量、工程、采购、合同等相关环节的人员。项目总结工作有时会占用相当的时间与资源，其形成的项目总结报告，可能会从几十页到几百页，因此，一般来说，它从项目一开始就可以从 WBS、进度、成本上列入项目计划。

项目总结主要需要完成的工作：

（1）评审外部干系人的参与性和绩效，包括分包商、供应商、客户和外部的支持团队，给出它们在时效、质量、满意度等方面的评价。

（2）对项目执行过程中发生的变更进行记录评估。重点评估变更的原因，以分别出哪些是可以避免的变更，哪些是不可避免的变更。

（3）项目管理有效性的评审。在客户关系、与上级领导关系、团队成员满意度、应急事件处理的时效等方面进行。

（4）项目绩效评审。在成本、进度、质量、安全等方面进行。

（5）项目团队与项目职能部门的绩效评审。

（6）找出项目绩效表现出色的每个方面，记录成功的原因，找出那些好的过程。

（7）找出项目中出现的问题、错误、疏漏和表现差的领域和原因。

（8）总结从项目中得到的经验教训，并据此为未来的项目提出建议。

项目总结是一件很有意义的工作。在总结过程中，所有参与项目的人员，在经过长期、紧张的项目阶段后，心平气和，带着某种局外人的心态来回忆、分析项目中发生过的人与事，能够更为理性与客观，也因而能从中收获绩效、酬劳这些项目直接成果之外的东西。这个过程与最后的总结报告，对他们个人未来的职业生涯，对企业的将来发展，都是极有价值的。

4.3　项目风险管理

4.3.1　风险及风险管理

在项目这样一个开放系统中，环境与系统内部的各种力量会对系统目标的实现产生影响。我们用"不确定性"这个词来说明那些在项目中不希望发生，但是一旦发生后会对项目目标产生不利影响的事件。"不确定性"可以分为三种不同的类型：

（1）风险事件。知道它发生的概率，例如经过评估后大约知道某个供应商有70%的可能会延迟一个月交货。

（2）不确定性事件。这个事件可能会发生，但是无法知道或者评估出来它发生的可能性或概率。比如从历史记录上知道某个部件可能会失效，但是却不知道它失效的发生概率与失效时间的统计数据。

（3）未知的未知事件。事先没有想到，出乎意料的不利事件。例如一个有多年合作经历、信誉良好、品质优良的供应商因未知原因突然中止了供货合同。

因为不确定性的存在，项目的执行会可能会偏离预定的项目计划，从而在进度、成本、质量等方面，产生不利的结果，这就是项目风险。计划是对项目预期的可操作化的表现形式，故通俗来说，风险即是实际发生的情况与预期的不一致，或者现实与预期的不一致，如图4-4所示。

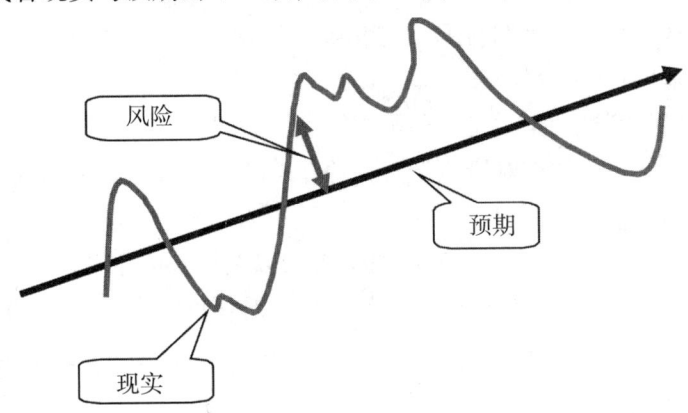

图4-4　预期与风险

风险是因为现实偏离了人们的预期，故实际上它是一种意外。客户、项目发起人、项目领导者，甚至供应商、项目团队成员，没有人会喜欢项目中出现的意外，哪怕因这些意外而导致的后果是正面的，比如出乎意料的成本节约、进度的大幅提前，也可能并不会让他们真正地喜欢。因为意外情况意味着在某种程度上，项目团队对项目的执行失去了控制，人们希望项目是按照自己的预期或计划来执行的。

从理念上来讲，我们无法改变现实，但是却可以改变自己，即改变自己的预期，使得预期尽量靠近现实，甚至与现实一致，如图4-5所示。

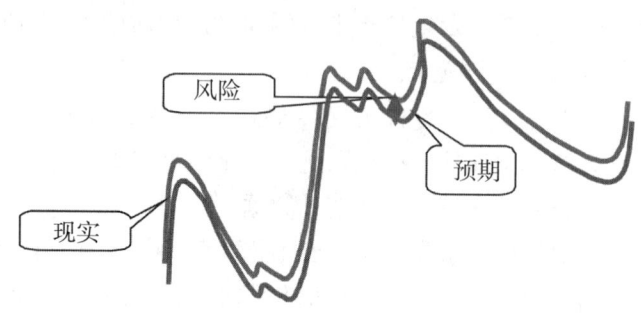

图4-5 预期的修正

在修改过后的预期中，因不确定性的存在会导致什么样的风险、产生什么样的影响以及应对措施是什么，都在考虑的范围内，并有相应的预案。客户、供应商、项目发起人等干系人，都知道将发生哪些可能的不利情况，当它们发生后，将如何处理，会动用哪些额外的资源与时间，是不是在我们的容忍范围内。从某种程度来说，预期与现实变得基本上是一致的，意外将不再存在或变为最小，风险也将变成最小或为零。

因此，风险管理的本质是一种预期管理，对因不确定性导致的可能风险进行预判，并预备相应的应对措施，其目的在于减轻或者完全避免风险对项目产生的不利影响。

并非所有的风险都值得让项目团队去加以关注、采取相应的预防应对措施，这取决于一个风险发生的概率与其发生后对项目的影响值。从这个角度来说，可以把风险看成是概率与影响的函数，见式4-1。式4-1将成为后续做风险分析的基本依据。

$$风险 = f(概率, 影响) \tag{4-1}$$

在上述三种不确定因素中，前两种，可以知道它们的具体来源，因此，它们属于已知的风险；后一种，因为无法预测与防范，属于未知的风险。

对于未知的风险，可以通过增加管理储备的方式来进行处理与应对。管理储备是由项目组，也可能是由更高级的组织层级所掌握的时间或费用的预留，它不包括在项目的基准计划之中，类似于商务合同、项目立项计划书中常见的不可预见费。不过，在一些情况中，管理储备并不能完全吸收项目中发生的因未知的风险带来的超额损失，特别对于一些非人为因素产生的超额损失，例如贸易禁运、自然灾害等。此时，可能需要与客户进行协商、谈判以获得补偿。

风险管理主要针对已知的风险进行管理。

4.3.2 规划风险管理

对项目的风险进行管理，该按怎样的一个程序来进行，要完成哪些活动，对这些程序与活动的限制与要求是什么？规划风险管理就是明确定义这个程序与活动的过程，它的最主要成果，是形成项目的风险管理计划。下述内容是将被纳入项目风险管理计划中的主要工作。

在项目的进行过程中，内部条件、外部环境都会发生变化，新的风险可能会出现，而已经识别出来的风险可能会消失。因此，风险管理是一个持续的过程，贯穿项目的整个生命周期，组建一个常设的风险管理团队是必要的。

团队的成员可能会包括项目经理、项目各专业领域的负责人、企业职能部门的相关人员、客户及代表、供应商等。在风险管理过程中，会涉及标准、程序的制定，数据的判断（比如风险发生的可能性），这可能还需要一个专家团队，其成员可以是内部人员，也可以是外部人员，应尽早确定其人选标准、工作程序与工作职责。

制定一个对风险定期或不定期重新检查的计划。在不定期检查时，定义其触发检查的事件标准。

项目的风险来源于多个途径（参见下节的风险识别），在大多数的情况下，力求对每一个不同来源的风险，能够确定其发生的可能性（概率）与对项目目标的影响程度。需要强调的是，并不是所有的风险都要求或者可以确定其发生的可能性与影响程度的（参见定性分析中的层次分析法与定量分析中的不确定性决策）。

项目目标主要体现在进度、成本、质量、范围这四个维度上。对风险的发生概率与影响程度如何进行描述与定量，其方式与标准，需要项目经理与团队预先明确与制定。这个工作也许还需要更上层的组织与其他干系人的共同参与，以符合组织的相关方针政策以及与其他干系人的协调合作（例如供应商，外包工作承包商等）。表4-1给出了一个发生概率的例子，它可以通过定性与定量两种方式来表述。表4-2给出了一个对项目目标（进度）影响程度的例子。

表4-1　风险概率

定性(可能性)	定量(类似概率)	描述
低	0～0.2	很少发生
较低	0.21～0.4	偶尔会观察到
中	0.41～0.6	较为常见
较高	0.61～0.8	常见
高	0.8～1.0	频繁观察到

表4-2　影响值估算

影响值	对进度的影响
0.1(低)	可忽略
0.3(小)	小于两周
0.5(中)	1到2个月
0.7(显著)	大于2个月
0.9(高)	不可接受

现实中，风险的表现可能会比上面所叙述的要复杂些。一个风险可能会影响项目中的多个目标，比如同时影响进度与成本，此时该风险影响值的确定，较为可行的处理方法是对进度与成本赋予不同的权重值（权重值的选择可能需要通过专家组的集体讨论意见确定），通过加权相加的方式，得到该风险的合成影响值。

没有东西是免费的，通过风险管理降低甚至避免风险，必然会付出相应的代价，也即需要花费额外的时间与费用。此时间与费用，被称为项目的应急储备（contingency reserve）。通过使用应急储备，以减轻甚至避免风险，并吸收（校正）风险发生时对项目产生的负面影响。

显然，应急储备应该被纳入项目的基准计划中，其具体的数值可能要在完成对风险的全面分析之后才能获得，但是使用储备（包括管理储备与应急储备）的方法、标准与批准权限，应该在风险管理计划中明确。

4.3.3　风险识别

通过风险识别，找出具体的风险，并分析记录其特征，将其登记在册。

很难有一个系统的方法来实施风险的识别，但对潜在的风险产生的原因进行分类，即确定风险类别，通过风险类别来追踪、识别具体的风险，是一个直观、可行的方法。风险分解结构（Risk Breakdown Structure RBS）可以完成这样的工作，图4-6是一个RBS的例子，其第一层即是对风险类别的划分，通过多层次的分解，最终可能会得到所需的具体风险。

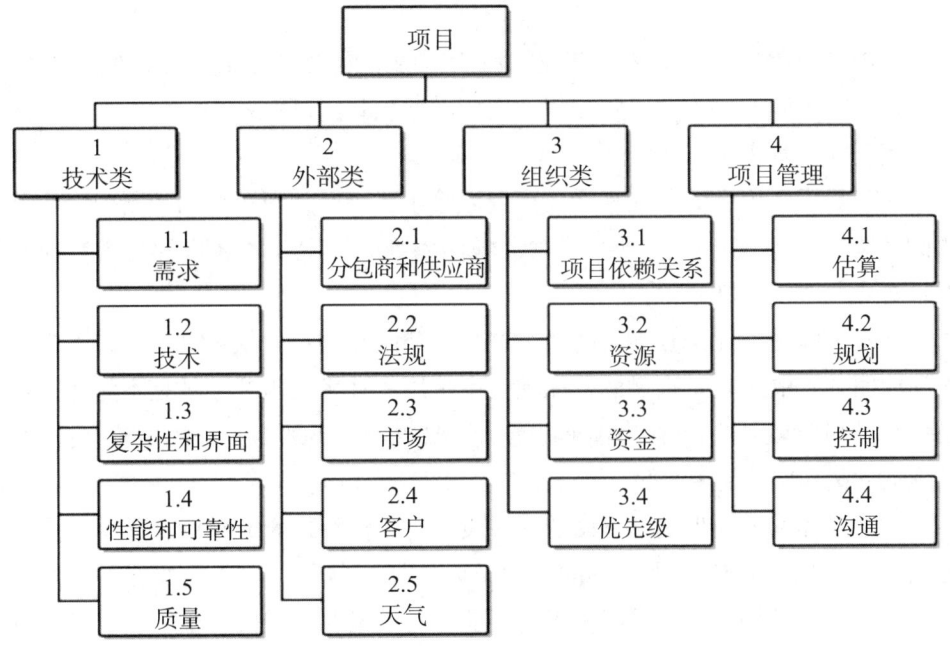

图4-6　RBS例

RBS可以是一种结构化的工具，在企业级别内或项目团队内预先确定好，其风险类别的确定可以是精确的，也可以是一个大致的描述，根据项目与环境的不同，而加以调整修正。

项目作为一个系统，可以大致将风险的潜在来源划分为系统内与系统外，即外部风险与内部风险两大部分。根据前面的分析，外部风险也可以认为是项目环境所带来的风险，因此，在系统边界较为模糊时，应仔细识别系统的环境因素（参见4.1.1），一个没有被识别出来的环境因素，可能会是一个潜在的危险的风险源头。主要的外部风险类别包括下面一些因素，它们可以作为外部风险类别进一步划分的参考与基础。

例如：政策法规风险、经济环境风险、自然条件风险、供应商、客户行为、竞争对手的行为。

内部风险来自于企业与项目内部。正常的情况下，那些明显、常见的内部

风险，企业与项目团队，项目经理和项目干系人，通过制定工作流程、规章制度、内部管控程序，已经在源头上把风险加以抑制。此时风险的发生，常常是违反这些流程、规章制度、程序所造成的，这也为内部风险的识别提供了一个线索。

在内部风险中，市场风险和技术风险这两类风险，需要加以格外的关注。因为这两类风险，并没有一定之规，它们随着项目与环境的不同而改变，无法通过制度与流程来予以控制。

从项目团队内部的角度来看，市场风险主要指的是对市场的判断失误而导致的风险。这体现在三个方面，对市场环境判断错误；对客户的需求判断错误；对竞争对手判断错误。

技术风险是指无论是项目的最终产品，还是在项目的执行过程中，因为技术问题而导致的风险。很显然，在项目中采用的技术与工艺，越是不熟悉，越是新，其风险就越高。稍微牺牲性能，采取成熟而不那么先进的工艺与技术，是降低此类风险永远有效的方法。

对于具体的风险识别，下面的一些技术与方法可以给予帮助，其中的多数方法，都可以以RBS作为基础的框架予以指导。并且，在一些情况下，例如风险类别划分做得很细致，能够无缝覆盖所有因素时，RBS的最底层，可以直接采用作为最终结果。

（1）类比法。参考类似已完成项目的风险管理资料。

（2）清单法。列出所有潜在的风险，然后针对特定的项目，一项一项开始检查核对，以判断该项目有无所列或类似的风险。潜在风险，可以通过检查企业所有历史项目的总结以获得，也可以是通过类似头脑风暴法等方法获得。

（3）WBS分析。通过WBS将复杂的问题分解为简单问题的集合，从而更容易找出其风险源。

（4）流程图法。检查流程图可以较为准确地确定风险可能出现的区域与问题点。

（5）假设分析。这是一个很有意思也很有价值的方法。项目的计划是基于诸多假设与约束条件来制定的。假设可以认为是一种潜在的承诺条件，约束则可以认为是一种确定性的承诺条件，这两种承诺都可能是不稳定的，会发生改变的。它们的改变，将对项目产生影响，带来风险。因此，可以尝试对每一种假设与约束条件做某种程度的改变，来分析它们对项目的影响，从而识别出可能的风险。这有些类似于做敏感度分析的思路。

另外，头脑风暴法与德尔菲法，也是颇为有效的风险识别方法。

通过上述的工作，根据经验，根据历史数据，根据这些基本的方法与工具，我们总能找出绝大多数可能影响项目进展的风险，但是没有找出来并真实存在的风险源可能才是对项目的最大威胁。这点，是需要随时保持警惕的。

被识别出来的每一个风险，及其可能产生的影响与后果，将被记录在风险登记册中。在风险识别的过程中，风险条件、原因、征兆、相应的应对方案措施，这些因素也会被部分或全部识别出来，将同时记录在风险登记册中。因此，风险登记册的结构应该经过仔细的规划设计，其内容在后续工作中，会不断进行充实与更新。

4.3.4 风险分析

风险分析分为定性分析与定量分析，定量分析建立在定性分析的基础上，对定性分析的结果，做进一步的研究、测算。

定性分析针对单个风险源进行，它综合考虑每个风险源的风险发生概率与影响结果值（参见表4-1、4-2），确定各个风险源的重要程度排序，使得项目经理能够给予排序在前面的风险源以更多的关注，对不同重要程度的风险予以不同的应对策略与措施，从而降低项目的整体风险。

对风险进行定性分析也可以通过个人或者集体（例如专家组）的主观判断来确定每一个风险源的重要程度，从而进行排序。因此，并非每种定性分析方法都需要知道风险发生的概率与影响结果值。

定性分析是对有序分类变量进行的操作，它的结果是事物等级、偏好的排序。这是"定性"二字的含义。

针对定性分析的结果，那些很重要的，即排序在前面，同时也被项目经理与团队确认为必要实施进一步分析的风险，可以对其进行定量分析。定量分析是一种数值化方法，对需要考虑的风险或者项目目标进行定量的数值化设置。供应商延期交货的风险不再是笼统的延期交货风险，而是被明确为具体的数值，例如两个月；对项目目标的影响，也不再是描述性地增加项目成本，而是具体的数值，例如项目成本增加10%。

定量分析通过数学建模或者其他的判断方法，以定量的方式评估风险对项目目标的影响或者它们之间的相互关系。

很显然，定性分析可以为项目经理提供经济、快速的风险分析结果，指导其对项目的风险管理工作，并且，在项目的执行过程中，因为其经济、快速的特点，具备了可以定时多次进行的条件；而定量分析需要大量的数据收集、整理工作，时间与费用的消耗会比较大，而且并非所有希望进行分析的风险都能够支持数值化设置。因此，在一些情况下，定量分析可能无法实施。

1. 定性分析

如表4-1与4-2所示的发生概率与影响值，本质上来说，都是一种主观的判断，其结果可能会因人而异，出现大的偏差。因此，在确定它们的过程中，力求把主观性降到最低，使得个人的判断不会影响全局，这可能需要一个专家团队并通过一个复杂的迭代过程来进行。

可以用简单的两种方式来具体应用式（4-1），作为风险重要程度排序原则：

$$风险＝概率＋影响 \tag{4-2}$$

$$风险＝概率×影响 \tag{4-3}$$

使用式（4-2），只要概率与影响其中一个比较大，就使得计算出来的风险比较大，在重要程度排序时，会比较靠前。这样会使得某些频繁发生但意义并不大的风险，占据了靠前的位置，这样的结果，可能会对管理造成误导。

用式（4-3），只有在概率与影响都较大时，计算出来的风险才比较大，会处于排序靠前的位置。但这种方式却可能忽视那些影响巨大但发生概率很小的风险，一旦这种情况发生了，对项目来说，可能是非常危险的。

结合式（4-2）与（4-3），我们也可以用第三种方式来计算风险值作为排序的依据：

$$风险＝概率＋影响－（概率×影响） \tag{4-4}$$

使用式（4-2）、（4-3）、（4-4）的计算结果，对风险重要程度进行排序。那些发生概率大、影响数值大的风险，是需要重点关注的风险，属于高风险，排序时会排在前面；那些发生概率小、影响也不那么严重的风险，属于低风险，会排在后面。而处于这两者之间的风险，如果用计算出来的数值简单地划分为低风险、中等程度风险或者高风险，可能显得过于草率。

上述思想与方法，也可以用 *P-I* 矩阵来展示。*P-I* 矩阵可以用一个更为全面的视角来考察所有的风险，如图4-7所示。

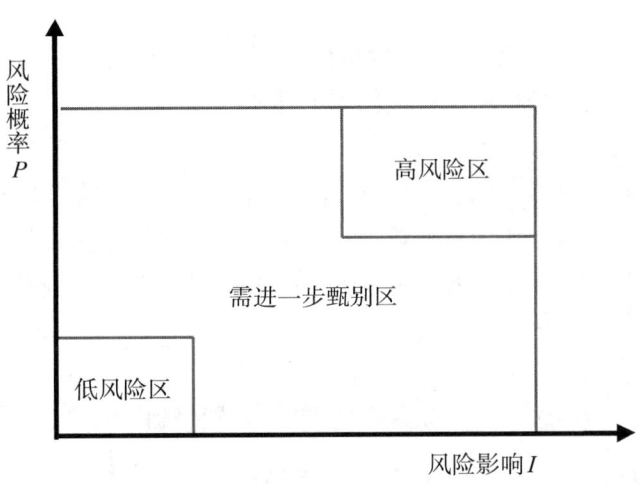

图4-7 P-I矩阵

高风险区与低风险区是两个较为确定的区域，它们的划分标准，管理层与项目团队需要结合实际的情况加以确定，这可能会综合考虑企业的方针政策、历史项目的文档数据、关键的项目干系人对风险的容忍度等因素。制定这个标准有时是一个复杂的过程。

处于这二者之间的风险，正如前面所述，简单地将它们划分为中等程度风险，可能会有失偏颇与草率，对它们进一步进行甄别鉴定，是一个更为谨慎也严谨的做法。

层次分析法是另一个可以采用的对风险重要程度进行排序的方法，它不需要对每个风险源确认其发生概率与影响程度，只对风险之间进行两两比较，确定任意两个风险之间的重要程度排序，以构成判断矩阵，最后获得各风险重要程度的总排序。因此，本质上它是一种定性分析。

在风险源数目较多时，由于只对风险之间进行两两比较，最终可能会导致逻辑错误与矛盾，例如已经确定A＞B（即风险A比风险B重要，下同）。B＞C，但在判定A与C的关系时，却判定为C＞A，这就是矛盾。在层次分析法中，通过一致性检验来发现这种矛盾。因此，在使用层次分析法时，最终的判断矩阵的获得，可能需要经过多次的反复循环工作，可以采取Delphi法来进行。

风险的定性分析，也可以采取专家打分法，或者根据风险的性质与特点（风险来源、风险影响的广泛程度、应对措施的难易程度等）来进行，它们同样可以实现对风险的重要程度进行排序的目的。

2. 定量分析

在条件允许时，对定性分析得到的重要的风险源进行定量分析，是一种严谨稳妥的做法。定量分析法主要包括如下几种：

（1）龙卷风图（敏感度分析）

将需要考察的风险与项目目标（成本、进度、质量参数等）进行量化，并建模，然后将各个风险作为自变量进行敏感度分析，其分析结果，按照对项目目标的影响程度大小（敏感度）从高到低以横道线在坐标上排列。如图4-8所示，因其形状如龙卷风，故得名。

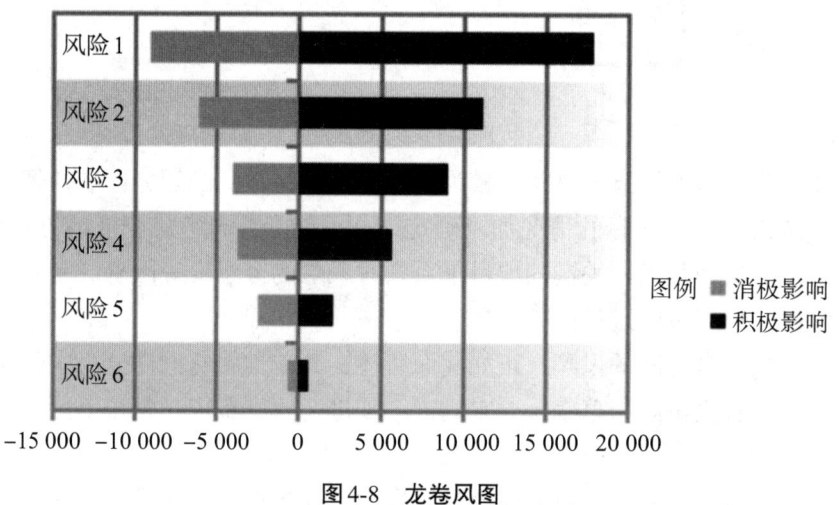

图4-8　龙卷风图

龙卷风图中，Y轴代表了各个风险，X轴代表了各个风险在其取值范围内变化时，对项目目标的影响值。

在做敏感度分析时，同时也完成了风险对项目的正面（积极）影响分析。图4-8中，假设风险1代表了主要材料价格的波动范围（风险），图中的分析结果表明，其价格降低带来的收益将大过价格上涨带来的损失，这意味着某种挑战与机会。项目经理以及其他干系人，可以从中得到启发并尝试接受挑战以抓住机会。

（2）决策树

面对那些对项目目标有重大影响的风险时，项目团队可能会推出多个应对方案，决策树利用期望货币值（Expected Monetary Value，EMV）的思想，对各个应对方案进行评估，并加以选择。下面用例子说明。

例：项目总预算为100万元，某种风险发生的可能性为0.4。当风险发生时，需要再增加30万元的费用来进行弥补。现在有两个策略，其一，增加10万元的预算，将风险可能性降为0.2；其二，增加20万元的预算，将风险可能性降为0.1。图4-9给出其决策树：

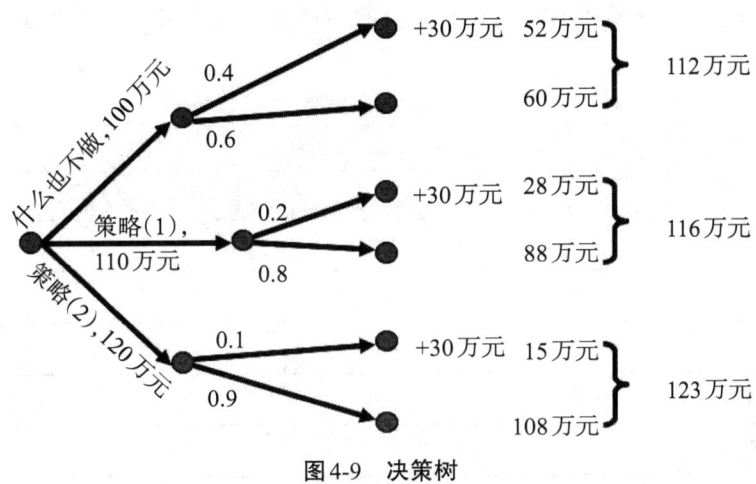

图4-9 决策树

如图4-9所示，从EMV的角度来看，什么也不做是最优的应对策略。

（3）模拟仿真

风险能够用概率分布进行描述时，用蒙特卡洛方法对项目进行模拟仿真，是一种有效的风险分析手段，特别在进度与成本两个维度，对风险的影响能够给出全面的描述。

在进行蒙特卡洛仿真前，一般可以先用图形评审技术（Graphic Evaluation and Review Technique，GERT）来对项目建模。同时，在一些情况下，GERT本身也可以对风险的影响进行初步的分析。

（4）不确定性情况下的决策方法

在某些时候，识别出来的风险，无法确定其发生概率，比如，在没有任何数据与经验作为参考时，或者没有必要确定其发生概率时，这类风险，根据前面的定义，叫作不确定性（参见4.3.1）。

当一个不确定性性质的风险发生时（以下简称为风险），它将对项目产生影响，项目会进入到一种新的状态。因此，如果有两个风险A与B，那么项目可能会处于四个状态中的一个，即A、B同时发生；A、B同时不发生；A发生，B不发生；A不发生，B发生。

项目经理与团队面对风险，会采取相应的应对措施，可能会制定出几套不同的应对方案，每种方案在各个状态下的收益与损失经分析后也可以计算出来。现在需要解决的问题，与上面讨论的决策树中的情况一样，即：在这几套应对方案中，如何选择出最优的方案？

假设每一套方案在不同的状态下其收益或损失（损失用负值表示）如表4-3所示。

表4-3　收益表

方案	状态			
	S1	S2	S3	S4
A1	4	−2	6	7
A2	2	−3	6	9
A3	5	7	3	−1
A4	1	5	6	8
A5	3	5	−7	5

如果决策者是一个乐观派，他将选择最大收益中最大的那个方案（max-max准则），即方案A2，因为他富有冒险精神，也充满信心，相信项目总能处在让他最有利的状态，而方案A2的状态S4能带来全部最大的收益9，这也可以认为是风险喜好型的决策准则。如果决策者是个稳健派，则会选择最小收益中最大的那个方案（max-min准则），即方案A4，因为他保持着小心谨慎，凡事总是从最坏的状况开始考虑，选择方案A4时，哪怕发生了最糟糕的情况，即项目处于状态S1，其1的收益，比其他三个方案中最糟糕的情况要好，这也可以叫作风险回避型或厌恶型的决策准则。当然，决策者也可以将各个方案在不同状态下的收益或损失进行算术或加权平均，取平均值最大的那个方案（Laplace准则）。

无论选择哪一个方案，都存在机会成本。所谓机会成本，例如，按乐观派的准则选择了方案A2，但如果项目处于状态S2时，那么此时无论选择另外三种方案的哪一种，都会比方案A2有更大的收益，其差值，就是机会成本。其最大差值，发生在与方案A3相比较上，此时有10个收益的差别。这个最大收益差值，即最大机会成本，叫作后悔值，相应的后悔值如表4-4所示。

表4-4　后悔值表

方案	状态				最大后悔值
	S1	S2	S3	S4	
A1	1	9	0	2	9
A2	3	10	0	0	10
A3	0	0	3	10	10
A4	4	2	0	1	4
A5	2	2	13	4	13

每个方案的最大后悔值列在表4-4的最后一列，一个谨慎而理性的决策者，会选择最大后悔值中最小的那个方案，即方案A4，这就是最小后悔值准则。

表4-3也给出了风险应对的某些指导。例如在按照乐观准则选择了方案A2之后，项目经理与团队会提前采取措施，尽可能使得项目处于状态S4。这些措施可能会耗费额外的成本与时间，与带来的最大收益9相比，做一个经济性、合理性的评估后进行选择。

4.3.5　风险应对与风险监控

在完成风险识别与分析之后，对风险的性质（其发生的可能性与对项目产生的影响）有了清晰的认识与了解，下一步要做的工作，即制定风险应对计划，考虑一旦风险发生后，如何减轻与避免它们给项目带来的负面影响。这是一个应对方案的制定与选择问题。应对方案的制定，应充分考虑风险分析中得到的结果，特别是风险重要程度的排序，应对方案的选择，定量分析那一节中，给出了一些方法。

应对风险，策略上可以分为四类：

1. 风险回避

在项目计划中，绕开一些风险源，例如使用成熟的技术方案而避免技术风险，开拓外地市场而避免本地市场的过度竞争风险。风险回避属于一种较为消极的应对方式，但不是所有的风险都可以通过这种方式来避免的，并且，它虽然避免了风险，但却也可能失去了获得潜在利益的机会，有时，这种利益还是巨大的。

2. 风险减轻

通过某种措施，降低风险发生的概率或者减轻风险发生后的影响。上面定量分析中的决策树的例子，比较典型地演示了这个思想，从风格来说，这是一

种积极的风险应对方式。

风险减轻的策略会产生剩余风险，其也要被纳入管理之中。

3. 转移风险

通过保险、外包、担保、合同条款等措施将风险转移出去，项目团队不再直接面对风险。这种方式却可能带来新的风险，这是需要注意的，例如采取外包方式时协作方的信誉与执行能力可能就成了新的风险源。

4. 接受风险

对一些影响不大并无可避免的风险，也包括上面通过风险减轻后的某些剩余风险，采取什么也不做去接受它们，可能最好的方式。

如前所述（4.3.1），上述的风险应对措施是需要耗费额外的时间与费用的，在风险应对方案制定阶段，这些时间与费用应该被估算出来，以形成项目的应急储备，并将其列入项目的基准计划之中。

随着项目的展开，内部条件与外部环境都在发生变化，已经识别出来的风险可能会不断发生，而新的风险也会不断涌现出来。因此，风险的监控，是贯穿整个项目生命周期的持续过程。

风险监控主要包括如下的工作：

1. 定期识别新的风险，定期对风险登记册进行检查

在风险登记册中，删除那些已经失效的风险，加入新识别出来的风险源。随着条件环境的变化，风险的特性，包括发生概率、影响程度、发生条件、风险征候、应对措施等，都可能发生变化。定时更新这些数据。

2. 监控项目的进展

充分利用偏差测量与趋势分析工具，例如挣值分析、S曲线、前锋线等，以及密切关注量化指标的变化，比如质量指标、可交付成果的技术指标等。进度、成本以及技术指标的异常变化，可能会预示着风险的潜在威胁与发生。

3. 对风险管理活动进行定期审计

对风险管理活动的审计是一种定期的检查，可以专门进行，也可以在项目例会上顺带进行。其目的在于：

（1）根据目前的项目进展，对已经发生的风险，评估对风险的识别以及其应对措施的有效性。如果无效或部分失效，找出原因，给出相应的整改方案。

（2）检查风险管理活动的有效性。这种有效性主要体现在风险管理的工作流程是否合理，是否严格执行了工作流程，是否有人专司其职，风险出现时应对措施能否快速反应等。找出其成功与不成功的地方，总结经验教训，

并整改问题。

在一个不确定性环境下运作的项目，因为其一次性的特点，风险无处不在。项目管理，本质上是风险管理，这个认识，每一个项目管理的从业者，都应该融入自己的意识之中。

4.4　项目安全管理

据国际劳工组织统计，世界各地每天会发生大约68.5万起伤亡事故，每年合计约2.5亿起，全世界每年大约有110万人因安全事故和职业病而死亡，其中职业病死亡人数约占25%。全球每年在交通事故中死亡大约99万人，这一数据低于因工伤和职业病死亡的人数，根据每年的数据统计初步估算，每天约有3 000人因工作而死亡。工程项目中安全是威胁工程项目成功的重要方面，要保证职工在工作中的安全和防止职业病的发生，建立企业职业健康安全体系就是一个重要的对策。

20世纪80年代后期，一些大型现代化企业和跨国公司为了强化安全管理，减少事故和经济损失，开始自发性地建立职业健康安全管理制度。1996年，英国标准协会和美国工业卫生协会先后制定了《职业健康安全管理体系指南》和《职业健康安全管理体系》指导性文件。随后，澳大利亚、新西兰、日本和挪威船级社也提出了《职业健康安全管理体系标准》及相关文件。1999年，英国标准协会（BSI）、挪威船级社（DNV）等13个组织首次发布了《职业健康安全管理体系—规范》和《职业健康安全管理体系—实施指南》，即OHSAS 18001标准，并于2007年进一步修订和完善。2013年，国际标准化组织批准设立了一个新项目委员会，组织60多个国家职业健康安全管理方面的专家，开发职业健康与安全（OH&S）的国际标准（ISO45001标准）。2018年3月12日，国际标准化组织发布了职业健康安全管理体系标准ISO45001：2018，它是全球首个ISO职业健康安全管理标准，取代了OHSAS 18001标准。与OHSAS 18001标准相比，ISO45001：2018从企业整体角度出发，不只是单纯的事故危害隐患识别与预防控制，而是企业运营的系统风险识别及相应的控制。强调最高管理者的职责和领导作用，通过安全文化理念的引入，促进人人参与的氛围；考虑了供应链的管理，比如承包商、外包、采购等环节的管理。这样一个组织将不仅仅专注于其直接的健康和安全问题，而是会考虑到更大的社会期许。组织需要考虑到他们的分包商和供应商，还有比如他们自身的工作会在周围对邻居造成怎样的影响。这会比仅仅关注于内部员工的条件

更加广泛，意味着组织不能仅仅将其风险通过外包"嫁接"出去。

4.4.1　职业健康安全管理与风险管理

先厘清几个概念，有助于理解职业健康安全管理。

1. 伤害和健康损害

对人的身体、精神或认知状况造成的不良影响。这些状况可包括职业病、疾病和死亡。

2. 事件

因工作或在工作过程中引发的可能或已经造成了伤害和健康损害的情况。有时将发生了伤害和健康损害的事件称之为"事故"，未发生但有可能造成伤害和健康损害的事件通常称为"未遂事故"（ISO45001：2018）。事故就是已经发生了伤害和健康损害的事件。

3. 安全

安全是指免除了不可接受的损害风险的状态。因此安全是"不存在危险"或"没有危险"的状态。

4. 风险

风险是不确定的影响。影响是指偏离预期，可以是正面的或负面的（ISO31000）。风险是可能发生的一种趋势。通常风险是以某个事件的后果（包括情况的变化）及其发生的可能性的组合来表述，比如将风险表示为：风险=工程损失×该损失发生的概率。

风险管理即是通过持续的危险识别和风险分析与控制，将人员伤害或财产损失的风险降低并保持在可接受的水平及以下。从安全管理的角度出发，风险管理的目的就是阻止事故的发生，保持安全状态。

事件、事故和安全之间的关系如图4-10所示。

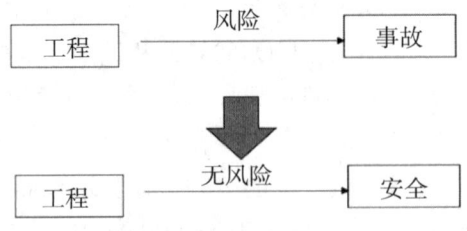

图4-10　事件、事故和安全之间的关系

5. 职业健康安全风险

职业健康安全风险是一种与工作相关的危险事件发生的可能性和由此事件造成的伤害及健康损害的严重程度的组合。职业健康安全管理风险正面影响就是职业健康安全管理带来的一种或多种可能导致职业健康安全绩效改进的情形。

6. 职业健康安全管理

职业健康安全管理是组织管理体系的一部分。旨在使组织能够提供健康安全的工作条件以预防与工作相关的伤害和健康损害，同时主动改进职业健康安全绩效。

职业健康安全风险是工程项目的一类风险。因此职业健康安全风险管理原则上是项目风险管理的子类。职业健康安全风险管理也是遵循了项目风险管理（ISO31000，PMBOK风险管理部分）的原则和方法。

4.4.2 职业健康安全管理体系标准 ISO45001：2018 简介

职业健康安全管理体系是公司或者企业为达到安全管理工作的科学化、体系化，通过建立职业健康安全方针和确定安全目标指标，追求实现更高的安全绩效和目标，而采取或实施的相互影响的一系列管理过程或管理要素。这些管理过程或要素包括建立安全组织机构、根据工作分工建立岗位安全职责、风险控制、体系运行、监测和改善安全绩效等内容。ISO45001：2018标准将帮助企业为其员工和其他人员提供安全、健康的工作环境，防止发生死亡、工伤和健康问题，并致力于持续改进职业健康安全绩效。ISO45001：2018标准采用了ISO/IEC规定的框架结构，如图4-11所示。

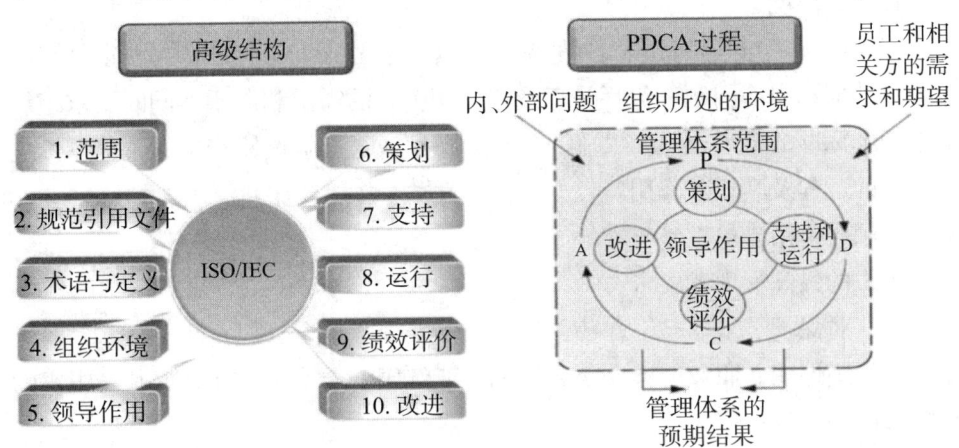

图4-11 ISO/IEC规定的标准框架结构

如图4-12所示，该结构也体现了PDCA循环的思想。标准体系6 "策划"构成了PDCA的P，标准体系7、8 "支持和运行"构成了PDCA的D，标准体系9 "绩效评价"构成了PDCA的C，标准体系10 "改进"构成了PDCA的A。

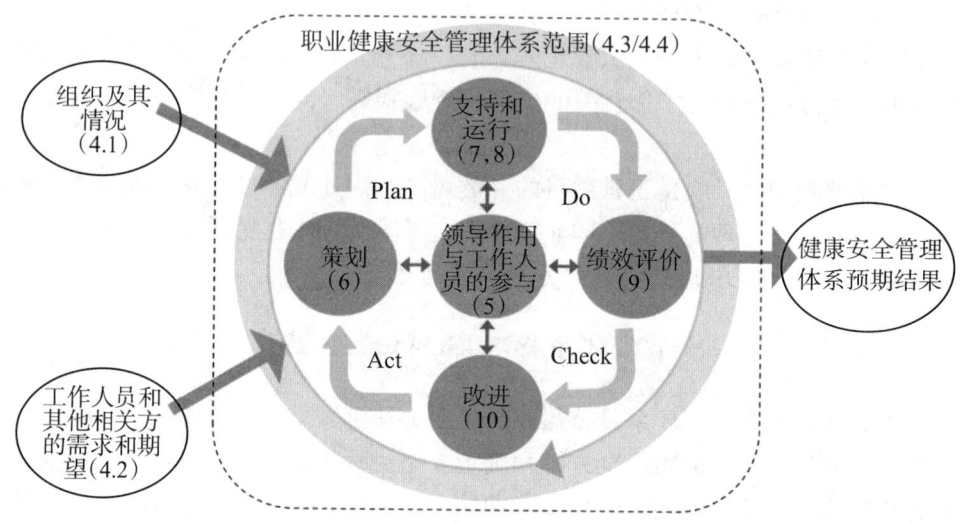

图4-12　基于PDCA的职业健康安全管理体系

ISO45001：2018标准由范围、规范性引用文件、术语和定义、组织所处的环境、领导的作用和员工的参与、策划、支持、运行、绩效评价和改进等内容组成，共计10个部分，如图4-13所示。

1. 组织环境

组织应确定与其宗旨相关并影响其实现职业健康安全管理体系预期结果的能力的外部和内部问题。包括员工及其他相关方的需求和期望。同时要求组织应根据本标准的要求建立、实施、保持并持续改进职业健康安全管理体系，包括所需的过程及其相互作用。

2. 领导作用与员工参与

组织的最高管理者要求：

（1）对保护员工的与工作相关的健康和安全承担全部职责和责任；

（2）确保建立职业健康安全方针和职业健康安全目标，并确保其与组织的战略方向相一致；

（3）确保将职业健康安全管理体系的过程和要求融入组织的业务过程；

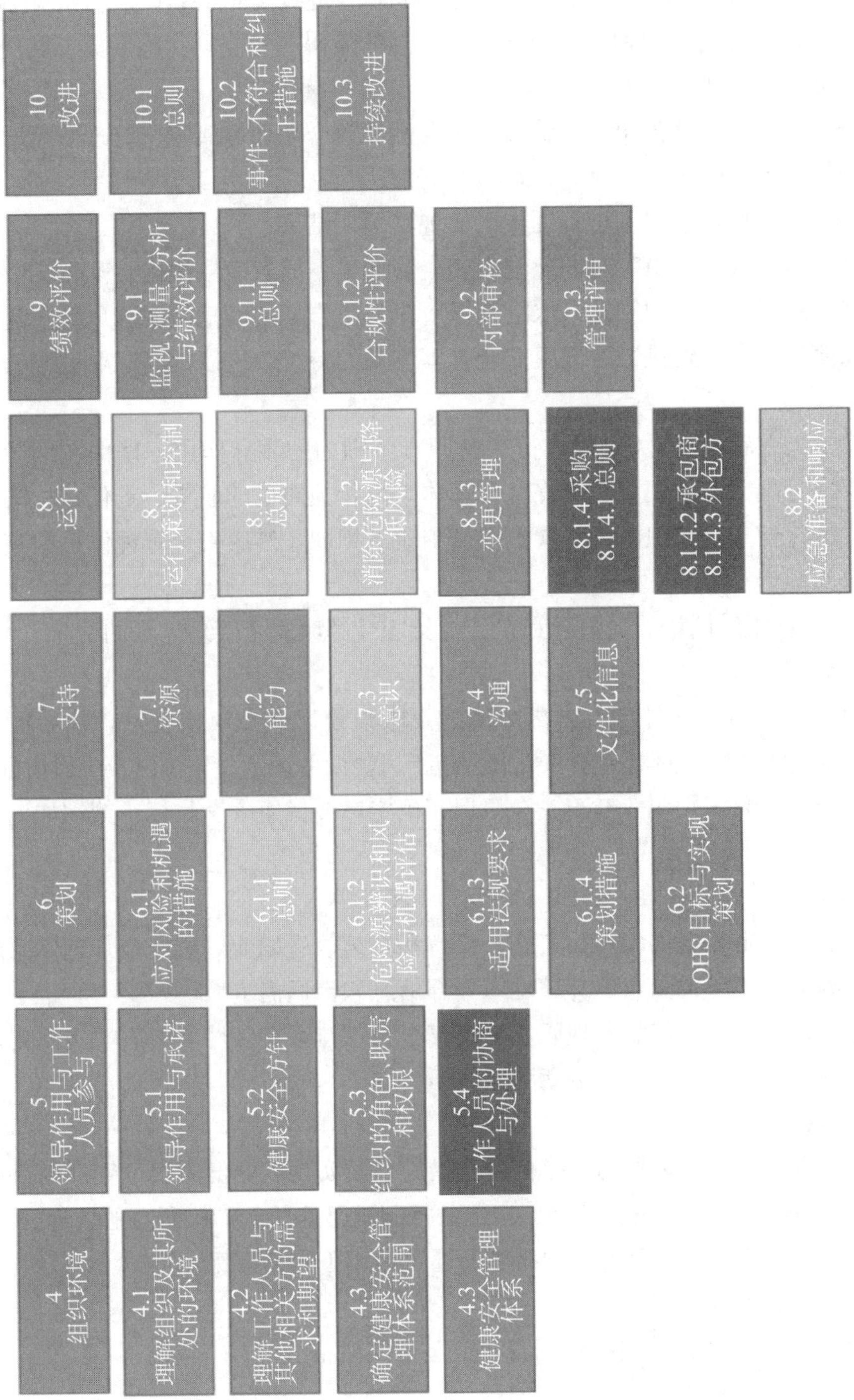

图 4-13 ISO45001:2018 标准体系的构成

4 组织环境	5 领导作用与工作人员参与	6 策划	7 支持	8 运行	9 绩效评价	10 改进
4.1 理解组织及其所处的环境	5.1 领导作用与承诺	6.1 应对风险和机遇的措施	7.1 资源	8.1 运行策划和控制	9.1 监视、测量、分析与绩效评价	10.1 总则
4.2 理解工作人员与其他相关方的需求和期望	5.2 健康安全方针	6.1.1 总则	7.2 能力	8.1.1 总则	9.1.1 总则	10.2 事件、不符合和纠正措施
4.3 确定健康安全管理体系范围	5.3 组织的角色、职责和权限	6.1.2 危险源辨识和风险与机遇评估	7.3 意识	8.1.2 消除危险源与降低风险	9.1.2 合规性评价	10.3 持续改进
4.3 健康安全管理体系	5.4 工作人员的协商与参与	6.1.3 适用法规要求	7.4 沟通	8.1.3 变更管理	9.2 内部审核	
		6.1.4 策划措施	7.5 文件化信息	8.1.4 采购 8.1.4.1 总则	9.3 管理评审	
		6.2 OHS 目标与实现策划		8.1.4.2 承包商 8.1.4.3 外包方		
				8.2 应急准备和响应		

（4）确保可获得建立、实施、保持和改进职业健康安全管理体系所需的资源；

（5）通过协商、识别以及消除妨碍参与的障碍或障碍物，确保员工及员工代表（如有）的积极参与；

（6）就有效职业健康安全管理的重要性和符合职业健康安全管理体系要求的重要性进行沟通；

（7）确保职业健康安全管理体系实现其预期结果；

（8）指导并支持员工对职业健康安全管理体系的有效性做出贡献；

（9）通过系统地识别和采取措施以应对与工作相关的危险源和风险，包括体系缺陷，确保及促进职业健康安全管理体系的持续改进以提高职业健康安全绩效；

（10）支持其他相关管理人员在其职责范围内的领导作用，确保在组织内部各层次分配并沟通职业健康安全管理体系内相关岗位的职责、责任和权限并保持文件化信息。组织内每一层次的员工应承担职业健康安全管理体系中其控制部分的职责；

（11）在组织内培养、引导和宣传支持职业健康安全管理体系的文化。

3. 策划

根据组织所处的外部、内部环境的要求以及职业健康安全管理体系的范围，确定组织需要应对的风险和机遇。包括风险源的识别、评价以及应对措施。

此外，还要识别职业健康安全机遇，确定职业健康安全目标，策划如何实现这些目标。

4. 支持

组织应确定并提供建立、实施、保持和持续改进职业健康安全管理体系所需的资源、员工能力和意识。满足内外部信息和沟通需求。

组织需要建立确定的实现职业健康安全管理体系有效性所必需的文件化信息，包括文件信息的创建、更新和控制。

5. 运行

为保证实现前面策划的风险机遇和措施以及实现职业健康安全管理的目标（标准的第6部分）。组织应策划、实施并控制满足这些的措施所需的过程。

对职业健康安全风险的控制措施，通过运用下面的层级：

（1）消除危险源；

（2）用危险性较低的材料、过程、运行或设备替代；

（3）运用工程控制措施；

（4）运用管理控制措施；

（5）提供并确保使用充分的个人防护装备。

组织还需要建立管理过程对变更、外包、采购、供应商等过程的职业健康风险安全进行监视和控制。

特别是应识别潜在的紧急情况；评价与这些紧急情况相关的职业健康安全风险并保持一个过程，以预防或尽可能降低因潜在的紧急情况带来的职业健康安全风险。包括建立紧急情况的响应计划、紧急预防、急救、应急准备和响应的培训、定期测试和演练应急响应能力等。

6.绩效评价

组织应建立、实施和保持一个过程，用以监视、测量和评价：法律法规要求和其他要求、组织的职业健康安全目标、与所识别的危险源和职业健康安全风险和职业健康机遇相关的活动和运行，等等。绩效评价可以采用内部审核、管理评审。

7.改进

组织应策划、建立、实施和保持一个过程，以管理事件，包括报告、调查和采取措施。同时应持续改进职业健康安全管理体系的适宜性、充分性与有效性。

4.4.3 职业健康安全管理主要过程

如上节所示，职业健康安全管理是一种风险管理。基本遵循了风险管理的过程，如图4-14所示。

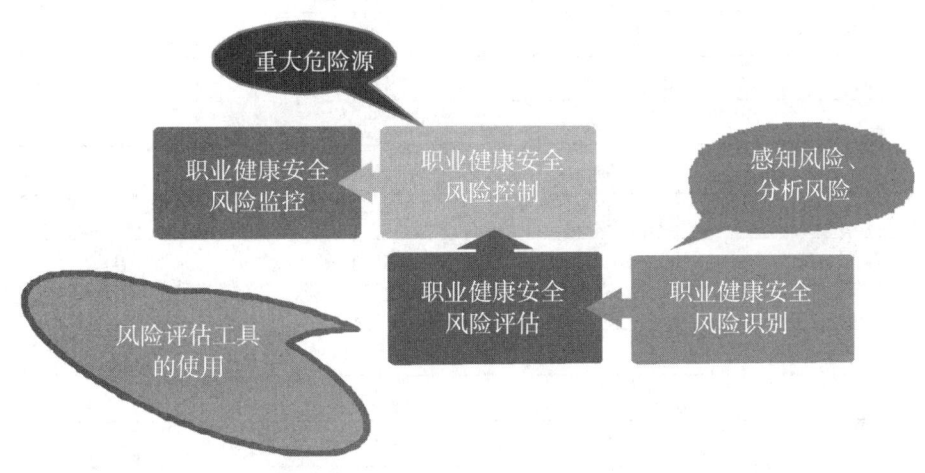

图4-14 职业健康安全管理主要过程

1. 职业健康安全风险识别

职业健康安全风险识别是职业健康安全管理的重要过程，一般由组织的企业健康安全管理办公室组织实施。参与职业健康安全风险识别的人员一般有工程项目的管理人员（如项目经理等）、技术人员、现场管理人员以及各相关方的人员。如有必要，可以请安全管理方面的专家予以支持。这些人员组成职业健康安全管理委员会（或者办公室）。

职业健康安全风险的来源可以分为物理性、化学性、生物性、人因工程性、社会心理性。人因工程性和社会心理性对职业健康安全管理有特别重要的意义。

职业健康安全风险识别方法可以采用专家咨询方法（如头脑风暴法、思维脑图等），依靠职业健康安全管理委员会的专家和相关人员的专业知识以及类似项目在职业健康安全管理的经验，相互激励、思维碰撞，给出项目的职业健康安全风险清单。

2. 职业健康安全风险评估

进行职业安全健康风险评估，首先要识别其产品服务活动工作环境中存在的风险源，认识存在的风险并了解其特征，例如可用事故发生可能性、事故发生的后果、暴露于危险环境的频繁程度以及危险程度等指标来评价（如表4-5、4-6、4-7、4-8所示），然后组织评定是否可以容许该风险的存在，或者风险的程度是否已经低到组织考虑其法律责任和其职业安全健康政策后能容忍的水平，最后做出忽略、控制或者是消除该风险的决定。

表4-5　事故发生的可能性(L)

分数值	事故发生的可能性
10	完全能预料
6	相当可能
3	可能,但不经常
1	可能性小,完全意外

表4-6　事故发生的后果(C)

分数值	事故发生的后果
100	大灾难,多人死亡
40	灾难,数人死亡
15	非常严重,一人死亡
7	严重,造成重伤
3	重大,造成轻伤
1	需要进行救护治疗

表4-7 暴露于危险环境的频繁程度(E)

分数值	暴露于危险环境的频繁程度
10	连续暴露
6	每天工作时间内暴露
3	每周一次或偶然暴露
2	每月一次暴露
1	每年几次暴露
0.5	罕见的暴露

表4-8 危险程度(D)

分数值D	危险程度		风险等级
＞320	极其危险,不能继续作业	5	重大风险
161～320	高度危险,应立即整改	4	
71～160	显著危险,需要整改	3	
21～70	一般危险,需要注意	2	中等风险
＜20	稍有危险,可以接受	1	一般风险

其中，$D=LEC \geq 70$ 的危险源，确认为重大危险源。

风险评估应该包括以下几个内容：

（1）识别所有的危险源；

（2）评估事故出现的机会和频率；

（3）对事故可能引发的后果进行分析、分级；

（4）判断风险是否可以被容忍，辨别重大的风险；

（5）如果风险或潜在后果能容忍的话，辨别出必须做些什么；

（6）提供资料作为决定优先处理项目的依据。

3. 职业健康安全风险控制

风险评估以提供数据化的根据来帮助组织决定接受或容忍该风险及认定对某一风险目前是否可以采取任何措施。风险水平示意图如图4-15所示。

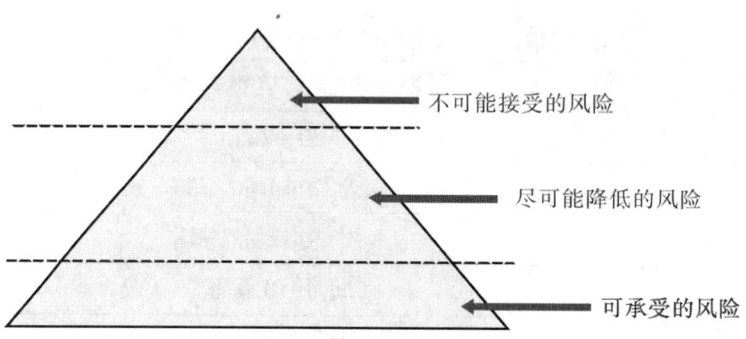

不可能接受的风险

尽可能降低的风险

可承受的风险

图4-15　风险水平示意图

如果组织认为不能容忍某一风险，那么采取什么经济有效的方式来应对它。怎样在降低风险的情况下来优化和细化投资，以配合业务成长需求，便是下一步应做的决策。组织有三项行为可供选择。

（1）终止风险，即消除危险源或将危险源引发的事故概率降为零。

（2）控制风险，通过控制活动降低事故发生的概率。

（3）转嫁风险，将部分风险转嫁到其他机构或社会保险体系上。

对于刚开始建立职业安全健康管理体系的组织，首先应当通过初始状态评价的方式来确定自己的职业安全健康管理现状。这一评价，提醒组织其所具有的一切职业安全健康风险会影响和决定当前体系的范围、适合性及实施。同时，提供可以用来衡量改善与否的基线以及决定安全风险控制优先顺序的依据。

4. 职业健康安全风险监控

对于企业存在的某些中高度风险，可视情况采取运行控制措施来降低风险程度。有效的运行控制手段包括职业健康安全管理的制度要求和指导文件。其中职业健康安全管理的制度要求，可视情况结合企业现有的管理制度，按标准的要求整合管理体系的程序文件。职业健康安全管理体系通过过程方法的建立和规范、符合性及抽样审核，可有效把握组织在管理上的系统性和规范性程度。

绩效测量和监视在体系运行中其结果通常作为管理体系运行绩效的第一次输出，是管理体系的第一级监控机制。其内容包含对控制措施有效性的监视，目标指标完成情况的监视，事故、事件和不良职业健康绩效的监测，员工职业健康体检以及监测设备的维护等。第一级监控意义在于管理体系运行过程中的自我发现。

审核是体系运行的第二级监控机制，这里的职业健康安全管理体系审核是指组织内部的自我检查过程，是内审。它与第三方的外部审核一样，也是一个系统化、程序化、文件化、客观的验证过程，要遵循独立、客观、系统的原则，保证自我监控手段充分、有效，能对企业的职业健康安全管理体系是否符合标准的各项要求，是否完成了企业的职业健康安全目标和指标做出判断。

管理评审是体系运行的第三级监控机制，可与常规管理的年度安全总结会等形式结合，是管理体系运行的自我完善。它是由最高管理者进行的。它不对细节问题进行过多的讨论，而是根据企业职业健康安全管理体系审核的结果、不断变化的客观环境和对持续改进的承诺，指出方针、目标以及职业健康安全管理体系其他要素可能需要进行的修改，并提出下一步改进、调整的目标。

本章小结

项目是一个开放性系统，存在与外界环境的信息、能量、物质的交换，因此，项目的执行与结果，深受环境的影响，这是项目风险与安全因素的主要来源。

与普遍存在的生物系统一样，项目在它的存续期间，将经历从萌发、出生、生长、成熟到结束这样一个完整的过程。这个过程，也就是系统或项目的生命周期。

为了实现项目系统的目标，在项目的生命周期中，会有一系列相互关联的活动，每个活动将实现一个小的目标、完成一个功能或创建一个可交付的中间成果。PMI在PMBOK中，对这些活动进行系统化的归纳整理，用过程这个概念，对项目的活动进行说明。并且，结合项目生命周期的特点，所有的过程被划分归类为五大组，构成项目过程组，每个过程组包括了多个过程。

项目的整合管理，以项目的生命周期与过程组作为依据，站在全局的高度，对项目经理所要着手进行的工作，进行归纳与指导。可以将其理解为项目经理的工作指导手册，它给出项目在每个阶段的主要工作、主要内容以及确定这些工作之间的关系。

在开放的系统中，风险无处不在，项目管理本质上是风险管理，风险管理的前提是对风险源的识别。在识别出风险源之后，后续的分析与应对措施的产生，是应有之义。随着项目的进展，外部环境与项目内部状态会发生变化，新的风险源会产生，因此，风险识别、分析、应对是一个贯穿项目始终的循环过程。

实施工程项目的最终目的在于增进人民的福祉，项目中人身安全问题的发

生则是与这个目的格格不入的，因此，作为项目风险中的安全风险，其重要性已得到政府、企业与个人的普遍认识与认同。安全问题是一个全局的问题，它不但包括组织内部的，也包括项目对组织外的环境的影响而导致的不安全因素，因此，在应对安全风险时，采取类似风险转移的方式将安全风险转移出去，可能是不妥当的。

关键术语

系统与控制；开放性系统；项目环境；干系人；项目过程与过程组；项目生命周期；计划与控制；变更控制系统；项目基准；收尾；不确定性；风险；风险定性与定量分析；风险应对；风险监控；安全管理

参考案例

第4章参考案例

案例：中国移动凉山州喜德县村通扶贫工程

摘要：我国扶贫工程是在社会主义制度下开展的一项重大民生工程，自开展以来取得了巨大的成就。一系列的扶贫措施和成果充分彰显了我国在道路、理论、制度、文化方面的自信。为了促进农村贫困地区经济、社会的全面发展，贯彻落实党提出的全面建成小康社会的发展战略目标，加快贫困地区的经济发展，推进"村通工程"的建设势在必行。由于"村通工程"具有重要的政治意义，担负着建设社会主义新农村的重任，所以按期完工、开通基站是村通工程的首要要求。通过对喜德县移动通信扶贫工程进行项目管理研究，积累中国式扶贫项目管理工作经验，对精准扶贫工程顺利开展、成功实施具有重要意义。

关键字：精准扶贫；工程项目管理；道路自信；理论自信；制度自信；文化自信

思考与讨论

（1）尝试用WBS的思想来组织、分解项目过程与过程组，体会其组织、分解原则。

（2）项目经理如何认识、理解项目的生命周期？

（3）在项目计划制定过程中，各子计划之间会因资源的约束而产生冲突，计划制定者需要在期间做某种trade-off。在某个自己设定的情景下，尝试研究做trade-off的准则。

（4）研究CCB权力滥用的可能性。

（5）项目经理怎样面对、处理客户或上级频繁提出的变更要求？

（6）良好的文档记录，能帮助项目快速顺利收尾。其体现在哪些方面？

（7）华尔街名言：风险无处不在。讨论其意义。

（8）系统的开放性对项目意味着风险与机遇并存。尝试找出几个机遇的例子。

（9）风险定量分析的目的是什么？

（10）在采取了风险减轻措施之后，残余风险如何处理？

参考文献

[1] 美国项目管理协会.项目管理知识体系指南[M]. 6版. 北京：电子工业出版社，2017.

[2] 伯恩斯坦.与天为敌——风险探索传奇[M]. 北京：机械工业出版社，2010.

[3] 哈德罗·科兹纳.项目管理：计划与控制的系统方法[M]. 北京：电子工业出版社，2018

[4] N·维纳.控制论[M]. 北京：科学出版社，2009.

[5] 胡运权，郭辉煌. 运筹学[M]. 北京：清华大学出版社，2018.

[6] 李学华.模糊层次分析法在煤矿安全管理系统中的应用[M].郑州：黄河水利出版社，2018.

第5章 项目进度与成本管理

本章导读

项目进度管理和项目成本管理都是项目管理的重要组成部分，它们与项目质量管理并称为项目管理的"三大管理"或"三大目标"。按期完成工程项目是每个项目经理的目标，但在实际情况中，工期延后的现象却时有发生，这导致项目难以按时完成。然而，如果盲目追求工期，一味地赶时间、抢进度，即使一个项目在规定工期内完成，也会出现成本大幅增加，质量下降的情况。项目进度管理和项目成本管理之间通过资源使用计划建立了内在联系，因此必须运用科学的工具和方法对项目的进度与成本进行管理、协调，从而实现项目收益最大化。

本章的主要内容包括：

（1）项目范围的基本概念和项目范围管理的方法；

（2）活动持续时间估算（三时间点估计法）；

（3）编制项目进度计划的方法和工具：关键路径法、计划评审技术、网络计划图；

（4）项目资源与成本估算；

（5）挣值分析法在项目进度与成本控制中的应用；

（6）关键链项目进度管理。

5.1 项目范围管理

5.1.1 项目范围管理的定义与意义

项目范围指的是项目所涉及的所有必须完成工作的集合，包括项目工作的内容和期望产出的所有信息。项目范围管理就是对项目范围进行管理和控制的过程和活动，其内容包括：确定项目需求、定义规划项目范围、范围管理的实施、范围的变更控制管理以及范围核实等。

项目范围管理的正确实施能够有效提高对项目资源估算的准确性，提供明确的进度衡量及控制基准，并有助于划分责任。若无法正确地实施项目范围管理，则有可能造成最终项目费用提高、项目完成时间延期、项目完成质量降低等问题。因此在实施项目范围管理时需要注意：

◇ 明确项目边界，明确什么工作是项目范围内的，什么工作不是项目范围内的。在这个过程中需要采用减法思维，同时考虑质量标准约束、资源总量约束以及总时间约束。

◇ 经常对项目工作进行监控，确保所有该做的工作都做了。

◇ 防止发生范围潜变，即项目范围以一种不易察觉的方式逐渐发生变化，等到发觉后，项目范围已经发生了实质性变化，从而导致了项目范围的重大偏离。

◇ 对不包括在项目范围之内的额外工作说"不"，预防额外工作。

5.1.2　项目范围管理方法

1. 范围计划

项目范围管理的首要任务就是做好范围管理计划，即如何制定项目范围说明书，构建工作分解结构，核实项目范围以及控制项目范围等。作为范围管理计划的核心，工作分解结构（Work Breakdown Structure，WBS）是以可交付成果为中心，将项目逐层分解到相对独立的、内容单一的工作单元，定义出项目的整体范围，并为计划与管理项目的时间进度、成本、资源及变更提供了坚实的基础。由此可见，构建一个良好的WBS对于项目的管理具有举足轻重的作用。

（1）WBS图的层次

由于工作分解可以按两种方式进行：项目的内在结构和项目的实施顺序，而项目本身复杂程度、规模大小也各不相同，从而形成了WBS图的不同层次。WBS图的基本层次如图5-1所示。

图 5-1　WBS 图的基本层次

（2）WBS 编制思路

WBS 的编制思路主要有两种，一种是按项目交付物功能结构进行分解，如图 5-2 所示的 2008 年北京奥运会项目中，根据项目交付物的功能结构将整个项目划分为总体策划、基础设施建设、体育赛事、开闭幕式以及项目管理等，而在基础设施的建设中，又将其分解为体育场馆、奥运村、交通配套以及公共设施的建设。通过这种分解方式，将如此庞大的一个项目划分成了多个相对独立的子项目，再将子项目进一步细化为任务和工作包。

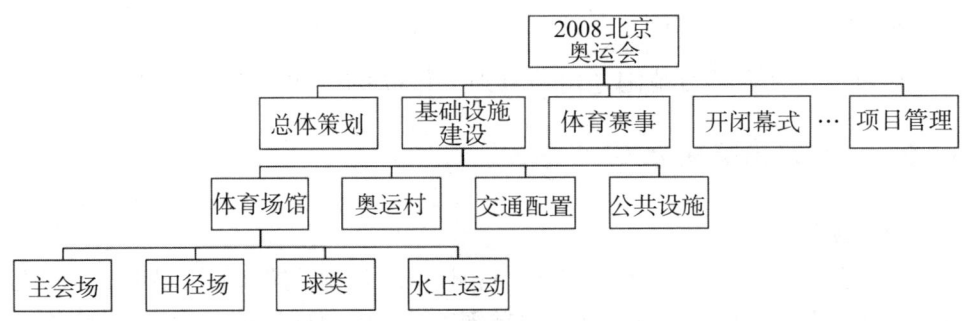

图 5-2　WBS 示例（按交付物功能结构分解）

而另一种分解方式则是按过程来进行分解，如图 5-3 所示的新设备安装运行项目中，并没有根据所安装设备的功能结构来进行分解，而是按照设备安装的各个阶段流程来进行分解。

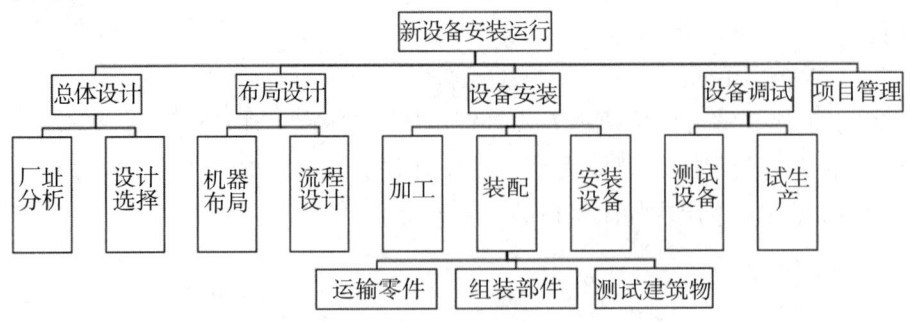

图 5-3　WBS 示例（按过程分解）

（3）WBS编码

WBS编码是运用特定的规则对分解结构图中的各个结点进行编码，可简化项目实施过程中的信息交流，将WBS彻底地结构化。通过编码体系，能够帮助项目管理者轻易识别WBS元素的层级关系、分组类别和特性。在WBS中，通常要求在工作分解结构中每个结点的编码保持唯一性。WBS编码的方法有多种，最常见的方法是利用数字进行编码。如下：

第1层编码为1000

    第2层编码为1100、1200、1300…

        第3层编码为1110、1120、1130…

            第4层编码为1111、1112、1113…

某公司制造机器人项目的工作分解结构图和编码图实例如图5-4所示。

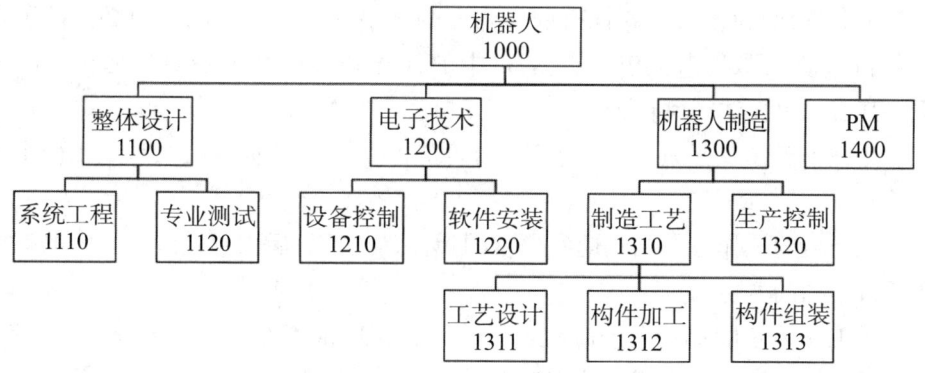

图5-4 WBS编码示例

WBS编码由4位数组成，第1位数表示处于0级的整个项目编码，第2位数表示处于第1级的子工作单元（或子项目）的编码，第3位数是处于第2级的具体工作单元的编码，第4位数是处于第3级的更细更具体的工作单元的编码。

在WBS编码中，任何等级的一个工作单元都是其全部次一级工作单元的总和。例如，子项目1，即整体设计，是所有WBS编码第2位数字为1、第3位数字不同的项目单元之和，因此子项目1的编码为1100，它由系统工程（1110）和专业测试（1120）组成。

（4）WBS的制定步骤

在运用WBS对项目进行分解时，应遵循以下几个步骤：

①明确并识别项目的各主要组成部分，也即明确项目的主要可交付成果，

需要回答的问题是：要实现项目的目标需要完成哪些主要工作？

②根据项目的规模及复杂程度，确定工作分解的详细程度。在WBS图中，级数的大小反映了工作分解的详细程度，对于同一项目，级数越小，说明分解越粗略；级数越大，说明分解越详细。

③根据工作分解的详细程度，将项目进行分解，直至确定的、相对独立的工作单元。

④核对工作分解结构的正确性。

（5）WBS工作分解的原则

项目结构分解没有统一的普遍适用的方法和规则。根据实际工作经验和系统工作方法，它应符合工程的特点，项目自身的规律性，符合项目实施者的要求和后继管理工作的需要。在分解过程中应注意如下基本原则：

①在WBS的各层上要保持项目内容的完整性，不能遗漏任何必要的项目任务和活动，那些未被包含在WBS中的任务和活动都不会被分配相应的资源，其实施也无法得到保证。

②一个工作单元只能从属于某一个上层单元，不能同时交叉从属于两个上层单元。

③项目的工作分解结构应有一定的弹性，便于日后项目范围、内容的扩展和项目结构的变更。

④工作分解的详细程度应视项目特征和管理幅度而定。如果分解得过粗，可能难以体现计划的内容；分解过细，会增加计划制定的工作量。因此在分解时需要考虑的因素包括：项目的规模、复杂程度和风险程度，各层级管理者对项目计划和实施状况报告的结构、详细程度和深度的要求以及WBS编制者对项目专业知识、信息、经验的掌握程度。

⑤工作单元应有较高的整体性和独立性，工作单元应能区分不同的责任者和不同的工作内容，单元之间的工作责任、界面应尽可能小且明确，这样便于项目目标和责任的分解和落实，方便进行成果评价和责任分析。

2.范围核实

项目范围核实是由项目的利益相关者对已经界定的项目范围的正式确认。各方相关人员须对项目范围做出承诺，一旦承诺则表明各方已经接受该事实，且必须根据承诺去完成。这个过程中往往会制定相应的工作责任分配表，如表5-1所示，通过这种方式保证项目范围能够得到良好的控制及管理。

表 5-1　工作责任分配表[2]

组织责任者　　　WBS		项目经理	项目工程师	程序员
确定需求			▲	
设计		◇ ◇	▲	
开发	修改外购软件包 修改内部程序 修改手工操作系统流程	□ □ □	◇ ◇	▲ ▲
测试	测试外购软件包 测试内部程序 测试手工操作流程	□ □ □	● ●	▲ ▲
安装 完成	完成安装新软件包 培训人员	● ●		

▲负责　　□通知　　●辅助　　◇审批

3. 范围变更与控制

项目范围变更指由于各方面的原因，导致对项目最终产品或最终服务范围的增加、修改或删减。在项目实施过程中，项目范围的变更无法避免。一般来说，项目范围变更可能会造成项目工期、费用以及质量的改变，同时也可能会影响项目所需材料、设备或工具等生产要素的更新，更有可能对最终的绩效测量标准、进度计划以及预算成本等造成影响。因此需要科学、合理地控制项目范围的变更。

项目范围控制的目的是对那些引起范围变更的因素进行调整，从而保证项目能够在可控范围内有序地进行下去，其主要内容包括：

（1）为使项目朝着有益方向发展而对某些因素做出变动和调整，从而引起项目的范围发生变化；

（2）确定项目范围变化情况；

（3）当项目范围即将发生或已经发生变化时，对其采取一定的调整措施。

需要注意的是，项目范围变化及其控制不是孤立的，因此在进行项目范围变更控制时，必须要全面考虑到其他因素，特别是对时间、成本以及质量的控制。

5.2　项目进度与成本计划

5.2.1　活动定义与工期估计

1. 活动概念

在项目进度计划中，活动一般可定义为：一个消耗时间或消耗资源的子项目或子任务。根据其具体的内容，活动可以是一个消耗人力、物力、财力及时间的工作过程，也可以是一个仅消耗时间的等待过程，如化学反应过程、自然通风干燥过程、混凝土养护过程等。

在编制项目进度计划时，根据项目规模及控制需要，要对项目过程进行分解及活动定义。为满足不同级别和类型的控制需要，将项目分解为在纵向上详细程度不同的多个子项目并确定项目名称，如设备工程、单体设备、任务、工作包和作业活动等。在定义项目活动时要特别注意，上级项目对下级项目在进度安排上具有时间上的约束性，即下级项目或活动必须在上级项目规定的时间期限内完成。

在活动定义过程中，要保证活动间的相对独立性，根据项目的范围和活动的内容，确定在横向上相对独立的、具有逻辑关系的、互相干扰很小的多个活动，并确定活动名称、内容及持续时间。例如，单体设备安装可定义如下作业活动：土建、设备安装、电气仪表、控制系统和调试等。

2. 活动工期估计

项目活动工期估计是指项目中每项活动执行需要消耗的时间。由于活动所需时间往往是一个随机变量，在某种活动重复进行时，实际完成时间一般会表现为一种随机分布形式。这种随机分布可能集中在一个特定值的周围，也可能比较分散。在实践中，针对这种不确定性比较大的情况，三时间点估算法被提了出来。三时间点估算法的基本思路是，预先估计出活动完成的三种可能时间值，然后应用概率的方法计算出各项活动作业时间的平均值和方差。

这三个估计的时间值为：

（1）乐观时间：常以 a 表示，即活动所涉及的所有事件均对完成该活动最为有利，比如说合适的天气、没有任何故障、人员能全力工作等，a 就给出了该活动最快能够完成的时间。

（2）悲观时间：常以 b 表示，即现实中总是遇到不利因素，使得活动的完成被延误与耽搁，b 给出了该活动最糟的情况下完成所需要的时间。

（3）正常时间：常以 m 表示，即一般情况下完成活动所需要的时间，m 相当于活动时间随机分布的均值。

用这三种时间就可以粗略地描述活动持续时间值的分布，假定三个估计时间均服从 β 概率分布，如图5-5所示，由此可利用公式（5-1）估计出活动的期望工期。

$$T = \frac{a + 4m + b}{6} \tag{5-1}$$

项目活动持续时间的方差 δ 由公式（5-2）求出：

$$\delta^2 = \left(\frac{b-a}{6}\right)^2 \tag{5-2}$$

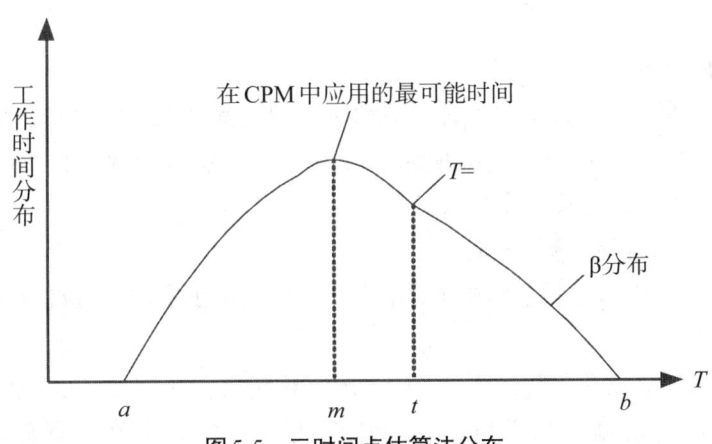

图5-5　三时间点估算法分布

【案例】

某市场调查公司要进行一场市场调研活动，经项目小组决定，开展的活动内容及每项活动的乐观时间、最可能完成时间以及悲观时间均已告知，如表5-2所示，根据式（5-1）和式（5-2）计算每项活动工期及工期方差。

表5-2　活动基本信息

序号	活动名称	乐观完成时间（a）	最可能完成时间（m）	悲观完成时间（b）	工期估计 $\frac{a+4m+b}{6}$	工期方差 $\frac{(a-b)^2}{36}$
1	签订合同	3	4	11	5	1.78
2	问卷设计	2	5	8	5	1.00
3	目标市场研究	3	6	9	6	1.00

续表

序号	活动名称	乐观完成时间(a)	最可能完成时间(m)	悲观完成时间(b)	工期估计 $\dfrac{a+4m+b}{6}$	工期方差 $\dfrac{(a-b)^2}{36}$
4	调查样本	8	12	20	13	4.00
5	准备宣讲	3	5	12	6	2.25
6	结果分析	2	4	7	4	0.69
7	调查对象统计分析	6	9	14	9	1.78
8	向客户宣讲	1	2	4	2	0.25

5.2.2　项目资源与成本估算

1. 项目资源估算

项目资源估算是确定项目每项活动所需的资源（人员、设备、材料等）种类、每种资源的数量以及何时使用资源的过程。项目资源估算和项目成本估算、活动持续时间估算紧密相关。

（1）项目资源估算的依据

①项目工作进度计划。项目工作进度计划确定了资源估算准确度和所使用的计量单位。

②工作分解结构（WBS）。工作分解结构定义了项目需要完成的工作。项目管理工作者根据工作分解结构可以获得项目所有工作的资源需求构成，WBS为项目资源估算提供依据。

③项目范围计划。项目范围计划确定了项目的目标、工作和产出物。在估算项目资源时参考项目范围计划可以避免资源需求的遗漏，确保资源能够满足项目范围的具体需要。

④历史项目信息。在估计新项目的资源需求时可以参考过去完成的同类项目所需的资源、项目资源计划和实际消耗资源记录等方面的历史信息，它可以使当前项目的资源需求估计更加科学合理。

⑤资源库信息。资源供给情况的信息包括项目实施组织自身拥有的资源信息和整个社会能够为项目实施提供的各种资源信息。

⑥项目组织策略。项目组织策略是指项目组织的结构、获得资源的方式和手段以及组织在项目资源管理等方面的有关策略。例如：项目实施中使用的设备是采购还是租赁；组织对项目团队人员是招聘还是内部培养等。

（2）项目资源估算的方法

①专家判断法。即利用专业知识和以往既有的成熟经验来确定每项活动的资源需求，具有资源规划和估算专业知识、对项目资源配置具有丰富实践经验的任何小组或个人，都可以提供这种专家判断。专家判断法通常有两种具体的形式：德尔菲法和专家小组评定法。

②资料统计法。资料统计法是指使用历史项目的统计数据资料估算和确定每项活动的资源需求。利用资料统计法估算项目活动资源，能够得到比较准确合理、切实可行的结果，但这种方法的使用条件有一定的局限性，必须要有足够的历史统计资料样本量和详细的历史数据。

③统一定额法。统一定额法是指由权威部门（国家或民间组织）制定的、为完成一定量项目工作所需消耗及占用的资源质量和数量限额标准。

④自下而上估算。自下而上估算是将每个下层的活动资源需求先估算出来，然后自下而上地按资源种类将所有估算结果累加起来。

⑤项目管理软件。项目管理软件，如进度规划软件，有助于规划、组织与管理资源库以及编制资源估算。利用先进的软件，可以确定资源分类结构、资源可用性、资源单价、数量和各种资源日历，从而有助于优化资源使用。

（3）项目资源估算的过程

项目资源估算可以按这样的顺序开展：首先对资源需求进行分析，计算出项目获得的工作量，估计人员、设备和材料需求量，并进一步确定资源使用时间；其次对资源的供给情况进行分析，哪些资源是目前已经具备的，哪些资源是容易获取的，哪些资源目前是缺乏或者无法获取的；然后对项目的资源成本进行比较，并确定资源使用组合方案；最后，编制资源分配计划。需要注意的是，在上述过程中项目资源的估计和项目活动以及整体工期的估计密切相关。一般情况下，项目资源需求增多，往往可以在一定范围内压缩活动的工期，进而缩短项目整体工期；反之亦然。

2. 项目成本估算

项目成本估算与项目成本预算不同，它是指根据项目工作与活动所需占用和消耗的资源，预测和估计出完成项目各项工作所需的成本。成本估算通常用货币单位表示，但有时为了消除通货膨胀的影响，便于成本比较，也可采用其他计量单位，如：人时数或人天数。项目成本估算是项目成本管理工作的起点，它为项目成本预算、开展项目成本控制奠定基础和提供依据。

（1）项目成本估算的依据

项目成本估算的依据主要包括：工作分解结构、项目资源需求计划、项目进度计划、资源价格信息和历史信息等。其中，项目资源需求计划明确规定了项目的每一项工作和活动执行过程中需要的资源种类、数量以及质量，确定了各种资源的供应方案，为项目成本估计提供了基础数据；项目进度计划决定了各项工作和活动的开始与结束时间，以及它们之间的前后顺序和联系方式，可以估计出每一项活动的工作持续时间，这会对项目的现金流状况产生一定的影响。此外，完成各项工作可能需要的时间将对项目成本估算中利息费用的估算产生较大的影响。

（2）项目成本估算的方法

由于项目本身具有一次性、建设周期长等特点，同时项目的宏观环境和组织内部环境是不断变化的，因此成本估算显然是在一个无法以高度可靠性预计的环境下进行的。为了降低项目成本估算的不确定性和风险性，提高估算精度，下面将介绍以下几种常用方法。

①专家估计法

专家估计法是由具有专门知识或经过培训的团体或个人，利用专业理论知识和丰富项目经验对新项目的成本进行估计的方法。专家估计法实质上是一种经验估算法，通常适用于项目开展初期可获取的项目信息十分有限的情况下。其优点是可以很快地给出项目成本的估计情况，便于研究分析项目的可行性，但无法给出详细的估算数据。估计的精度不高，准确性会受到一定影响。

②类比估计法

类比估计法是指通过参考过去已完成的类似项目的历史数据（如范围、成本、预算和持续时间等）或规模指标（如尺寸、重量和复杂性等），估计出新项目成本的方法。类比估计法也被称为自上而下的估计方法，这种方法首先收集上层和中层管理人员的经验和判断，按照WBS层层向下分解费用估计值，直至项目基层人员。在项目早期阶段，详细信息不足时，就经常使用该方法来估算成本数值。类比估计法具有简单易行、耗时短、花费少的优点。但它同样具有一定的局限性，首先，由于项目具有独特性和一次性的特点，实际情况中不存在完全相同的项目，大多数项目之间不具备可比性，因此估算的准确性较低；其次，在按照工作分解结构将成本估计值向下传递时，下层管理人员可能会认为成本过低，难以完成相应的工作任务，但碍于权利的威严，不会及时与上层管理者进行沟通，耽误问题纠正的时间，从而可能造成整个项目进度的拖延，带来成本的浪费。

③参数模型法

参数模型法是利用项目的特性参数构建数学模型来估算项目成本的一种方法。一般而言，在估算项目成本时，参数模型法只考虑那些对成本影响较大的因素，而对成本影响较小的因素则忽略不计，因此该方法的重点集中在确定影响成本的最重要因素上。在采用参数模型法时，建立合适的模型对保证估算结果的准确性具有十分重要的意义，建立成本模型时需要考虑以下几点。

◇ 模型中参考的历史数据的准确性；

◇ 模型中的参数要便于量化处理；

◇ 模型可根据项目规模大小按适当的比例调整，也就是适用于大型项目的模型，经过适当调整也可适用于中小型项目。

参数模型法的优点是只需要较少的项目信息，速度快，简便易用。但参数估计模型如果不经校验，其估算结果可能与实际的项目成本有较大差距。

④自下而上估计法

自下而上估计法也被称为工料清单估算法，与自上而下估计法相反，该方法是从 WBS 的底层开始，由底层工作人员先估算出各基本工作单元的成本，然后再将各工作单元的成本自下而上逐级加总，最终估算出整个项目的总成本。自下而上估计法的优点是为成本估计提供了基础详细的信息，由一线工作人员给出的估算值更为准确，对细节部分的估算更为精确。此外，还能够促使一线工作人员更容易接受成本估算的最终结果，提高工作效率。这种方法的缺点在于如果项目构成较为复杂或 WBS 的基本工作单元较小时，项目成本估算工作量大、耗时长，用于估算的费用较高。此外，对于被多个项目工作单元共享的资源的成本估计，也很难由底层工作人员准确估算。

⑤三点估算法

通过考虑估算中的不确定性与风险，使用三种估算值来界定活动成本的近似区间，可以提高活动成本估算的准确性：

最可能成本（C_M）。对所需进行的工作和相关费用进行现实估算，所得到的活动成本。

最乐观成本（C_O）。基于活动的最好情况，所得到的活动成本。

最悲观成本（C_P）。基于活动的最差情况，所得到的活动成本。

假定三个估计成本均服从 β 概率分布。在这个假定基础上，对以上三个成本估计进行加权平均，可求得项目活动的期望成本（C_E）。

$$C_E = \frac{C_O + 4C_M + C_p}{6} \tag{5-3}$$

此外，随着现代信息技术的不断发展，出现了许多项目管理软件，可以利用这些项目管理软件方便快捷地得到项目成本的估计结果，简化了工作量，提高了项目工作效率。

5.2.3　项目网络计划图

项目网络计划技术，是通过一种网络图的形式，反映和表达项目进度计划的安排，通过优化分析，确定合理的进度计划，并按计划组织、协调、控制项目的进度和费用，最终使项目达到预定目标的一种科学管理方法。在网络计划图中，各活动有明确的先后关系，因此画网络计划图的首要任务就是明确活动执行的先后关系，然后再利用单代号网络图或双代号网络图把活动关系连接起来，形成项目网络计划图。

1.活动关系确定原则

项目中许多工作的执行必须依赖于一定工作的完成，也就是说它的执行必须在某些工作完成之后才能执行，这就是工作的先后依赖关系。工作相互关系确定的主要内容包括三种：

（1）强制性逻辑关系的确定：这是工作之间本身存在的、无法改变的逻辑关系，如图5-6所示。它是工作相互关系确定的基础，工作逻辑关系的确定相对比较容易，由于它是工作之间所存在的内在关系，通常是不可调整的，主要依赖于技术方面的限制，因此确定起来较为明确，通常由技术和管理人员的交流就可完成。

图5-6　逻辑关系　　　　　　　　图5-7　组织关系

（2）组织关系的确定：这是一种人为组织确定的，两项工作可先可后的组织关系，如图5-7所示。对于无逻辑关系的工作，由于其工作先后关系具有随意性，从而将直接影响到项目计划的总体水平。工作组织关系的确定一般比较难，它通常取决于项目管理人员的知识和经验，因此组织关系的确定对于项目的成功实施是至关重要的。一般来讲，工作先后关系确定是按照逻辑关系先于组织关系的原则。

（3）外部制约关系的确定：此外，在项目工作和非项目工作之间通常会存在一定的影响，因此在项目工作计划的安排过程中也需要考虑到外部工作对项目工作的一些制约及影响，这样才能充分把握项目的发展。

综合来说，工作之间的关系分为四种类型：

①结束到开始的关系（Finish to Start，FS），活动A结束后，活动B才能开始，如图5-8所示；

②结束到结束的关系（Finish to Finish，FF），活动A结束后，活动B才能结束，如图5-9所示；

③开始到开始的关系（Start to Start，SS），活动A开始后，活动B才能开始，如图5-10所示；

④开始到结束的关系（Start to Finish，SF），活动A开始后，活动B才能结束，如图5-11所示。

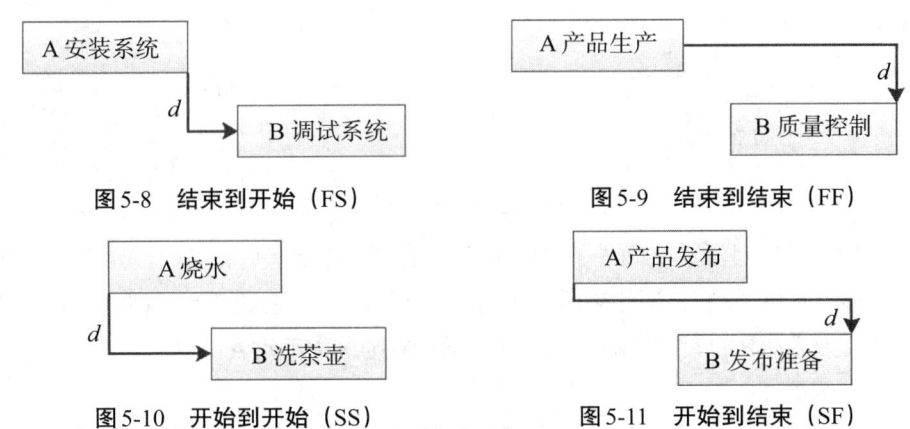

图5-8 结束到开始（FS）　　　　　图5-9 结束到结束（FF）

图5-10 开始到开始（SS）　　　　　图5-11 开始到结束（SF）

在网络计划中，"结束到开始"型的关系最为常用，它是一种最为典型和常用的逻辑关系。"结束到结束"型和"开始到开始"型节点式关系是最自然的，它允许某项工作和其紧后工作在某种程度上可以同时进行。使用"结束到结束"型和"开始到开始"型节点式关系，可以使项目跟踪和项目设施的建立更加快捷。至于"开始到结束"型节点式关系现实生活中比较少见，仅被编制进度计划的职业工程师象征性地采用。由于"开始到开始"型、"结束到结束"型、"开始到结束"型的逻辑关系还没有一致采用和执行，所以在项目管理软件中，为了方便起见，通常会把这三种关系转换为"结束到开始"的关系，具体如图5-12、5-13、5-14所示。

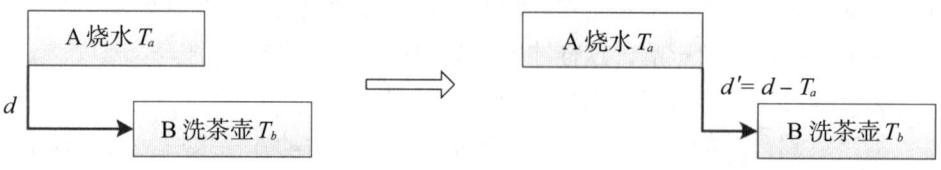

图5-12　SS转为FS

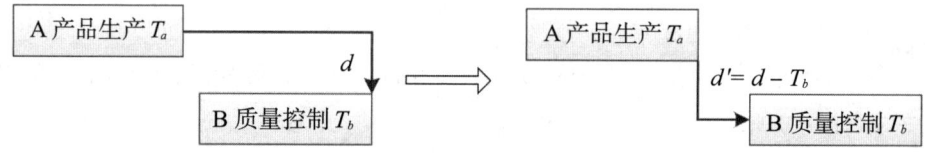

图5-13　FF转为FS

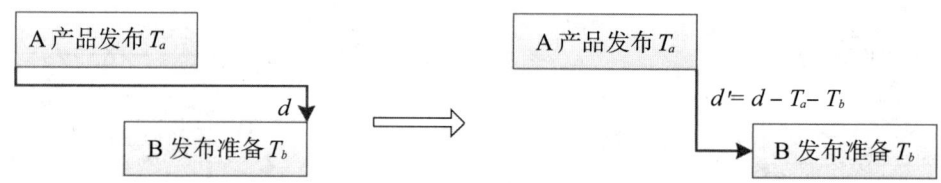

图5-14　SF转为FS

在把所有项目活动之间的关系转换为"结束到开始"后，就可以定义"紧前活动"和"紧后活动"，即如果活动A到B是连续的"结束到开始"型的关系，则称活动A为活动B的紧前活动，相应地，活动B则称为活动A的紧后活动。

◇ **练习题** 1

某市场调查公司要进行一场市场调研活动，经项目小组决定，开展的活动内容如表5-3所示，作为一家市场调查公司的项目负责人试确定某市场调研项目活动的前后关系。

表5-3　活动前后关系

序号	活动代号	活动名称	紧前活动
1	A	签订合同	
2	B	问卷设计	
3	C	目标市场研究	
4	D	调查样本	
5	E	准备宣讲	
6	F	结果分析	
7	G	调查对象统计分析	
8	H	向客户宣讲	

求解过程：

根据活动关系的分析，签订合同是整个项目活动的开始，因此没有紧前活动。问卷设计是要在签订合同后才能进行，具有强烈的逻辑关系，因此B的紧前活动为A。在签订合同后，除了对问卷设计外，还要进行目标市场的细分，也是逻辑关系，所以C的紧前活动为A。调查样本是要在问卷设计和目标市场研究同时进行完以后才能执行，因此D的紧前活动为B、C。调查完样本进而对结果进行分析，则F的紧前活动为D。目标市场研究结束后不仅要进行调查样本，还要对研究的结果进行统计分析，因此G的紧前活动为C。问卷设计结束后即可以准备宣讲，所以E的紧前活动为B。在准备宣讲、对调查样本的结果分析以及市场的统计分析都结束后，就可以执行项目的最后一步，向客户宣讲，因此H的紧前活动为E、F、G。上述分析结果如表5-4所示。

表5-4 活动分析结果

序号	活动代号	活动名称	紧前活动
1	A	签订合同	无
2	B	问卷设计	A
3	C	目标市场研究	A
4	D	调查样本	B、C
5	E	准备宣讲	B
6	F	结果分析	D
7	G	调查对象统计分析	C
8	H	向客户宣讲	E、F、G

2. 活动关系表示的工具和方法

在确定好活动的前后关系后，常用网络计划技术来表示活动整体关系。网络图的绘制主要依据项目工作关系表，通过双代号网络计划图（简称AOA）或单代号网络计划图（简称AON）将项目工作关系表达出来。两者之间的差别在于活动是表示在"节点"上还是表示在"箭线"上。

在双代号网络计划图中，使用箭头线表示工作，节点则表示了工作的起始点和终止点，箭头线的方向表示工作的前进方向。工作通常可以分为两种：一类为实工作，需要耗费时间和资源，在网络图中用实箭线表示；另一类为虚工作，是人为的虚设工作，既不消耗时间，也不消耗资源，只表示相邻前后工作之间的逻辑关系。通过双代号网络计划的介绍，我们可以画出案例1的网络图，如图5-15所示。

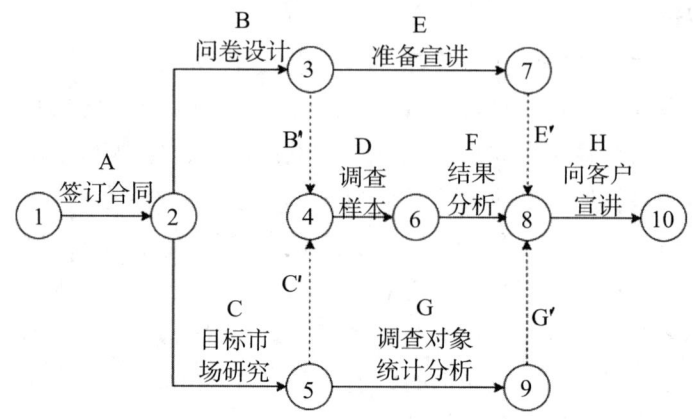

图 5-15　双代号网络图

在单代号网络计划图中，使用节点表示工作，箭头线表示工作关系，箭头线的方向表示节点的前后关系，如图 5-16 所示。

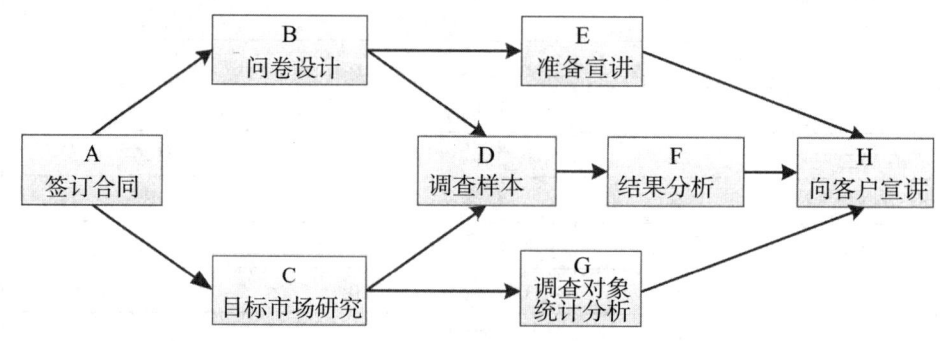

图 5-16　单代号网络图

为方便起见，本书主要运用单代号网络图进行网络图的绘制。

5.2.4　项目关键路径

关键路径法（Critical Path Method，CPM）是一种最常用的数学分析技术，即根据指定的网络顺序逻辑关系和单一的历时估算，计算每一个活动的单一的、确定的最早和最迟开始和完成日期。CPM 方法是在 1958 年由杜邦公司发明出来的，这种方法尤其在建筑业和流程工业中得到了广泛的应用。CPM 方法计算所有项目活动的最早和最迟开始与完成的日期，但计算出来的日期还不是进度计划，而仅是进度计划的重要依据之一，仅表明在给定的资源限制和已知约束条件下该活动应该安排的时段。CPM 方法的核心是计算浮动时间，确定哪些活动的进度安排灵活性最小。

在计算出作业时间、节点时间和活动时间后，结合考虑时差，可求出项目关键路径。时差为零的活动是关键活动，其工期决定了项目的总工期。如果项目的计划安排得很紧，以使项目的总工期最短，那么就要有一系列的时差为零的关键活动。这一系列关键活动组成的路线就是关键路径。对于时差为正值的活动，可以进一步划分为松弛活动和准关键活动。其中，具有较大时差的活动叫作松弛活动，它们是通过填补由关键线路造成的需求缺口而平衡资源的；而时差很小的活动叫作准关键活动，这些活动应该得到和关键活动一样的重视。

在项目进度计划中，为了确定关键路径，通常记录并利用下列相关的时间参数：

（1）D_i：第i项活动的持续时间，即活动工期。

（2）ES（earliest start time）：活动最早开始时间——在紧前活动和有关时限约束下，项目活动有可能开始的最早时刻。

（3）EF（earliest finish time）：活动最早完成时间——在紧前活动和有关时限约束下，项目活动有可能完成的最早时刻。

（4）LS（latest start time）：活动最迟开始时间——在不影响任务和有关时限约束的条件下，活动最迟必须开始的时刻。

（5）LF（latest finish time）：活动最迟完成时间——在不影响任务和有关时限约束的条件下，活动最迟必须完成的时刻。

（6）TF（total float）：活动总浮动时间（延迟）或总时差——在不影响工期和有关时限的前提下，一项活动可以利用的机动时间。

（7）FF（free float）：活动自由浮动时间或自由时差——在不影响其紧后活动最早开始和有关时限的前提下，一项活动可以利用的机动时间。

在网络图中时间参数的标注如图5-17所示。

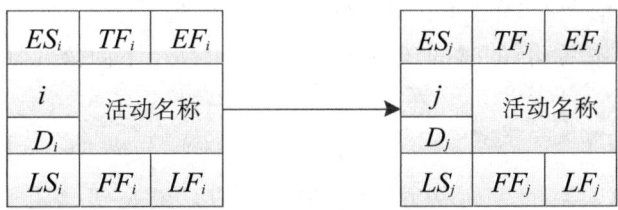

图5-17　在网络图中活动i到活动j的时间参数标注

下面举例说明 CPM 的具体应用。根据练习题 1 的网络图，求出关键路径的步骤如下：

①绘制带有时间参数标注的网络图，如图 5-18 所示。

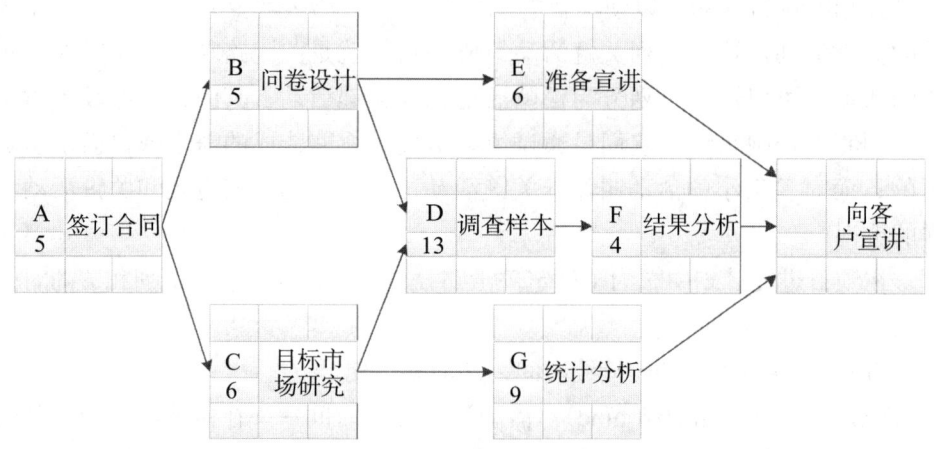

图 5-18　带有时间参数标注的网络图

②求出各活动的时间参数 EF 和 ES。

对于项目中活动 i 的时间参数，可利用下面公式（5-4）和（5-5）计算：

$$EF_i = ES_i + D_i \tag{5-4}$$

$$ES_i = \max_{j \in P_i}(ES_j + D_j) = \max_{j \in P_i}(EF_j) \tag{5-5}$$

其中，$\max\limits_{j \in P_i}(EF_j)$ 是指活动 i 的紧前活动集合 P_i 中最早完成时间的最大值。

利用上述两个公式，从项目的开始活动沿网络图中箭头线的方向到项目最后一项活动，正向计算出各活动的时间参数 ES_i 和 EF_i。一般而言，项目总的开始日期一般设置为 0 或具体日期。

根据这种计算，我们得出了附有最早开始和结束时间的网络图，如图 5-19 所示。

③求出各活动的时间参数 LF_i 和 LS_i

对于项目中活动 i 的时间参数 LF_i 和 LS_i，可利用下面公式（5-6）和（5-7）计算：

$$LS_i = LF_i - D_i \tag{5-6}$$

$$LF_i = \min_{j \in Q_i}(LF_j - D_j) = \min_{j \in Q_i}(LS_j) \tag{5-7}$$

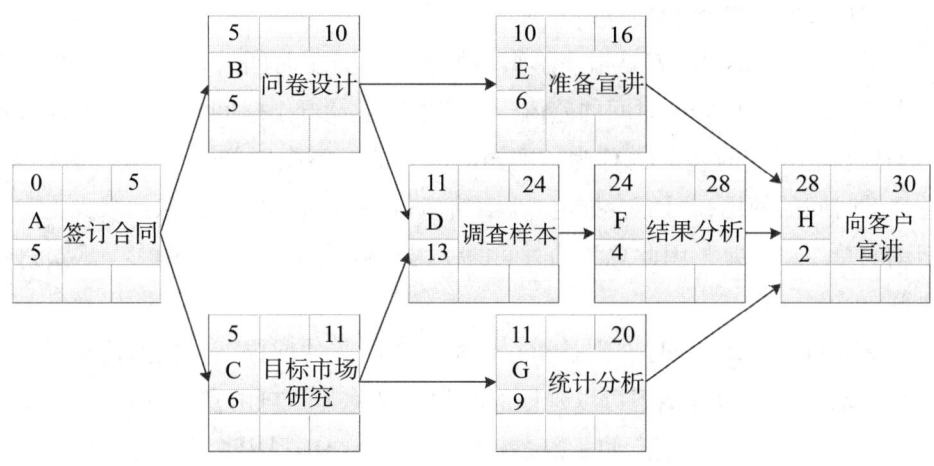

图5-19 具有数 ES_i 和 EF_i 时间参数的网络图

其中，$\min\limits_{j \in Q_i}(LS_j)$ 是指活动 i 的所有紧后活动集合 Q_i 中的最小 LS_j，即所有紧后活动的最迟开始时间的最小值。

利用上述两个公式，从项目的结束活动沿网络图中箭头线的反方向到项目的开始活动，逆向计算出各活动的时间参数 LF_i 和 LS_i。一般而言，项目总的结束日期可能有两种情况：一种是正推出来的结果，即最后一个活动的最早结束时间；另一种是客户决定的日期。

于是，我们画出了附有最迟开始和结束时间的网络图，如图5-20所示。

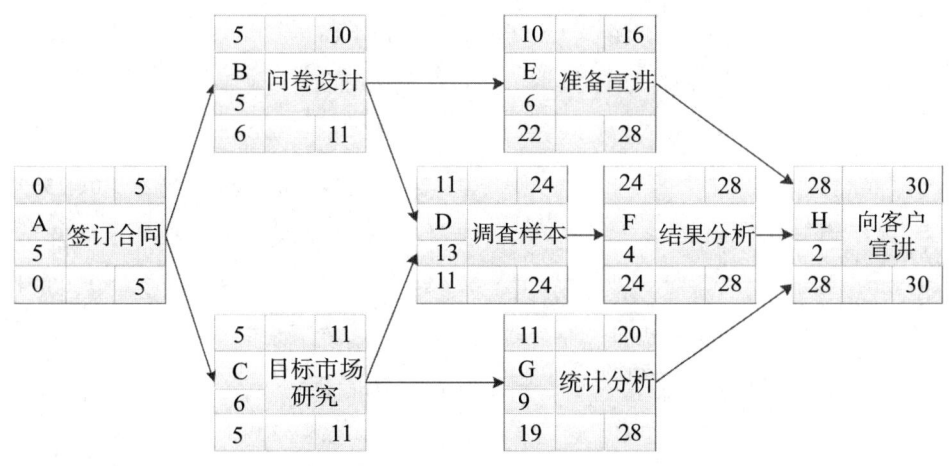

图5-20 附有最迟开始和结束时间的网络图

④计算时间参数 TF_i 和 FF_i

活动总浮动时间 TF_i 是指在不影响整个项目完工时间的条件下，某项活动最迟开工时与最早开工时间的差值。它表明该活动开工时间允许推迟的最大不影响项目总工期时差，也称为"宽裕时间"或"富余时间"。需要注意的是，总浮动时间的使用，可能会推迟其后继活动的最早开始时间，从而减少受影响活动的总浮动时差。因此总浮动时间的使用必须与后继活动中的参与人员进行协调。

活动自由浮动时间 FF_i 则是指在最早开工时间的前提下，该活动在不影响后续活动最早开始日期下可以延期的时间，又称为"自由富余时间"。与总浮动时间相比，自由浮动活动的变动基本上不需要与项目中其他参与方协调，这为项目经理提供了更大的灵活性。活动 i 的时间参数 TF_i 和 FF_i 可由公式（5-8）和（5-9）计算：

$$TF_i = LS_i - ES_i = LF_i - EF_i \qquad (5\text{-}8)$$

$$FF_i = \min_{j \in Q_i}(ES_j) - EF_i \qquad (5\text{-}9)$$

其中，$\min\limits_{j \in Q_i}(ES_j)$ 是指活动 i 的所有紧后活动集合 Q_i 中最小的 ES_j，即所有紧后活动的最早开始时间的最小值。

通过上述计算活动的时间参数 TF_i 和 FF_i，我们画出了附有活动总浮动时间与每项活动的自由浮动时间的网络图，如图5-21所示。

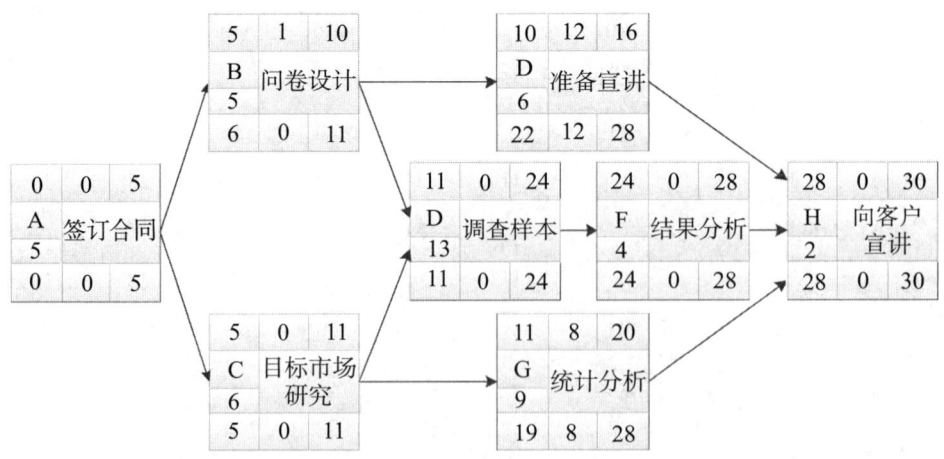

图5-21　活动总浮动时间与每项活动的自由浮动时间的网络图

⑤寻找关键路径。

在一个网络图中，活动总浮动时间为零的活动，称为关键活动，自由浮动时间为零的节点称为关键节点。一个从始点到终点，沿箭头方向由总浮动时间为零的关键活动所组成的路线，就叫作关键路径。

本例的关键路径图为A→C→D→F→H，如图5-22所示。

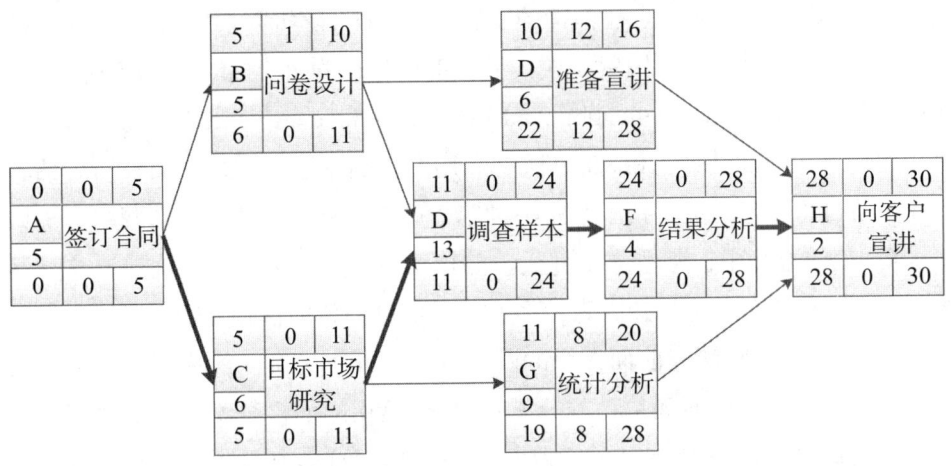

图5-22　关键路径

关键路线通常是从始点到终点时间最长的路线，要想缩短整个项目的工期，必须在关键路线上想办法，即缩短关键路线上的作业时间；反之，如果关键路线工期延长，则整个项目完工期就拖长。

5.2.5　项目总工期估计

项目活动工期估算以项目活动所需资源估算的结果为既定前提条件，通过分析和估计而给出每项活动所需的时间周期，以便人们之后据此开展项目进度计划工作。项目活动工期估算是对既定项目活动所需时间的估算工作，其既包括对每项具体项目活动工期的估算，也包括对整个项目工期的估算，即项目关键路径的计算。项目活动所需工期的估算通常要考虑的因素包括项目活动所需作业时间、项目活动所需必要的休息时间、客观需要的延迟时间（如在浇筑混凝土活动中的浇筑时间和养生时间等）、项目活动所投入的资源、项目活动的各种提前和滞后时间要求、项目活动的假设条件和限制情况等，这些都是项目活动工期估算所需考虑的因素。

在5.2.1节中，我们已经介绍了利用三时间点估计出活动工期，那么实际中项目的活动工期一定是按此估计的工期完成吗？显然不一定，由于在实际工作中存在各种不确定性和突发事件的发生，因此项目活动的工期不可能百分之一百按三点估计方法计算的工期完成。一般认为活动的工期实际上可以由下面的等式表示。

$$活动工期＝三点法估计的工期＋公假日＋随机因素扰动 \qquad (5\text{-}10)$$

为了更好地处理随机因素对项目活动工期和总工期的扰动，目前多采用计划评审技术（Program Evaluation And Review Technique，PERT）进行活动工期和项目总工期的估计。PERT方法是利用网络顺序逻辑关系和加权历时估算来计算项目总工期的重要技术，是一种基于网络计划图的非确定性网络分析方法。在PERT方法中，某些或全部活动的持续时间事先不能完全确定，这种网络计划方法适用于不可预知因素较多的从未做过的新项目和复杂项目。

PERT网络的画法与前面介绍的网络画法相同，它与一般单双代号网络的区别主要在于活动的时间估计与分析。PERT运用的前提是所有工序时间相互独立，有同样的分布特点且关键路线唯一。所以，若在关键路线上有 S 道工序，则这个项目完工总工期 T_E 为关键路径上各活动工期之和：

$$T_E = \sum_{i=1}^{S} \frac{a_i + 4m_i + b_i}{6} \qquad (5\text{-}11)$$

项目工期的标准方差为：

$$\sigma = \sqrt{\sum_{i=1}^{S} \left(\frac{b_i - a_i}{b} \right)^2} \qquad (5\text{-}12)$$

一般而言，我们可以假设项目的总工期服从正态分布，如图5-23所示，并假设网络图有唯一关键路径并且关键路径上的活动工期相互独立，有同样的分布特点。期望工期 T_E 把概率分布曲线下的面积分成相等的两部分，即项目工期在期望工期 T_E 内完成的概率为50%。由此，在根据计算出的标准方差 σ，查正态分布标准方差表可得：项目工期在期望工期的一个标准差范 $T_E \pm \sigma$ 范围内的完工概率为68.26%；在两个标准差 $T_E \pm 2\sigma$ 范围内的完工概率为95.46%；在三个标准差 $T_E \pm 3\sigma$ 范围内的完工概率为99.73%。

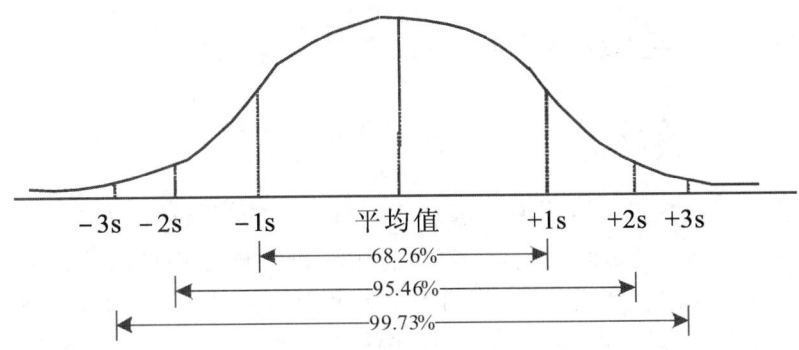

图5-23　正态分布工期完成概率

需要注意的是，若项目管理者关心的是项目工期在期望工期基础上偏离一个正标准方差的概率，即实际工期满足 $T \leqslant T_E + \sigma$ 的概率为 $50\% + 68.26\% \times 0.5 = 84.13\%$；以此类推，可以估计出实际工期满足 $T \leqslant T_E + 2\sigma$ 的概率为 97.73%；实际工期满足 $T \leqslant T_E + 3\sigma$ 的概率为 99.87%。

◇ **练习题2**

计算练习题1中的项目总工期。

求解过程：

在上文中，已经求解出每项活动的关键路径为 A→C→D→F→H，活动工期和方差也求出：

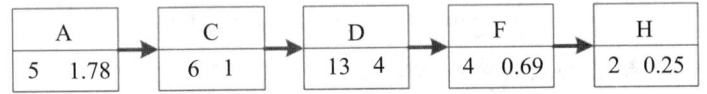

根据公式（5.10）和（5.11），项目的总工期 T_E 和项目完工方差为：

$$T_E = \sum_{i=1}^{S} \frac{a_i + 4m_i + b_i}{6} = 5 + 6 + 13 + 4 + 2 = 30 \text{（天）}$$

$$\delta = \sqrt{\sum_{i=1}^{S} \left(\frac{b_i - a_i}{6} \right)^2} = \sqrt{1.78 + 1 + 4 + 0.69 + 0.25} = 2.78$$

所以该项目总工期平均为30天，在30天完工的概率为50%。在30+2.78=32.78天之前完工的概率为84.13%；同理，在35.56天之前完工的概率为97.73%；在38.34天之前完工的概率为99.87%。

5.3　项目进度与成本控制

5.3.1　项目实施中的绩效评价方法

挣得值分析法（EVM）是项目实施中一种常用的绩效评价方法，用以分析目标实施与目标期望之间的差异。挣值分析法通过测量和计算已完成工作的预算与已完成工作的实际成本和计划工作预算得到有关计划实施的进度和成本偏差，以便项目管理团队评估和测量项目绩效和进展。

1. 挣得值分析法的三个关键参数

（1）计划工作预算（Budgeted Cost of Work Scheduled，BCWS），也被称为计划值（Planned Value，PV）。它是指在一个给定的期间内计划完成的工作量所需的预算成本，其计算公式为：

$$BCWS=计划工作量×预算定额 \tag{5-13}$$

（2）已完成工作的预算（Budgeted Cost of Work Performed，BCWP），也被称为挣得值（Earned Value，EV）。它是指在一个给定期间内实际完成的工作量按预算定额计算出来的成本。

$$BCWP=已完成工作量×预算定额 \tag{5-14}$$

（3）已完成工作的实际成本（Actual Cost For Work Performed，ACWP），也可简称为实际成本（Actual Cost，AC）。它是指在项目实施过程中一个给定的期间内实际已完成工作的支出费用。

$$ACWP=已完成工作量×实际价格 \tag{5-15}$$

2. 挣得值分析法的关键评价指标

（1）偏差分析

在项目控制分析系统中，偏差分析是较为常用的分析工具。偏差是指实际成本、进度或质量指标对相应计划间的偏离。由于控制的反馈性，组织中各管理层都经常利用偏差来验证计划和进行进度控制。

成本偏差（Cost Variance，CV），负数表明出现超支，正数则表明节支。

$$CV=BCWP-ACWP \tag{5-16}$$

进度偏差（Schedule Variance，SV），负数表明落后计划，正数则表明超计划完成。

$$SV=BCWP-BCWS \tag{5-17}$$

为了便于读者更好地理解上述计算公式的含义，本书利用图5-24来解释计算公式中参数CV、SV、BCWS、BCWP、ACWP之间关系。

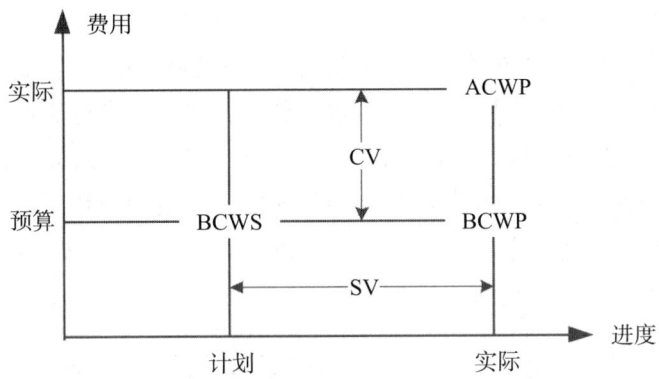

图5-24 CV、SV、BCWS、BCWP、ACWP之间的关系

在进行成本和进度偏离计划程度分析时，为了更好地说明问题，常常用计划偏差率反映实际与计划的偏离程度。

①成本偏差率（Cost Variance Proportion，CVP），反映了实际成本对计划成本的偏离程度。

$$CVP = \frac{CV}{BCWP} \tag{5-18}$$

②进度偏差率（Schedule Variance Proportion，SVP），反映了实际进度对计划进度的偏离程度。

$$SVP = \frac{SV}{BCWS} \tag{5-19}$$

项目在不同阶段，偏差允许值大小的变化如图5-25所示。由于随着时间的推移，风险少了，因而偏差允许的范围也可以降低了。

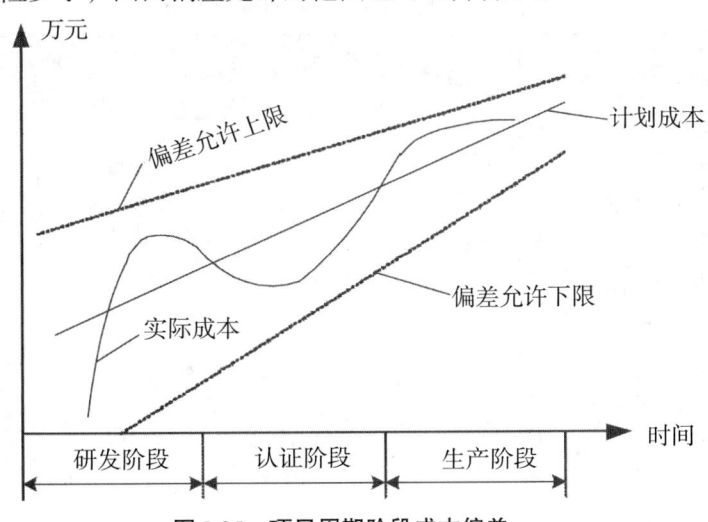

图5-25 项目周期阶段成本偏差

（2）绩效指标分析

还可以把SV和CV转化为效率指标，以便把项目的成本和进度绩效与任何其他项目做比较或在同一项目组合内的各个项目之间进行比较。

①成本绩效指标（Cost Performance Index，CPI），该指标的含义是项目实际已完成工作量的实际成本与项目实际已完成工作量的预算成本二者的相对差异值，衡量已完成工作的成本效率。CPI>1表示节支，CPI<1表示超支，CPI=1表示实际成本等于预算成本。

$$CPI = \frac{BCWP}{ACWP}$$　　　　　　　（5-20）

②进度绩效指标（Schedule Performance Index，SPI），该指标的含义是项目挣值指标与项目计划作业的预算成本二者间的相对差异值，衡量的是项目的完工程度。SPI>1表示进度提前，SPI<1表示进度延误，SPI=1表示实际进度等于计划进度。

$$SPI = \frac{BCWP}{BCWS}$$　　　　　　　（5-21）

通过上述挣值指标的分析，可以及时判断项目的进度及成本状态，同时根据实际状态进行原因分析并采取有效对策使成本与进度相协调，找到二者的平衡点。

根据挣值分析法的三个基本参数的相互关系，挣值参数综合分析与对应措施如表5-5所示。

表5-5　挣值参数综合分析与对应措施

序号	图形关系	参数关系	分析	措施
1	ACWP BCWP BCWS	ACWP> BCWP>BCWS CV<0,SV>0	进度较快,投入超前,但成本效率偏低导致成本花费高于预计水平	适当通过减缓项目进展强度,降低成本,提高成本效率
2	BCWP ACWP BCWS	BCWP> ACWP>BCWS CV>0,SV>0	成本效率较高,由于项目超前高速进展,实际成本花费显示偏高	在保持目前状况前提下,可以按情况适当抽出一部分人员加速其他进度较低的项目进展

序号	图形关系	参数关系	分析	措施
3	ACWP BCWS BCWP	ACWP> BCWS>BCWP CV<0,SV<0	成本效率很低,项目进度也落后于计划,实际花费显示较高	撤换低效的人员,全面强化成本绩效管理,调整项目进程计划
4	BCWP BCWS ACWP	BCWP> BCWS>ACWP CV>0,SV>0	成本效率很高,同时项目进展速度也有所超前,实际成本花费显示偏低	在目前状态的前提下,可以根据需要加大成本投入,加速项目进展
5	BCWS BCWP ACWP	BCWS> BCWP>ACWP CV>0,SV<0	成本效率较高,但项目进度较慢,低于计划水平,实际花费显示较低	增加人员,加大投入力度,采取激励措施,全面加速项目进展速度
6	BCWS ACWP BCWP	BCWS> ACWP>BCWP CV<0,SV<0	成本效率较低,项目进度远落后于项目计划,实际花费显示较高	增加高效人员,强化工作标准,加速项目进展,同时注意监控成本

我们以表5-5中的第一种情况为例进行具体分析。第一种情况是ACWP>BCWP>BCWS,则SV>0,CV<0,说明项目超计划完成、费用超支,则需要分析费用超支与进度提前的关系。如果费用超支是因为进度提前所造成的,则需要分析进度提前的必要性;如果进度提前是必需的,则因进度提前而引起的费用超支就是必要的;如果要保证项目总费用不超支,则必须采取措施在后续工作中节省开支。

5.4 关键链项目进度管理

5.4.1 关键链理论介绍

20世纪70年代末,以色列学者Eliyahu Goldratt基于优化生产技术提出了约束理论(Theory of Constraints, TOC),并于1997年将其应用于项目管理领

域，提出了关键链项目管理（critical chain project management， CCPM）方法。关键链法重点在于管理制约系统的瓶颈，把有限的资源作为影响进度的首要因素进行分析。目前已经作为一套科学的项目进度管理模式被许多企业在新产品的研发中普遍采用。

Goldratt认为大部分人在制定计划时会考虑留出大量的安全时间，但在项目实际进行时，受到学生综合征、帕肯森定律等因素的影响，这部分安全时间往往会被浪费掉，因而导致了工期的延误和成本的增加。对此，Goldratt提出了缓冲区（Buffer）的概念，通过缓冲区代替安全时间，从而吸收项目中的各个不确定因素。

1. 缓冲区设置的隐含假设

（1）学生综合征

学生综合征是指人们在工作开始时并不会全身心投入，而往往在快要到达时间节点的最后关头才投入全部精力。例如在学校中，老师布置一项任务给学生。当老师询问学生需要多长时间才能完成该项任务时，大部分学生都会有意扩大完成该项任务的时间。例如：本来需要一周就能完成的任务，学生们会给出1.5周甚至2周的任务时间。同时，即使老师同意学生在2周以后提交完成的任务，部分学生也往往不会立即着手开展任务，而是会等到一周后，甚至该提交任务时才开始完成该任务，这种情况叫作学生综合征。这种现象不仅在学生群体中极为常见，在现实工作中也较为普遍。

（2）帕肯森定律

帕肯森定律指的是，工作总是拖延到它所能够允许最迟完成的那一天。人们总是习惯于到了规定时间的最后一刻才把工作给完成。其原因可能包括：人们觉得自己有义务把所有的时间都用于工作；想要把工作做得更好；担心如果过早把工作完成会被分配到更多的工作；担心将来再分配到类似的工作时会被上级压缩估计的完成时间；过早完成不但没有奖励反而有可能得到质疑等等。参考文献[8]专门研究证明了帕肯森定律对项目进度延期带来的影响。该文献分别针对串行任务之间和并行任务之间，由于任务开工的人为滞后和任务提前完工后也不会及时传递到后续任务的情况对项目总工期的影响进行了说明。有兴趣的读者，可阅读该篇文献。

2. 缓冲区类型

缓冲区可以分为三类：项目缓冲区（Project Buffer， PB）、输入缓冲区（Feeding Buffer， FB）和资源缓冲区（Resource Buffer， RB）。

（1）项目缓冲区

项目缓冲区是设置在关键链的最后一道工序之后，用来吸收整个系统的不确定性的。根据聚集理论，在整合所有工序的安全时间之后，在相同的概率下只需要较少的时间就能完成所有的工序，因此项目缓冲区的重新配置能够有效降低项目完成所需要的时间。例如某项目包含 5 道工序，根据各个工序时间参数可以得出，工序 A、C、E 为项目的关键工序，因此在关键工序的末尾添加项目缓冲区 PB，如图 5-26 所示。

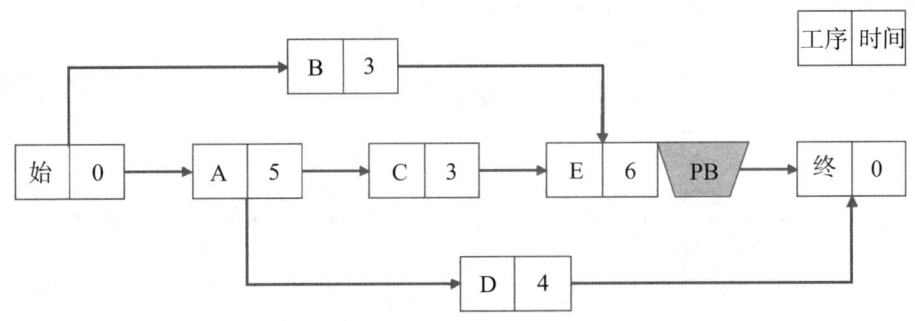

图 5-26　项目缓冲区设置示例

（2）输入缓冲区

在项目进行的过程中，紧前工序的延迟会导致后续工序的延迟，为保证关键工序不受其他非关键工序的影响，使得项目能够按计划完成，需要在非关键链汇入关键链的入口处设置输入缓冲区，来消除非关键工序的不确定性影响。在上述例子中，非关键工序 B 可能发生的延迟会导致关键工序 E 无法按时开始，而非关键工序 D 可能发生的延迟则会导致整个项目无法按时完成，因此需要在其后面添加输入缓冲区 FB，如图 5-27 所示。

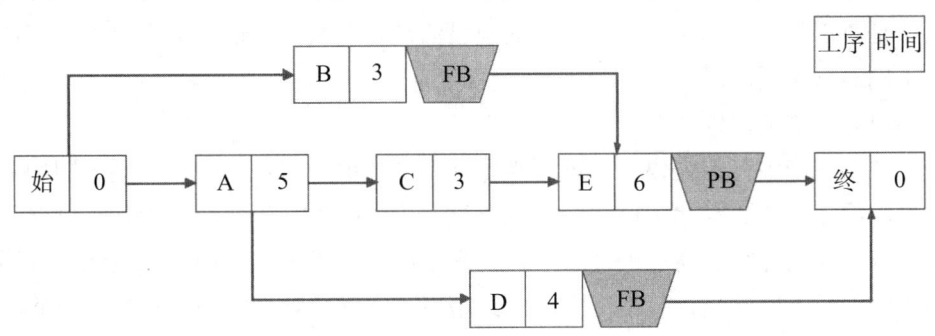

图 5-27　输入缓冲区设置示例

（3）资源缓冲区

在项目中，不仅要考虑紧前活动在时间上对关键工序的影响，还要考虑资源约束对关键工序的影响，这时候需要加入资源缓冲区来防止关键工序因资源约束而产生的延误。资源缓冲区设置在有可能发生资源冲突的工序之间，当需要投入某种资源来启动关键工序，而其前续关键工序又需要使用其他资源时，需要在该工序之前设置资源缓冲区。如图5-28所示，在关键工序A、B、D中，由于工序B与工序D所需要的资源不同，为了防止工序D因资源没有及时到位而产生延误，故在工序B、D之间设置资源缓冲区RB。

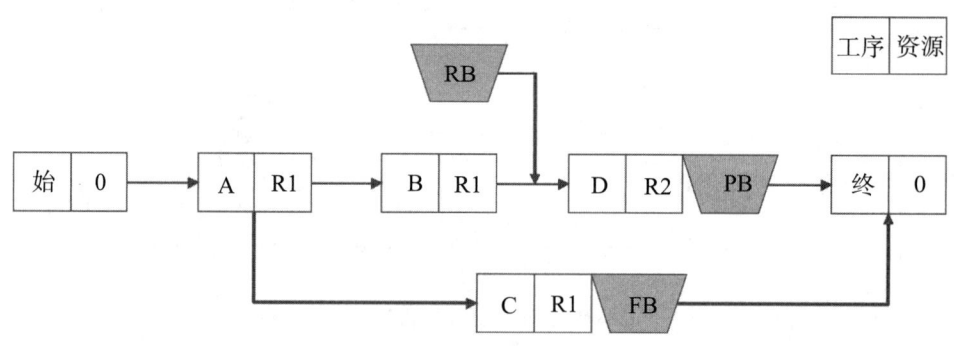

图5-28　资源缓冲区设置示例

由上述关键链思想的介绍可以发现，该方法考虑了时间和资源的双重约束，认为在一个项目中不能忽视资源的制约，特别是一些关键的资源。资源是否按时到位、是否超负荷工作、能力是否得到提高等都会制约项目的如期完成。

3. 关键链法的基本方法步骤

关键链法包括三个主要步骤：首先是根据资源约束识别出项目的关键链；其次是对消除因为学生综合征带来的项目活动安全余量；最后为项目设置相应的不同类型的缓冲区。

（1）关键链识别

在第一步中，首先根据传统网络计划图中的关键路径进一步识别出制约项目进度的瓶颈资源；然后再进行瓶颈资源的优化配置与协调，消除在关键路径中的资源使用冲突。通过上述方法最终识别出了既满足工艺逻辑，也满足资源约束的项目进度计划，其中考虑资源约束后将在网络计划图中具有最长时间的路径作为关键链。

（2）活动工期压缩

其次，对各项活动的完成时间重新进行估计，消除不必要的安全时间，将单个活动的风险因素放到关键链最后的缓冲区里考虑来缩短工期。消除安全时间的常用方法包括两种，一种是减半法，即将每道活动原本的估计完工时间进行减半来作为新的估计时间；第二种为最乐观值法，该方法假设某道活动服从β分布，其最乐观值为a，最可能值为b，最悲观值为c，将最乐观值为a作为这道活动的完工时间。对活动安全工期的消除，可以是任务的执行者，在更加紧迫和时间压力的情况下开展工作，从而更能激发执行者的工作效率和士气。但需要注意的是，过度地压缩任务工期，将造成大量活动无法安全完成，从而对项目其他相关活动的执行带来扰动，增加了项目进度风险。因此，一方面采用科学合理的方法压缩工期，另一方面需要在项目执行过程中设置相应的缓冲区，以抵消和吸收由于工期无法完成对项目整体进度带来的扰动。

（3）缓冲区设置

项目关键链管理：在关键链后设置项目缓冲区（PB），将项目工期的延误控制在预期的范围内，整个项目的风险在项目缓冲区中得到控制和减弱，甚至是消除。当几个工序并行汇入下一道工序时，关键链方法为了防止汇入关键链工序给关键链带来的延误，在汇入关键链工序后也设置了关键链输入缓冲区（FB）。它用来保证非关键链按时完成，能消化汇入关键链的工序带来的延误。最后，对于关键链中瓶颈资源的多个活动之间的转移，可以设置资源缓冲区（RB），有效减少资源转换时的工期延误浪费。上述各类型缓冲区的设施，其目的是在项目执行过程中，通过观察由于项目活动延期对缓冲区的消耗，从而间接监视项目进度的执行情况。具体来说，项目关键链上活动工期的延误会消耗项目缓冲区（BF），非关键链上活动工期的延误会消耗输入缓冲区（FB）；反之若活动工期提前，则会增加对应的项目缓冲区（BF）或输入缓冲区（FB），从而实现对项目进度状态的有效监视。

5.4.2 基于资源约束的项目进度调度优化

关键路径法（CPM）和计划评审技术（PERT）是项目进度安排的两种常用方法，虽然在编制项目进度计划时CPM/PERT考虑了活动的前后逻辑关系和活动持续时间因素，但往往忽视了实际项目执行过程中资源并非无限供应的情况。由此产生了基于资源约束的项目调度问题（Resource-constrained Project Scheduling Problem，RCPSP），该问题研究在项目任务紧前约束和资源约

束的前提下，如何确定项目中各项任务的开始时间与结束时间以实现特定的项目目标。下面将主要介绍基于资源平衡法和基于数学规划模型的项目进度调度方法。

1. 项目调度中资源分类

在项目的实施过程中，需要消耗各种类型的资源，如物料、时间、信息等，这些资源能够帮助企业实现经营目标。本书将项目资源划分为不可更新资源与可更新资源。

（1）不可更新资源冲突的产生

不可更新资源的使用是消耗性的，其使用过后无法补充，在整个项目过程中都会受到一定的限制。例如项目中的资金、能源和原材料等。当项目多个活动并行执行时，都需要获取足够的不可更新资源才能完成。假定共有 n 个活动并行执行，活动 i 所需要第 k 类型不可更新资源的数量为 ，该类型资源的总量为 ，当项目对某类资源的需求量大于该类资源的总量时，则项目间出现了不可更新资源冲突，即 $\sum_{i=1}^{n} NR_{i,k} > Q_k$ 成立。

（2）可更新资源冲突的产生

可更新资源是指在项目活动执行的过程中，可更新资源的使用量在每个时期（天、周、月等）是有限制的，但在这一时期结束之后，在下一时期其资源的使用量则会得到补充，恢复到原有的水平，例如项目中用到的人力、机器、场地等。根据可更新资源的介绍可知，可更新资源补充是成周期性的。在每个周期内，可更新资源供给总量是一定的，当项目活动的资源需求总量大于可更新资源的供给量时，可更新资源无法满足所有项目活动对资源的需求，就会造成项目间因资源竞争而产生冲突。为了说明RCPSP问题产生的原因，下面就以示例一进行简要说明，单代号网络图如图5-29所示。

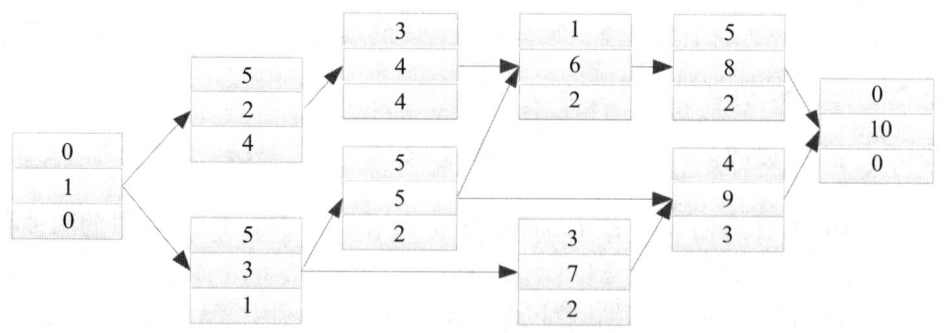

图5-29　示例一的AON网络图

在示例一的网络图中，每一个节点（方框）代表一个活动，节点与节点之间的箭线符号表示各活动开工的先后顺序，不具有其他的意义。其中，两个虚拟活动分别为活动1和活动10表示。每一个节点分别标注有活动的编号、工期以及资源的需求量。此示例当中单位时间内可更新资源的供给量为4个单位，且只涉及一类可更新资源。

在不考虑有可更新资源约束的情况下，用关键路径法（Critical Path Method，CPM）对示例一进行分析求解（如图5-30所示）。图中，ES为活动的最早开工时间；EF为最早结束时间；LS为最迟开工时间；LF为最迟结束时间；No.为活动的编号，Dur为活动的工期；TF为活动的总时差。根据活动TF=0可以识别出项目的关键路径，关键路径的长度就为关键路径上所有活动工期之和。如图5-30所示，项目关键路径为1→3→5→6→8→10，关键路径长度为16。

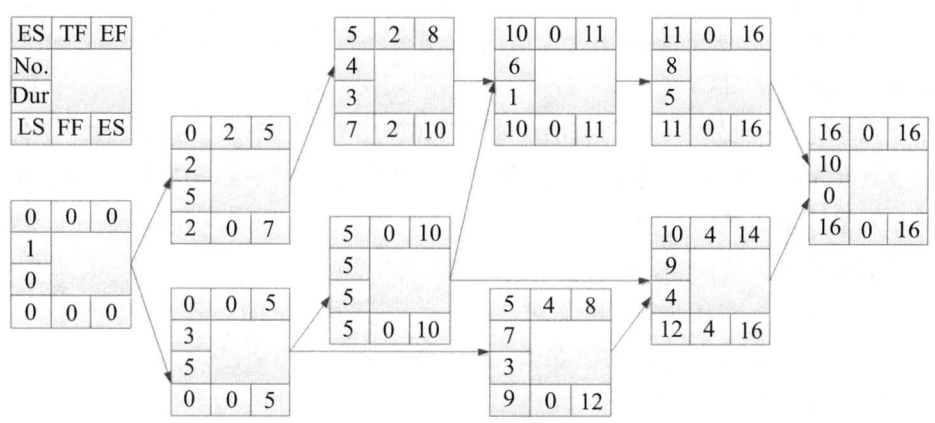

图5-30　示例网络计划图

按照图5-30中识别的关键路线图，绘画出可更新资源约束下的项目活动资源负载示意图（如图5-31所示）。从图中，我们可以看出，在有资源约束的情况下，依据关键路径法得到的项目调度方案是不能够顺利进行的，图中活动2与活动3、活动4与活动5皆存在资源的竞争，同一时期内不能同时满足所有活动的资源需求，因此产生了可更新资源的使用冲突，也意味着原有的关键路径法无法解决可更新资源约束下的项目调度问题，需要寻求一种更好的办法解决。

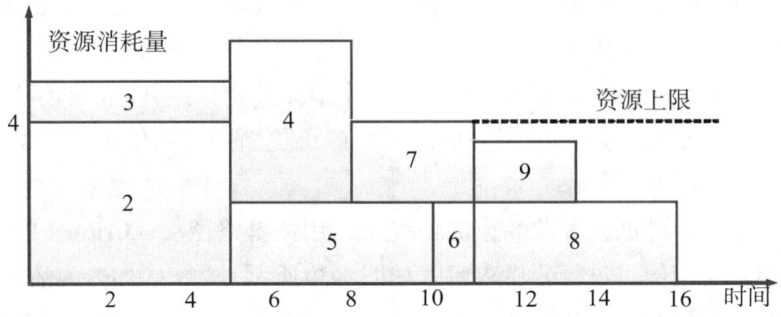

图5-31 可更新资源约束下的项目活动资源负载示意图

2. 基于资源平衡法的项目进度调整

资源平衡法是在保持项目完工期的前提下，制定使资源需求波动最小的进度计划。为保持资源需求平衡，推迟某些资源冲突活动的最早开工时间，但只能推迟到所有总时差（TF）为正值的活动不再有正时差为止，否则会使项目超过预定的完工日期。

资源优先分配原则，当资源出现冲突时，按照如下优先次序进行资源的分配：

具有最小总时差的活动→具有最短工期的活动→具有最多后续活动的活动→需要最多资源的活动

资源约束进度调整步骤：

①根据网络图和活动资源需求情况，编制资源负荷图；

②确定活动的总时差TF（最晚结束时间LF）；

③识别资源冲突；

④进度调整，消除冲突：

◇首先将资源分配给优先权最高的活动，一旦资源有空闲，则分配给次优先的活动，依此类推；

◇未分配到资源的活动，必须往后推迟，直到有空闲资源为止；

◇更新资源负荷图；

◇重复上面的过程，直到资源约束被完全满足。

例如，某项目中包含5道工序，其工序前后关系、所需时间以及人数如图5-32所示。其最早完工时间为12天，所需人数为4，项目甘特图如图5-33所示。

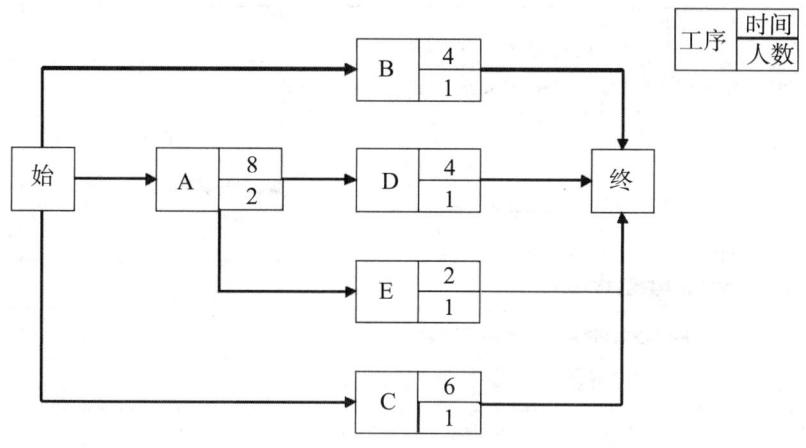

图 5-32 示例网络计划图

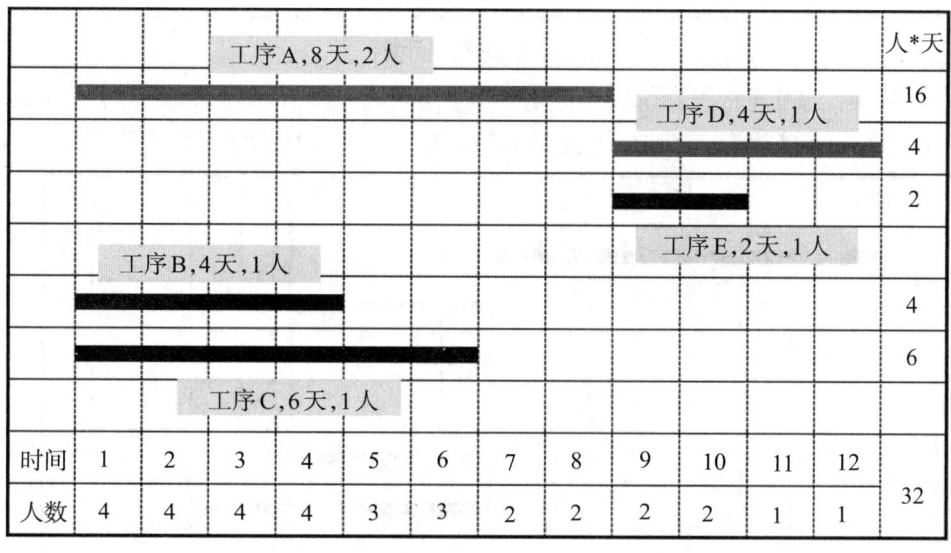

图 5-33 项目甘特图

根据图 5-33 可以看出，在项目进行的过程中出现了严重的资源不平衡，为减少资源的浪费，我们假设项目可用人数为 2 人，并采用资源平衡法进行调整。

首先求出每道工序的总时差 TF，如图 5-34 所示。

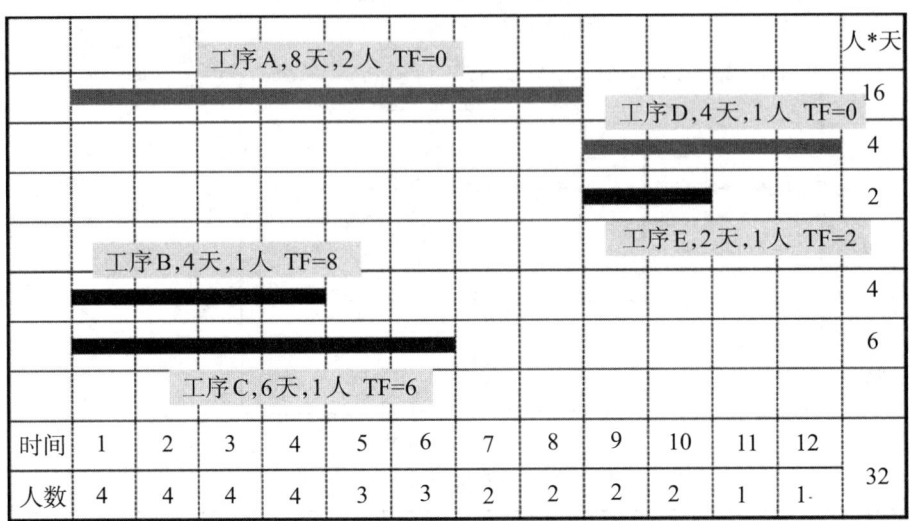

图5-34　总时差计算

可以看出在前8天资源已经超过了使用上限，工序A作为关键工序无法进行调整，因此需要将工序B，C延迟到第9天，如图5-35所示。

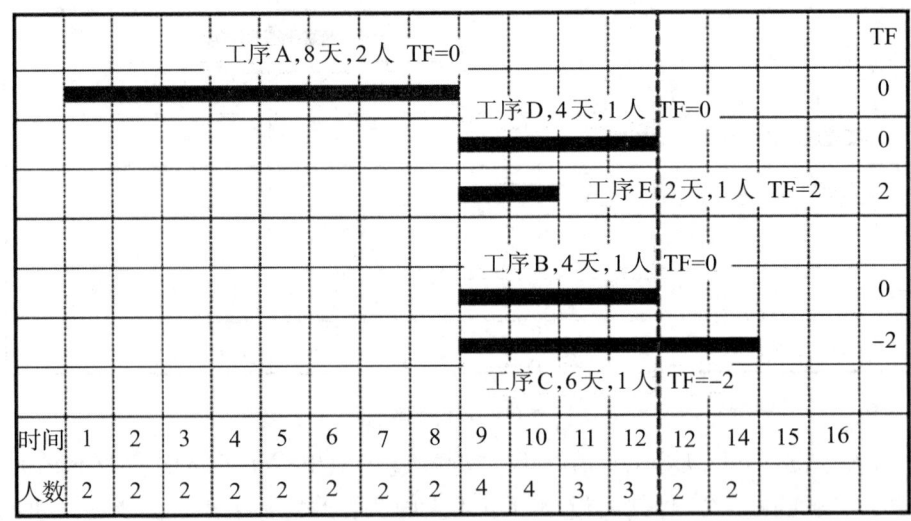

图5-35　资源平衡法示例步骤1

可以看出，在进行了工序的调整之后，前8天的资源得到了满足，但在第9到12天又出现了资源的冲突，因此需要继续对其进行调整。根据资源约束进度调整步骤，我们选择将工序B和E延迟到第13天开始，如图5-36所示。

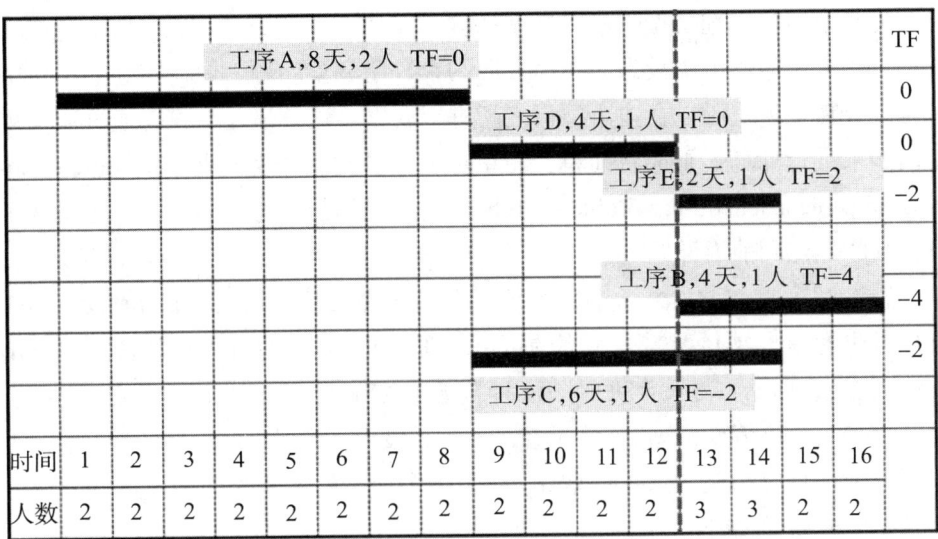

图 5-36　资源平衡法示例步骤 2

同样，在进行了上述调整之后，在第 13 和 14 天又出现了资源的冲突，因此将工序 E 延迟到第 15 天开始，最终完成了整个项目进度的调整，如图 5-37 所示。

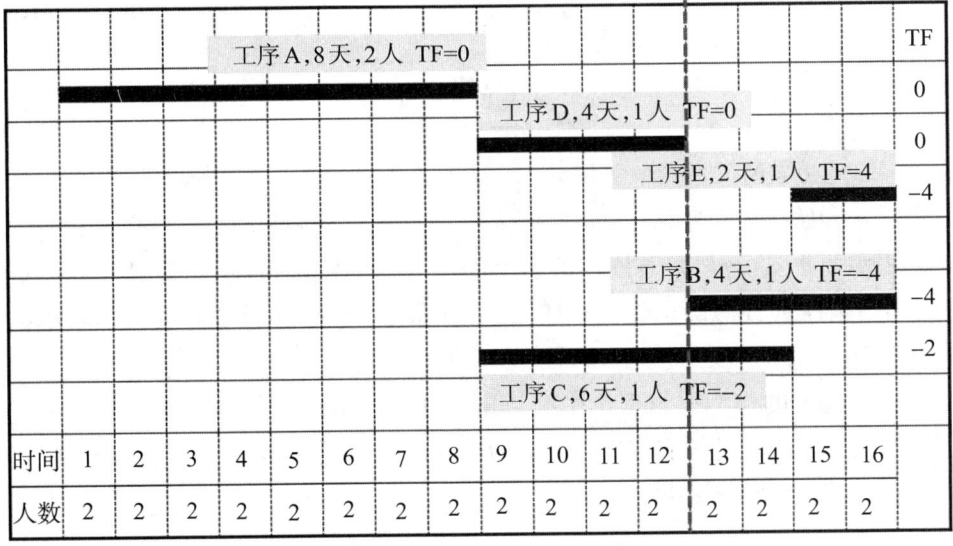

图 5-37　资源平衡法示例步骤 3

可以看出，通过以上调整之后虽然工期延长了四天，但资源的利用率达到了 100%，因此在资源受到约束的情况下该方法具有较好的实用性。

3. 基于数学规划模型的项目进度调度

上述方法能够解决较为简单地资源约束进度调整问题，但在实际的项目中往往需要在多种资源以及多个项目之间进行调整，这种情况下只能通过数学规划模型来进行计算。下面将简单介绍单项目资源约束调度问题（Resource-constrained project scheduling problem, RCPSP），这也是近年来在项目进度调度研究领域的热点和前沿课题。

假设某项目包含 n 个活动，活动编号为 $i = 1, 2, \cdots, n$，其开始时间为 S_i，执行时间为 d_i，项目所需要用到的可更新资源有 k 种，每种可更新资源的可用数量为 Q_k，而 $q_{i,k}$ 表示活动 i 对第 k 种资源的需求量。为解决上述问题，我们需要设定一个决策变量 $x_{i,t}$，表示在 $(t, t+1)$ 时段内，活动 i 是否进行，若正在进行则 $x_{i,t}$ 取 1，没有进行时 $x_{i,t}$ 取 0。T 为整个项目的周期。根据上述分析建立数学概念模型[9-10]如下：

$$\min T = S_n \tag{5-22}$$

$$S_j \geqslant S_i + d_i, \ \forall i \in P_j, \ 1 \leqslant j \leqslant n, S_0 = 0 \tag{5-23}$$

$$S_i = \min_{t=1,2,\cdots,T}(x_{i,t}*t) \tag{5-24}$$

$$\sum_{i \in I(t)} q_{i,k} x_{i,t} \leqslant Q_k, \ k=1, 2, \cdots, K \tag{5-25}$$

$$\sum_{t=1}^{T} x_{i,t} = d_i \tag{5-26}$$

式（5-23）是紧前关系约束，活动 i 是活动 j 的紧前工序，即活动 j 必须在活动 i 结束后才开始。式（5-24）是活动开始时间约束；式（5-25）是可更新资源约束，表示每个 $(t, t+1)$ 时段内所执行的所有活动使用第 k 类可更新资源数量一定小于第 k 类资源的总数量；式（5-26）是活动 i 的执行时间约束，表示活动 i 的连续工作时刻之和等于该活动的工期。

上述构建的模型仅为理论模型，由于约束（5-25）中的集合 $I(t)$ 是无法直接给出的，因此为了求解出考虑资源约束的项目进度调度，还需要进一步将上述理论模型作转化，并开发出相应的求解算法。感兴趣的读者，可阅读参考文献[9-13]。

5.4.3　基于缓冲区设置与进度控制

在 CCPM 理论中，关键链是由一系列相互依赖的、决定了项目最短工期的工序序列构成，受到资源约束以及工序的逻辑关系的共同影响。

1. 缓冲区大小的设置

在三种缓冲区中，RB是一种预报机制；而PB、FB是时间的控制装置，缓冲区大小直接影响关键链的选择、项目的风险控制、项目计划的合理性，对项目成败起关键作用，因此有必要对PB、FB的大小进行讨论。传统的设置缓冲区的方法主要是50/50估计法和根方差法，下面是两种方法的具体介绍。

（1）50/50估计法

该方法又名剪切—复制法，步骤为：先根据项目管理者的经验估计每个工序的工期，然后用50%的概率在估计中除去安全时间，剩余就是工序的限定工期，最后取关键链上所有工序被除去的安全时间总和的50%作为PB，将非关键链上工序被除去的安全时间总和的50%作为非关键链的FB。这种方法简单易行，但缺点在于：一是缓冲区的大小与工序链的长度呈线性关系，容易产生缓冲区过大或者过小的现象；二是对各工序一视同仁，消减度一样，不符合实际情况。

（2）根方差法

该方法与50/50估计法类似，区别在于在计算累计安全时间时以根方差来进行计算。其步骤为：项目管理者根据以往的经验，给出每个工序两组预估工期，S为加入了预留缓冲时间的估计，A为除去了预留缓冲时间的工期，$D=S-A$为每项工序的工期偏差，假设各个工序之间相互独立，则缓冲区的大小为：

$$B = \sqrt{\sum_{i=1}^{n} (D_i)^2} \tag{5-27}$$

根方差法的优点是：项目管理者不可随意消减各工序的预估时间，从某种程度上避免了管理者与执行者的矛盾，而且这种方法比较符合非确定执行时间累加的统计规律，可以避免缓冲区过长或者过短现象的发生。然而采用根方差法的前提在于各个工序的时间是相互独立的，但在实际的项目中，各个工序的时间往往具有一定的相关性，因此用根方差法也会产生求出的缓冲时间偏差较大的问题。

2. 基于缓冲区的进度控制

高德拉特博士在提出关键链的同时也提出了缓冲区的管理方法，他将缓冲区分成了三等分，分别用绿色、黄色、红色来表示，这个方法也就是通常所说的"三色管理法"，三种颜色表示的含义如下：

（1）缓冲区消耗量小于当前任务链总缓冲时间的前1/3部分（绿色）。当缓冲消耗时间在绿色部分说明该任务链进度情况良好，需要采取措施的必要性较小，可以继续按原计划开展项目。因为缓冲区的消耗刚进入三层时间的第一层，总缓冲时间还剩2/3，可以给可能拖期的任务提供充足的保证。

（2）消耗量占总缓冲时间的1/3到2/3部分（黄色）。当缓冲消耗时间进入黄色部分时，该任务链上的任务很有可能出现了问题。作为项目管理人员，需要加强对该任务链的进度监控，找出任务拖期原因。此时，缓冲时间已进入三层时间的第二层，项目管理人员应该同时制定相应的措施，必要时需要调整计划。如及时对问题进行处理和调整，由于总缓冲时间还剩余1/3，项目能够在规定时间内完工的概率还是很大的。

（3）消耗量超出总缓冲时间的2/3部分，也就是后1/3部分（红色）。当缓冲消耗时间进入红色部分时，说明项目的实施出现了很严重的问题。项目管理人员必须立刻采取行动，成立应急小组，制定解决问题的措施并快速实施，避免项目进度持续恶化。由于总缓冲时间已经剩余不多，项目不能按时完工的可能性较大。

上述三色管理法有一个缺陷，就是没有考虑到活动链本身的进度情况。比如活动链中的某活动才刚刚开始，缓冲消耗时间就已经进入第二层了，此时项目实施肯定出现了严重的问题，随着活动链往后进行，缓冲区的剩余缓冲时间很有可能不够用。所以借鉴三色管理法的思想，可以将活动链完成率与缓冲区消耗率相结合，得到基于缓冲区的项目进度控制方法，如表5-6所示。

表5-6　项目缓冲区进度控制表

缓冲区消耗率＼活动链完成率	前1/3	1/3至2/3	2/3以后
前1/3	进度情况良好,不需要采取行动	进度情况非常好,不需要采取行动	项目将按期完成或提前完成
1/3至2/3	问题严重,需立即采取措施	需找出潜在问题,研究解决方案	进度情况良好,不需要采取行动
2/3以后	问题非常严重,需采取激烈的非常规措施	问题严重,需立即采取措施	需加强监控,随时准备采取措施

通过表5-6，不仅可以判断项目中各活动链延期的严重程度，还可以根据不同的活动链完成率和缓冲消耗率决定采取相应的进度控制措施。当缓冲消耗

率高于任务链完成率时，延期问题较为严重，需立即采取措施；当缓冲消耗率等于任务链完成率时，可能会有潜在的风险，要随着两个比例的提高来逐渐提高对项目的监控程度；当缓冲消耗率小于任务链完成率时，项目进度情况较好，不需要采取行动。

通过对比上一节采用关键路径法等传统方法进行进度控制后发现，利用缓冲区对进度的控制较为简单，只需要项目管理人员密切关注缓冲区的消耗情况和任务链完成情况即可。而使用关键路径法时一旦关键路径任务发生延期，就需要修改计划，对项目管理人员的基础和能力要求较高，且经常修改计划易使控制系统紊乱。

本章小结

项目范围管理的定义与意义和项目范围管理的方法。项目范围指的是项目所涉及的所有必须完成的工作的集合，包括项目工作的内容和期望产出的所有信息。项目范围管理就是对项目范围进行管理和控制的过程和活动，其内容主要包括：确定项目的需求、定义规划项目的范围、范围管理的实施、范围的变更控制管理以及范围核实等。

项目进度计划是指项目所规定活动的开展顺序、开始和完成时间以及相互衔接关系的计划。进度计划是进度控制和管理的依据。项目进度计划涉及的主要过程包括项目活动定义、活动工期估计、绘制项目网络计划图、项目进度规划和项目总工期估计。

➢项目活动定义是制定项目进度计划的首要基础工作。可以采用工作分解结构法来进行活动定义，将项目分解为在纵向上详细程度不同而在横向上相对独立的、具有逻辑关系的、互相干扰很小的多个子项目并确定项目名称。

➢项目活动的工期估计是指项目中每项活动的完工时间。通常采用三时间点法来估计每项活动的持续时间，三时间点估算法的基本思路是，预先估计出活动完成的三种可能时间值，然后应用概率的方法计算出各项活动作业时间的平均值和方差。

➢项目网络计划技术是通过一种网络图的形式，反映和表达项目进度计划的安排。在网络计划图中，各活动有明确的先后关系，因此画网络计划图的首要任务就是明确活动关系。然后再利用单代号网络图把活动关系连接起来，形成项目网络计划图。

➢关键路径法是一种最常用的项目进度规划方法，即根据指定的网络顺序

逻辑关系和单一的历时估算，计算每一个活动的单一的、确定的最早和最迟开始和完成日期。

➤ 计划评审技术（PERT）是利网络顺序逻辑关系和加权历时估算项目总工期的重要技术。

项目成本计划包括项目资源计划和成本估算：

➤ 资源计划就是要决定在每一项工作中用什么样的资源以及在各个阶段用多少资源。项目资源估算和项目成本估算紧密相关，通过活动资源估算所编制的项目资源计划是成本估算的基础。项目资源估算的常用方法包括：专家判断法、统一定额法、资料统计法、自下而上估算法和项目管理软件法。

➤ 项目成本估算是指根据项目工作与活动所需占用和消耗的资源，预测和估计出完成项目各项工作所需的成本。成本估算的常用方法包括：专家估计法、类比估计法、参数模型法、自下而上估计法、三点估算法、项目管理软件法。

项目进度与成本控制：

➤ 项目实施中的绩效评价方法：挣得值分析法（EVM）是项目实施中一种常用的绩效评价方法，用以分析目标实施与目标期望之间的差异。挣值分析法通过测量和计算已完成工作的预算（BCWP）与已完成工作的实际成本（ACWP）和计划工作预算（BCWS）得到有关计划实施的进度和成本偏差，以便项目管理团队评估和测量项目绩效和进展，从而实现成本与进度的协调控制。

➤ 成本与进度的协调：项目成本与进度既相辅相成，又相互制约，二者之间是凹型成本关系，工期过长或过短都会造成总成本的增加，因此要协调好成本与进度之间的关系。成本与进度的协调方法包括：基于网络计划的方法、关键比值法和基于挣值分析的方法。

关键链项目进度管理：

➤ 关键链项目管理：关键链法重点在于管理制约系统的瓶颈，把有限的资源作为影响进度的首要因素进行分析。关键链法的基本方法步骤为：（1）识别制约项目的瓶颈；（2）找出项目中最薄弱的环节；（3）消除传统项目中的安全时间；（4）在关键链后设置项目缓冲区；（5）在关键链工序入口处设置输入缓冲区；（6）设置资源缓冲区；（7）通过缓冲区建立预警机制来控制项目进度。

➤ 基于资源约束的项目进度调度：在项目中进行进度计划时，首先要识别每项单独活动的需求资源（种类、数量和质量），并根据项目甘特图，创建资源负载图；然后采用资源平衡法，在保持项目完工期的前提下，制定使资源需求波动最小的进度计划。

➤ 基于缓冲区设置的进度控制：大部分人在制定计划时会考虑留出大量的安全时间，但在项目实际进行时，受到学生综合征、帕肯森定律等因素的影响，这部分安全时间往往会被浪费掉，因而导致了工期的延误和成本的增加。通过设置缓冲区代替安全时间，从而吸收项目中的各个不确定因素。缓冲区可以分为三类：项目缓冲区、输入缓冲区和资源缓冲区。传统的设置缓冲区的方法主要是50/50估计法和根方差法。

关键术语

范围管理；工作分解结构；范围核实；范围变更与控制；项目活动；项目资源估算；项目成本估算；网络计划技术；关键路径法；总时差；自由时差；计划评审技术；挣得值分析法；关键链；项目缓冲区；输入缓冲区；资源缓冲区

参考案例

第5章参考案例

案例：QF公司F910研发项目进度制定与优化——谈工匠精神

摘要：成都的春天温暖宜人，窗外天空晴朗而明净，微风和煦，高大的行道树枝繁叶茂，一朵朵小花在枝头随风摇曳。看着这样迷人的景色，QF电子电器集团股份有限公司（以下简称QF公司）的副总经理兼总工程师卢总的心情却完全无法轻松起来，公司的燃气热水器国内市场占有率已经跌出了前十，产品在消费者心中的口碑也出现了一定的下滑，为扭转当前局面，公司必须在金秋国庆时推出F910这款零冷水热水器，但公司80%以上的研发项目都存在延期的情况，如果F910研发项目拖期，必然会带来致命的打击，怎样才能让F910热水器研发项目能够按期完成呢？想到这里卢总不由得皱起了眉头。

关键词：研发项目；进度；网络计划法

思考与讨论

（1）请简述范围管理的内涵和重要性。

（2）请简述项目范围管理的过程。

（3）请简述工作分解结构的作用和编制思路。

（4）关键路径法与计划评审技术的主要区别是什么？

（5）关键路径法与关键链法的主要区别是什么？

（6）关键路径是什么？项目经理为何要关心它？

（7）如何确定活动的最早开始/完成时间和最迟开始/完成时间及其应该遵循的规则？

（8）请简述各种费用估算方法。

（9）请简述各种资源估算方法。

（10）请阐述如何运用挣值分析法评估和测量项目绩效和进展。

（11）在项目实施过程中，为了更有效地协调项目成本与进度之间的关系，应采用哪些方法进行协调控制？

（12）请简述基于资源约束的项目进度调整方法。

参考文献

[1] 美国项目管理协会.项目管理知识体系指南[M].6版.北京：电子工业出版社，2017.

[2] 白思俊. 现代项目管理（上册）[M].升级版.北京：机械工业出版社，2010.

[3] 骆珣. 项目管理教程[M]. 2版.北京：机械工业出版社，2010.

[4] 毕星. 项目管理[M]. 2版. 北京：清华大学出版社，2011.

第6章 项目质量管理

本章导读

质量通常与性能或者功能联系。项目质量就是指项目的性能或功能方面。项目质量作为项目管理的三个重要目标（质量、成本、时间）之一，是衡量项目管理工作绩效的重要指标。一个项目的质量没有达到要求，实际上就是失败的项目。

项目是一个组织承担实施完成的任务，是组织的产出。因此，项目质量管理工作需要遵循和体现组织的质量管理方针、政策，以及贯彻组织的质量保证体系，需要针对该项目执行质量策划和质量控制的一系列工作。

本章将首先阐述质量管理的基础，介绍组织的质量保证体系，然后重点展示项目质量管理的过程，包括质量策划和质量控制。

6.1 质量管理基础

6.1.1 术语

质量管理的基础术语很多，ISO9000：2015给出了13类、138个术语。最主要的术语有质量、过程、质量体系和质量管理。

1. 质量

质量是理解质量及其质量管理的基础。ISO 9000：2015标准将质量定义为"产品固有特性满足要求的程度"。组织的产品和服务质量取决于满足顾客要求的能力以及对相关方预期或非预期的影响。产品和服务的质量不仅包括其预期的功能和性能，而且还涉及顾客对其价值和利益的感知。深刻理解质量的定义需要回顾一下人们对质量理解的历程。

最初在产品供不应求的市场环境下，质量被定义为产品符合客观规格要求的程度。在产品供不应求的环境下，属于卖方市场，生产制造商处于主导地位，具有主导权。生产制造商不用担心市场的销路，生产什么样的产品，市场或者用户就接受什么产品。生产越多，销售越多，利润越高，所以生产者关心的是如何提高生产效率，提高生产产量。对应的质量管理工作，就是减少废品，保证生产出来的产品符合产品的规格要求。大家还应该注意到，这个时候的产品规格要求是生产制造商基于自己对产品的理解和自己的情形，自己制定的规格要求。

随着生产力水平的提高，物质越来越丰富，出现了产品供大于求的局面，主导权由卖方市场转向了买方市场，用户处于主导的地位。生产制造商需要使用市场降价、广告等营销手段推销自己的产品，需要以用户为中心，按照用户需求生产产品。这种情形下的质量管理需要将用户的需求转化为产品的规格要求，同时以用户满意度衡量产品的质量水平。

因此，质量不仅指产品或服务满足于固有特征的要求，还包括了用户的满意度的水平。

2. 过程

过程是利用输入产生预期结果的相互关联或相互作用的一组活动。过程的"预期结果"称为输出，可以是产品或服务。一个过程的输入通常是其他过程的输出，而一个过程的输出又通常是其他过程的输入。如图6-1所示。

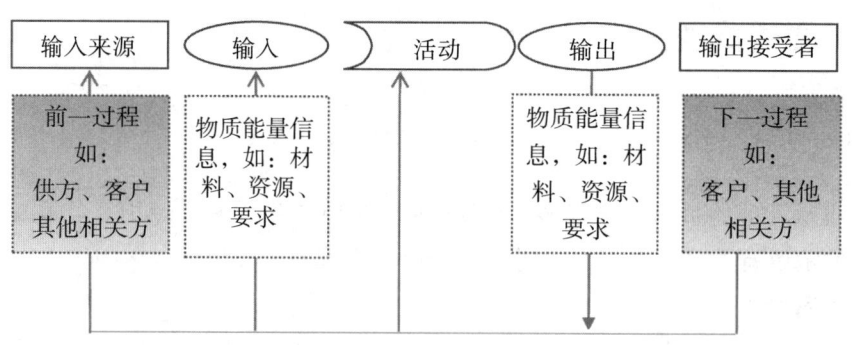

可能的控制和检查点以监视和测量绩效

图6-1 过程

从过程的视角去理解一个组织的运行称为过程方法。过程方法将一个组织理解为相互联系的一系列过程。对组织的管理就是识别和优化组织的构成过程，对这些过程进行监视和控制，保证这些过程的有序运行。

为进行某项活动或过程所规定的途径被称为程序。程序可以文件化形成程序文件，程序文件规定了过程是如何运行的。

3. 质量管理

质量管理包括制定质量方针和质量目标，以及通过质量策划、质量保证、质量控制和质量改进实现这些质量目标的过程。质量管理通常是通过建立和实施质量管理体系来展开和落实，是企业的最高管理者负责下的全面质量管理。

4. 质量管理体系

质量管理体系是管理体系中有关质量的部分，是组织建立质量方针和质量目标以及实现这些目标的过程的相互关联或相互作用的一组要素。这些管理体系要素确定了组织的结构、岗位和职责、策划、运行、方针、惯例、规则、理念、目标以及实现这些目标的过程。质量管理体系包括组织识别其目标以及确定实现预期结果所需过程、资源及其活动，也就是说质量管理体系包括了组织架构、过程、职责、规则制度等。

6.1.2 质量管理发展历程

质量管理的产生和发展经历了漫长的道路，可以说是源远流长。人类历史上自有商品生产以来，就开始了以商品的成品检验为主的质量管理方法，引入数理统计方法，就进入了"统计质量管理"阶段；后来质量管理与现代科学管理方法结合又迈进了"现代质量管理"阶段。质量管理发展历史大致可以划分为以下四个阶段。

1. 传统质量管理阶段

这个阶段从开始出现质量管理一直到19世纪末资本主义的工厂逐步取代分散经营的家庭手工业作坊为止。这段时期受小生产经营方式或手工业作坊式生产经营方式的影响，产品质量主要依靠工人的实际操作经验，靠手摸、眼看等感官估计和简单的度量衡器测量而定。工人既是操作者又是质量检验者、质量管理者，且经验就是"标准"。质量标准的实施是靠"师傅带徒弟"的方式口授手教进行的，因此，有人又称之为"操作者的质量管理"。

2. 质量检验管理阶段

随着生产力水平的提高，人类开始了机器工业生产取代了手工作坊式生产，劳动者集中到一个工厂内共同进行批量生产劳动。在这个时期，美国出现了以泰勒为代表的"科学管理"，质量检验的职责由生产操作者转移到专职的质量检验人员。专职检验既是从产成品中挑出废品，保证出厂产品质量，又是

一道重要的生产工序。质量检验所使用的工具是各种各样的检测设备和仪表，它的方式是严格把关，进行百分之百的检验。

3. 统计质量管理阶段

一方面，质量检验属于"事后检验"，无法在生产过程中完全起到预防、控制的作用，一旦发现废品，就是"既成事实"，一般很难补救。另一方面，对产品进行百分之百的检验，有时在经济上并不合理（增加检验费用，延误出厂交货期限），破坏性检验时也不能进行100%的检验。为了监控设备运行和生产过程的状态，1925年美国贝尔实验室的休哈特提出统计控制图——应用统计技术对生产过程进行监控，以减少对检验的依赖。1930年道奇和罗明提出统计抽样检验方法，解决了不使用100%检查仍可以保证检查结果的可靠性。20世纪40年代美国贝尔电话公司应用统计质量控制技术取得成效；美国军方物资供应商在军需物中推进了统计质量控制技术的应用；美国军方以休哈特、道奇、罗明的理论为基础，制定了战时标准Z1.1、Z1.2、Z1.2，这是最初的质量管理标准。

4. 现代质量管理阶段

随着社会生产力的迅速发展，科学技术日新月异，质量管理上也出现了很多新管理理论和方法。

20世纪50年代戴明提出质量改进的观点，强调大多数质量问题是生产和经营系统的问题；强调最高管理层对质量管理的责任。1958年美国军方制定了MIL-Q-9858A等系列军用质量管理标准，提出了"质量保证"的概念。60年代初，朱兰、费根堡姆提出全面质量管理的概念。他们认为，为了生产具有合理成本和较高质量的产品，以适应市场的要求，只注意个别部门的活动是不够的，需要对覆盖所有职能部门的质量活动进行策划。日本接受了全面质量管理理念后，日本企业创造了品质圈（Quality Control Circle，QCC）和全面质量控制（Total Quality Control，TQC）的质量管理方法。统计技术，特别是"因果图""流程图""直方图""检查单""散点图""排列图""控制图"等被称为"老七种"工具的方法，被普遍用于质量改进。60年代中期，北大西洋公约组织（North Atlantic Treaty Organization，NATO）制定了AQAP质量管理系列标准，AQAP标准以MIL-Q-9858A等质量管理标准为蓝本。70年代，TQC使日本企业的竞争力极大地提高。其中，轿车、家用电器、手表、电子产品等占领了大批国际市场，促进了日本经济的极大发展。日本企业的成功，使全面质量管理的理论在世界范围内产生巨大影响。1979年，英国制定了国家质量管理标准BS5750，将军方合同环境下使用的质量保证方法引入市场环境。这标志着质量保证标准不仅适用于军用物资装备的生产，而且对整个工业界产生影响。80年代，菲利浦·克劳士比提出"零缺陷"的概念。他指出，"质量是免费的"。突破了传统上认为高质量是以低成本为代价的观念。他提出高质量将给企业带来高的经济回报。1987年，ISO9000系列国际质量管理标准问世，1987年版的ISO9000标准很大程度上基于BS5750。质量管理与质量保证开始在世界范围内对经济和贸易活动产生影响。1994年，ISO9000系列标准改版，标准更加完善，为世界绝大多数国家所采用。第三方质量认证普遍开展，有力地促进了质量管理的普及和管理水平的提高。2000年ISO9000：2000版发布，结合TQM的理念，提出了ISO9000标准和术语。到现在ISO9000发布了2015版。1988年摩托罗拉因创立六西格玛管理，并获得了美国国家质量奖，六西格玛质量管理理念开始受世人关注。中国、美国、欧洲等许多国家和地区设立了国家质量管理奖，以激励企业通过质量管理提高生产力和竞争力。质量管理不仅被引入生产企业，而且被引入服务业，甚至医院、机关和学校。许多企业的高层领导开始关注质量管理，卓越绩效管理模式得到推广和重视。

6.1.3　质量管理基本原则

ISO9000：2105提出了7项基本原则：

1. 以顾客为关注焦点

质量管理的主要关注点是满足顾客要求并且努力超越顾客期望。组织只有赢得和保持顾客和其他相关方的信任才能获得持续成功。与顾客互动的每个方面都提供了为顾客创造更多价值的机会。理解顾客和其他相关方在当前和未来的需求有助于组织的持续成功。

2. 领导作用

各级领导建立统一的宗旨和方向，并且创造全员积极参与的环境，以实现组织的质量目标。统一的宗旨和方向的建立以及全员的积极参与，能够使组织将战略、方针、过程和资源保持一致，以实现其目标。

3. 全员参与

在整个组织内各级人员的胜任、被授权和积极参与是提高组织创造和提供价值能力的必要条件。为了有效和高效地管理组织，尊重各级人员并使其参与质量管理过程是有必要的。认可、授权和能力提升会促进人员积极参与实现组织的质量目标。

4. 过程方法

只有将活动作为相互关联的连贯系统进行运行的过程来理解和管理时，才

能更加有效和高效地得到一致的、可预知的结果。质量管理体系是由相互关联的过程所组成。理解体系是如何产生结果的，能够使组织优化其体系和绩效。

5. 改进

成功的组织持续关注改进。改进对于组织保持当前的绩效水平，对其内、外部条件的变化做出反应并创造新的机会都是极其重要的。

6. 循证决策

基于数据和信息的分析和评价的决定，更有可能产生期望的结果。决策是一个复杂的过程，并且总是包含一些不确定性。它经常涉及多种类型和来源的输入及其解释，而这些解释可能是主观的。重要的是理解因果关系和可能的非预期后果。对事实、证据和数据的分析可导致决策更加客观和可信。

7. 关系管理

为了持续成功，组织应管理好其与相关方（如：供方）的关系。相关方可能影响组织的绩效。当组织管理其与所有相关方的关系以使相关方对组织的绩效影响最佳时，才更有可能实现持续成功。对供方及合作伙伴的关系网的管理是尤为重要的。

6.2　项目质量管理概述

项目作为组织完成的一项任务，具有独特性和临时性的特点。独特性是指项目的工作是前人没有进行过，具有探索性和研究性质。临时性是指项目有确定的开始和结束时间。因此，项目质量包括了各阶段的工作质量和项目交付物的质量。中间过程的工作质量会直接影响整个项目完成结果的质量。一般来讲，项目的交付物都是经过多阶段的工作形成的。例如房屋建筑项目，有规划设计、地基施工、框架施工、内外墙施工装饰等过程；软件项目有需求分析、总体设计、详细设计、代码编写、测试等过程。项目过程具有暂态性和不可逆性。中间过程往往属于暂态过程，即后一个过程的工作会覆盖前一个过程的工作。从项目的后一个过程或者是最后的项目交付物很难检测到中间过程的质量。如房子修好以后，从外表就很难检测墙体的质量、框架的质量和地基的质量。项目的不可逆性是指项目形成过程中，任何一个过程的质量问题都会造成整个项目的失败，没有修复的机会。例如，设计中出现了地基的钢筋尺寸计算错误，在地基施工或者框架完成以后不可能通过返工予以修正，项目只有报废重建。产品设计中，如果市场需求预测错误，将导致设计完成的产品没有市场，致使设计的产品报废。因此，项目各阶段的工作质量和项目管理过程的质量对项目输出质量和项目成功具有重大的影响。

项目质量管理与一般的生产运作的质量管理也有很大的不同，如表6-1所示。

表6-1 项目质量管理与生产运作质量管理的异同

项目	生产运作质量管理	项目质量管理
质量方针政策	基于组织的质量方针政策	基于组织的质量方针政策
质量管理组织机构	稳定的质量管理组织机构	临时的质量管理机构
过程连续性	重复的连续稳定过程	临时性的暂态过程
缺陷的视角	容忍缺陷的平均质量标准	零缺陷的质量标准
基本管理方法	统计状态管理	基准控制
质量管理过程	产品质量规划、质量控制	项目质量规划、控制

质量管理旨在保证项目输出物达到项目的性能或功能要求，最终满足客户的需求，实现客户的满意。它包括把组织的质量政策应用于规划、管理、控制项目和产品质量要求，以满足相关方目标的各个过程。项目质量管理包括执行组织确定质量政策、目标与职责的各过程和活动，从而使项目满足其预定的需求。项目质量管理在项目环境内使用项目团队所在组织的政策和程序，实施组织的质量管理体系。此外，项目质量管理以执行组织的名义支持过程的持续改进活动。

项目质量管理过程包括规划质量管理、控制质量、管理质量等，如图6-2所示。

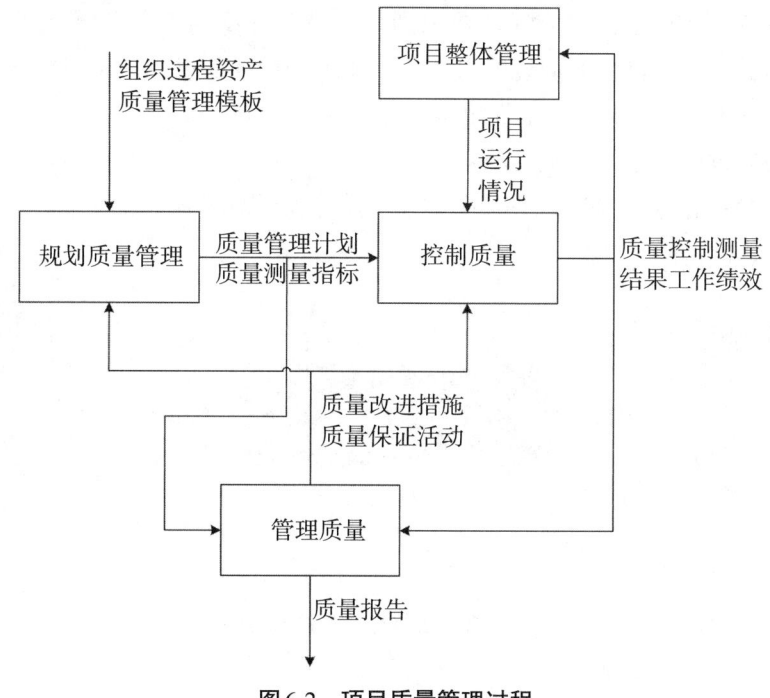

图6-2 项目质量管理过程

规划质量管理：识别项目及其可交付成果的质量要求或标准，并书面描述项目将如何证明符合质量要求和标准的过程。

控制质量：为了评估绩效，确保项目输出完整、正确，并满足客户期望，而监督和记录质量管理活动执行结果的过程。

管理质量：管理质量是把组织的质量政策用于项目，并将质量管理计划转化为可执行的质量活动的过程。

最新的PMBOK第6版没有使用质量保证的概念，而是使用了管理质量。管理质量有时被称为"质量保证"，但"管理质量"的定义比"质量保证"更广，其可用于非项目工作。PMBOK第5版指出，实施质量保证是审计质量要求和质量控制测量结果，确保采用合理的质量标准和操作性定义的过程。在项目管理中，质量保证着眼于项目使用的过程，旨在高效地执行项目过程，包括遵守和满足标准，向相关方保证最终产品可以满足他们的需求、期望和要求。管理质量包括所有质量保证活动，还与产品设计和过程改进有关。管理质量的工作属于质量成本框架中的一致性工作。

6.3　项目规划质量管理

PMBOK指出规划质量管理是识别项目及其可交付成果的质量要求和标准，并书面描述项目将如何证明符合质量要求和标准的过程。项目规划质量管理过程仅开展一次或仅在项目的预定义点开展。项目经理应该先行规划，然后按照计划来设计和建造出项目质量。

PMBOK给出了项目规划质量管理的数据流程，如图6-3所示。

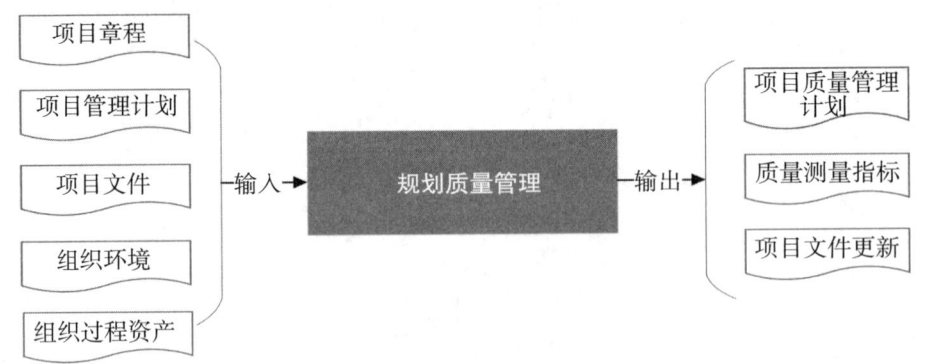

图6-3　规划质量管理数据流程图

6.3.1 规划质量管理的依据

1. 项目章程

项目章程中包含对项目和产品特征的高层级描述，还包括可以影响项目质量管理的项目审批要求、可测量的项目目标和相关的成功标准。

2. 项目管理计划

项目管理计划中需求管理计划提供了识别、分析和管理需求的方法，以供质量管理计划和质量测量指标借鉴。风险管理计划提供了识别、分析和监督风险的方法。将风险管理计划和质量管理计划的信息相结合，有助于成功交付产品和项目。相关方参与计划提供了记录相关方需求和期望的方法，为质量管理奠定了基础。在确定适用于项目的质量标准和目标，以及在确定要求质量审查的项目可交付成果和过程时，需要考虑WBS和项目范围说明书中记录的可交付成果。范围说明书包含可交付成果的验收标准。该标准的界定可能导致质量成本并进，从而导致项目成本的显著升高或降低。满足所有的验收标准意味着满足相关方的需求。

3. 项目文件

可作为规划质量管理的输入的项目文件包括假设日志、需求文件、需求跟踪矩阵、风险登记册、相关方登记册。假设日志记录与质量要求和标准合规性有关的所有假设条件和制约因素；需求文件记录项目和产品为满足相关方的期望所应达到的要求，它包括（但不限于）针对项目和产品的质量要求。这些需求有助于项目团队规划将如何实施项目质量控制；需求跟踪矩阵将产品需求连接到可交付成果，有助于确保需求文件中的各项需求都得到测试。矩阵提供了核实需求时所需测试的概述；风险登记册包含可能影响质量要求的各种威胁和机会的信息；相关方登记册有助于识别对质量有特别兴趣或影响的相关方，尤其注重客户和项目发起人的需求和期望。

4. 组织环境因素

能够影响规划质量管理过程的组织环境因素包括（但不限于）：政府法规、特定应用领域的相关规则、标准和指南、地理分布、组织结构、市场条件、项目或可交付成果的工作条件和运行条件、文化观念。

5. 组织过程资产

能够影响规划质量管理过程的组织过程资产包括（但不限于）：组织的质量管理体系包括政策、程序及指南；质量模板，例如核查表、跟踪矩阵及其他

模板；历史数据库和经验教训知识库。

6.3.2　项目规划质量管理的结果

1. 项目质量管理计划

项目规划质量的最重要的结果是项目质量管理计划，项目质量管理计划描述如何实施适用的政策、程序和指南以实现质量目标，以及项目管理团队为实现一系列项目质量目标所需的活动和资源。即确定项目应该达到的质量标准和如何达到这些质量标准的工作计划与安排。项目质量管理计划的包括：项目采用的质量标准、项目的质量目标、质量角色与职责、需要质量审查的项目可交付成果和过程、为项目规划的质量控制和质量管理活动、项目使用的质量工具、与项目有关的主要程序，例如处理不符合要求的情况、纠正措施程序以及持续改进程序。

2. 质量测量指标

质量测量指标专用于描述项目或产品属性，以及控制质量过程将如何验证符合程度。质量测量指标的例子包括按时完成的任务的百分比、以CPI（Cost Performance Index）测量的成本绩效、故障率、识别的日缺陷数量、每月总停机时间、每个代码行的错误、客户满意度分数以及测试计划所涵盖的需求的百分比（即测试覆盖度）。

6.3.3　项目规划质量管理的过程

项目规划质量的过程包括质量目标的策划和实现质量目标过程的策划。

1. 项目质量目标的策划

项目质量目标是项目在质量方面追求的目的。包括两个层次：总质量目标和具体的质量目标，例如某建筑项目的质量总目标合格率100％，优良率80％；具体的目标，性能目标、可靠性指标、安全指标、经济性指标、时间性指标、环境适应性指标。项目目标应该是SMART的（S简单的，M可测量的，A可实现的，R现实的，T合时的）。项目目标应该符合政府法律、政府规章、行业规范的要求，应该具有技术上的先进性。项目质量目标需要考虑到客户的要求，以客户需求为考量的中心。

客户需求是从客户的识别开始的。客户可被归为外部客户（付钱的客户、供应商和最终用户）、内部客户（在供应商—过程—客户链中的客户）和隐蔽型客户（不直接参与但关注项目成果）。这三类客户的划分简单明了。内部客户也许是最难识别的。客户识别完成以后，还需要对客户的重要性进行排序，因为项目的资源有限不可能面面俱到，满足所有客户的所有需求。对客户的需求也需要进行排序，理由也是一样，项目资源有限。日本卡诺（Noritaki Kano）博士将客户需求分为三种类型，即基本型、期望型和兴奋型。基本需求是客户认为产品或项目应该具有的基本功能，一般情况下客户不会专门提出，除非客户近期刚好遇到产品失效等特殊事件，牵涉这些需求或功能。基本需求作为产品或项目应具有的最基本功能，如果没有得到满足，客户就会很不满意；相反，当完全满足这些基本需求时，客户也不会表现出特别满意。在市场上客户经常谈论的通常是期望型需求。期望型需求在产品或项目中实现得越多，顾客就越满意。企业要不断调查和研究顾客的这种需求，并通过合适的方法在产品中体现这种需求。如汽车的耗油量和驾驶的舒适程度就属于这种需求。兴奋型需求是指令客户意想不到的产品特性。如果产品没有提供这类需求，顾客不会不满意，因为他们通常就没有想到这类需求。对客户的需求采取分别对待，可以用项目有限的资源实现最大化的客户满意。

　　当厘清了用户需求以后，就需要对照项目技术方面的发展、项目所在行业的标准和规范以及类似项目的经验制定该项目的要求和标准。

2. 项目质量目标实现过程的策划

　　（1）实现流程：针对项目的质量目标要求，首先从技术工艺方面，理出项目实现的过程。可以使用流程图法。流程图法是用于表达一个项目的工作过程和项目不同部分之间相互联系的方法，流程图法可以分析和确定项目实施的过程和项目质量的形成过程。编制项目流程图还有助于预测项目质量问题的发生环节，有助于分配项目质量管理的责任，有助于找出解决项目质量问题的措施，所以流程图法是一种编制项目质量计划的非常有效的方法。在编制流程图时要注意收集必要的信息和实际情况，要将所有的项目活动均考虑进去，尽量避免漏项，而且各个项目活动的时间顺序应可行。

　　（2）资源和设施需求：在项目目标的实现过程确定以后，就可以进一步确定项目目标所需的资源和设施。这往往可以利用资源需求清单法。

　　（3）检验清单：包括验证、确认、监控、检验和试验活动，以及项目的验收标准。

　　（4）检验记录：确定过程及其项目符合性提供信任所需要的记录，实践中设计好记录用表格也是很重要的。

6.4 管理质量

根据PMBOK，管理质量是把组织的质量政策用于项目，并将质量管理计划转化为可执行的质量活动的过程。管理质量过程的主要作用是，提高实现质量目标的可能性，以及识别无效过程和导致质量低劣的原因。管理质量使用控制质量过程的数据和结果向相关方展示项目的总体质量状态。本过程需要在整个项目期间开展。

管理质量关注的重点是质量管理的过程，目标是提高项目目标的可达性和向相关方提供项目质量可靠的证据。管理质量过程执行在项目质量管理计划中所定义的一系列有计划、有系统的行动和过程，有助于：通过执行有关产品特定方面的设计准则，设计出最优的成熟产品；建立信心，相信通过质量保证工具和技术（如质量审计和故障分析）可以使未来输出在完工时满足特定的需求和期望；确保使用质量过程并确保其使用能够满足项目的质量目标；提高过程和活动的效率与效果，以获得更好的成果和绩效并提高相关方的满意程度。

项目经理和项目团队可以通过组织的质量保证部门或其他组织职能执行某些管理质量活动，例如故障分析、实验设计和质量改进。质量保证部门在质量工具和技术的使用方面通常拥有跨组织经验，是良好的项目资源。

管理质量被认为是所有人的共同职责，包括项目经理、项目团队、项目发起人、执行组织的管理层，甚至是客户。所有人在管理项目质量方面都扮演一定的角色，尽管这些角色的人数和工作量不同。参与质量管理工作的程度取决于所在行业和项目管理风格。在敏捷项目中，整个项目期间的质量管理由所有团队成员执行；但在传统项目中，质量管理通常是特定团队成员的职责。

管理质量的数据流程如图6-4所示。

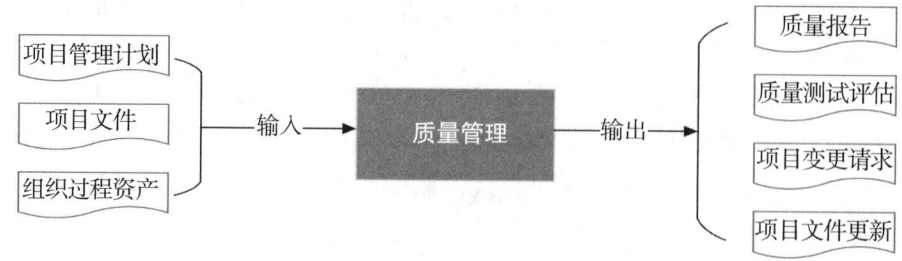

图6-4　管理质量的数据流程图

6.4.1 管理质量的输入

1. 项目管理计划

项目管理计划组件包括（但不限于）质量管理计划。质量管理计划定义了项目和产品质量的可接受水平，并描述了如何确保可交付成果和过程达到这一质量水平。质量管理计划还描述了不合格产品的处理方式以及需采取的纠正措施。

2. 项目文件

管理质量的输入的项目文件包括（但不限于）：

（1）经验教训登记册。项目早期与质量管理有关的经验教训，可以运用到项目后期阶段，以提高质量管理的效率与效果。

（2）质量控制测量结果。质量控制测量结果用于分析和评估项目过程和可交付成果的质量是否符合执行组织的标准或特定要求；质量控制测量结果也有助于分析这些测量结果的产生过程，以确定实际测量结果的正确程度。

（3）质量测量指标。核实质量测量指标是控制质量过程的一个环节。管理质量过程依据这些质量测量指标设定项目的测试场景和可交付成果，用作改进举措的依据。

（4）风险报告。管理质量过程使用风险报告识别整体项目风险的来源以及整体风险敞口的最重要的驱动因素，这些因素能够影响项目的质量目标。

3. 组织过程资产

能够影响管理质量过程的组织过程资产包括（但不限于）：政策、程序及指南的组织质量管理体系；质量模板，例如核查表、跟踪矩阵、测试计划、测试文件及其他模板；以往审计的结果；包含类似项目信息的经验教训知识库。

6.4.2 管理质量的输出

1. 质量报告

质量报告可能是图形、数据或定性文件，其中包含的信息可帮助其他过程和部门采取纠正措施，以实现项目质量期望。质量报告的信息可以包含团队上报的质量管理问题，针对过程、项目和产品的改善建议，纠正措施建议（包括返工、缺陷/漏洞补救、100%检查等），以及在控制质量过程中发现的情况的概述。

2. 测试与评估文件

可基于行业需求和组织模板创建测试与评估文件。它们是控制质量过程的

输入，用于评估质量目标的实现情况。这些文件可能包括专门的核对单和详尽的需求跟踪矩阵。

3. 变更请求

如果管理质量过程期间出现了可能影响项目管理计划任何组成部分、项目文件或项目/产品管理过程的变更，项目经理应提交变更请求并遵循实施整体变更控制过程。

6.4.3 管理质量的方法

1. 数据分析方法

数据分析首先就是数据的收集。数据收集的最有效技术就是核对单。核对单是一种结构化工具，通常列出特定组成部分，用来核实所要求的一系列步骤是否已得到执行或检查需求列表是否已得到满足。基于项目需求和实践，核对单可简可繁。许多组织都有标准化的核对单，用来规范地执行经常性任务。在某些应用领域，核对单也可从专业协会或商业性服务机构获取。质量核对单应该涵盖在范围基准中定义的验收标准。

效率管理质量过程中可以使用的数据分析技术包括（但不限于）：

（1）亲和图。亲和图可以对潜在缺陷成因进行分类，展示最应关注的领域。

（2）因果图。因果图，又称"鱼骨图""why-why分析图"和"石川图"，将问题陈述的原因分解为离散的分支，有助于识别问题的主要原因或根本原因。

（3）流程图。流程图展示了引发缺陷的一系列步骤。

（4）直方图。直方图是一种展示数字数据的条形图，可以展示每个可交付成果的缺陷数量、缺陷成因的排列、各个过程的不合格次数，或项目或产品缺陷的其他表现形式。

（5）矩阵图。矩阵图在行列交叉的位置展示因素、原因和目标之间的关系强弱。

（6）散点图。散点图是一种展示两个变量之间的关系的图形，它能够展示两支轴的关系，一支轴表示过程、环境或活动的任何要素，另一支轴表示质量缺陷。

（7）备选方案分析。该技术用于评估已识别的可选方案，以选择那些最合适的质量方案或方法。

（8）文件分析。分析项目控制过程所输出的不同文件，如质量报告、测试报告、绩效报告和偏差分析，可以重点指出可能超出控制范围之外并阻碍项目团队满足特定要求或相关方期望的过程。

（9）过程分析。过程分析可以识别过程改进机会，同时检查在过程期间遇到的问题、制约因素以及非增值活动。

（10）根本原因分析（Root Cause Analysis，RCA）。根本原因分析是确定引起偏差、缺陷或风险的根本原因的一种分析技术。一项根本原因可能引起多项偏差、缺陷或风险。根本原因分析还可以作为一项技术，用于识别问题的根本原因并解决问题。消除所有根本原因可以杜绝问题再次发生。

2. 审计

审计是用于确定项目活动是否遵循了组织和项目的政策、过程与程序的一种结构化且独立的过程。质量审计通常由项目外部的团队开展，如组织内部审计部门、项目管理办公室（Project Management Office，PMO）或组织外部的审计师。质量审计目标可能包括（但不限于）：识别全部正在实施的良好及最佳实践；识别所有违规做法、差距及不足；分享所在组织和行业中类似项目的良好实践；积极、主动地提供协助，以改进过程的执行，从而帮助团队提高生产效率；强调每次审计都应对组织经验教训知识库的积累做出贡献。采取后续措施纠正问题，可以降低质量成本，并提高发起人或客户对项目产品的接受度。质量审计可事先安排，也可随机进行；可由内部或外部审计师进行。质量审计还可确认已批准的变更请求（包括更新、纠正措施、缺陷补救和预防措施）的实施情况。

6.5　控制质量

根据PMBOK，控制质量是为了评估绩效，确保项目输出完整、正确且满足客户期望，而监督和记录质量管理活动执行结果的过程。本过程的主要作用是，确保项目可交付成果和工作已经达到主要相关方的质量要求，可供最终验收。控制质量过程确定项目输出是否达到预期目的，这些输出需要满足所有适用标准、要求、法规和规范。本过程需要在整个项目期间开展。控制质量过程的目的是在用户验收和最终交付之前测量产品或服务的完整性、合规性和适用

性。本过程通过测量所有步骤、属性和变量，来核实与规划阶段所描述规范的一致性和合规性。

朱兰提出的质量控制的"三部曲"，包括：

（1）确立标准或目标。如果没有标准或目标，就没有衡量实际工作情况的根据，就无法进行控制。工作标准可以有多种多样，可以是定量的，也可以是定性的。

（2）衡量成效。通常在工作完成之后或告一段落后进行。在工作进程中，获得有关信息进行检查对比，及时获取项目是否达到标准和要求的结果。

（3）纠正偏差。将实际测量结果与标准或目标相比较，弄清楚是否发生了偏差以及偏差的性质、程度和原因，采取相应的措施纠正偏差。

在这里，标准或目标是项目规划质量阶段确定的项目质量目标和质量测量指标。控制质量主要是指衡量成效和纠正偏差这后两个阶段。

控制质量的数据流程如图6-5所示：

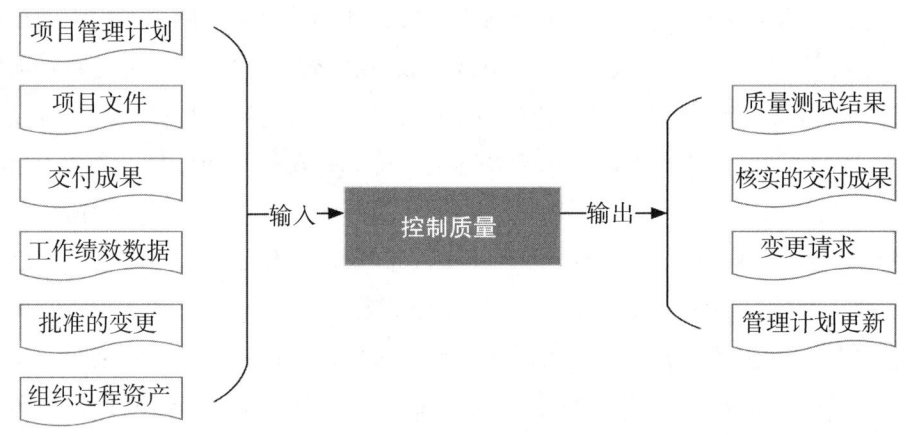

图6-5　控制质量数据流程图

6.5.1　控制质量的输入

1. 项目管理计划

项目管理计划组件包括（但不限于）质量管理计划。质量管理计划定义了如何在项目中开展质量控制。

2. 项目文件

控制质量过程输入的项目文件包括（但不限于）：（1）经验教训登记册，在项目早期获得的经验教训可以运用到后期阶段，以改进质量控制。（2）质量测量指标，专用于描述项目或产品属性，以及控制质量过程将如何验证符合程度。（3）测试与评估文件，用于评估质量目标的实现程度。

3. 批准的变更请求

在实施整体变更控制过程中，通过更新变更日志，显示哪些变更已经得到批准，哪些变更没有得到批准。批准的变更请求可包括各种修正，如缺陷补救、修订的工作方法和修订的进度计划。完成局部变更时，如果步骤不完整或不正确，可能会导致不一致和延迟。批准的变更请求的实施需要核实，并需要确认完整性、正确性以及是否重新测试。

4. 可交付成果

可交付成果指的是在某一过程、阶段或项目完成时，必须产出的任何独特并可核实的产品、成果或服务能力。作为指导与管理项目工作过程的输出的可交付成果将得到检查，并与项目范围说明书定义的验收标准作比较。

5. 工作绩效数据

工作绩效数据包括产品状态数据，例如观察结果、质量测量指标、技术绩效测量数据，以及关于进度绩效和成本绩效的项目质量信息。

6. 组织过程资产

能够影响控制质量过程的组织过程资产包括（但不限于）：质量标准和政策；质量模板，例如核查表、核对单等；问题与缺陷报告程序及沟通政策。

6.5.2 控制质量的输出

1. 控制质量结果

控制质量的测量结果是对质量控制活动的结果的书面记录，应以质量管理计划所确定的格式加以记录。

2. 核实的可交付成果

控制质量过程的一个目的就是确定可交付成果的正确性。开展控制质量过程的结果是核实的可交付成果，后者又是确认范围过程的一项输入，以便正式验收。如果存在任何与可交付成果有关的变更请求或改进事项，可能会执行变更、开展检查并重新核实。

3. 工作绩效信息

工作绩效信息包含有关项目需求实现情况的信息、拒绝的原因、要求的返工、纠正措施建议、核实的可交付成果列表、质量测量指标的状态以及过程调整需求。

4. 变更请求

如果控制质量过程期间出现了可能影响项目管理计划任何组成部分或项目文件的变更，项目经理应提交变更请求，且应该通过实施整体变更控制过程对变更请求进行审查和处理。

5. 项目管理计划更新

项目管理计划的任何变更都以变更请求的形式提出，且通过组织的变更控制过程进行处理。变更请求需要在项目管理计划中进行更新。

6. 项目文件更新

可在本过程更新的项目文件包括（但不限于）：（1）问题日志，多次不符合质量要求的可交付成果通常被记录为问题。（2）经验教训登记册，质量缺陷的来源、本应可以规避它们的方法以及有效的处理方式，都应该记录到经验教训登记册中。（3）风险登记册，在本过程中识别的新风险记录在风险登记册中，并通过风险管理过程进行管理。（4）测试与评估文件，本过程可能导致测试与评估文件修改，使未来的测试更加有效。

6.5.3　控制质量的技术

1. 检查

检查是指检验工作产品，以确定是否符合书面标准。检查的结果通常包括相关的测量数据，可在任何层面上进行。可以检查单个活动的成果，也可以检查项目的最终产品。检查也可称为审查、同行审查、审计或巡检等，而在某些应用领域，这些术语的含义比较狭窄和具体。检查也可用于确认缺陷补救。

2. 测试/产品评估

测试是一种有组织的、结构化的调查，旨在根据项目需求提供有关被测产品或服务质量的客观信息。测试的目的是找出产品或服务中存在的错误、缺陷、漏洞或其他不合规问题。用于评估各项需求的测试的类型、数量和程度是项目质量计划的一部分，具体取决于项目的性质、时间、预算或其他制约因素。测试可以贯穿于整个项目，可以随着项目的不同组成部分变得可用时进行，也可以在项目结束（即交付最终可交付成果）时进行。早期测试有助于识别不合规问题，帮助减少修补不合规组件的成本。

3. 数据收集

适用于本过程的数据收集技术包括（但不限于）：（1）核对单，有助于以结构化方式管理控制质量活动。（2）核查表，又称计数表，用于合理排列各种事项，以便有效地收集关于潜在质量问题的有用数据。在开展检查以识别缺陷时，用核查表收集属性数据就特别方便，例如关于缺陷数量或后果的数据，如表6-2所示。

表6-2　质量核对单示例

缺陷/日期	日期1	日期2	日期3	日期4	合计
小划痕	1	2	2	2	7
大划痕	0	1	0	0	1
弯曲	3	3	1	2	9
缺少组件	5	0	2	1	8
颜色配错	2	0	1	3	6
标签错误	1	2	1	2	6

4. 统计抽样

统计抽样是指从目标总体中选取部分样本用于检查（如从75张工程图纸中随机抽取10张）。样本用于测量控制和确认质量。抽样的频率和规模应在规划质量管理过程中确定。

5. 问卷调查

问卷调查可用于在部署产品或服务之后收集关于客户满意度的数据。在问卷调查中识别的缺陷相关成本可被视为COQ（Cost Of Quality）模型中的外部失败成本，给组织带来的影响会超出成本本身。

6. 数据分析

适用于本过程的数据分析技术包括（但不限于）：绩效审查。（1）绩效审查，针对实际结果，测量、比较和分析规划质量管理过程中定义的质量测量指标。（2）根本原因分析（RCA），用于识别缺陷成因。（3）因果图，用于识别质量缺陷和错误可能造成的结果。（4）控制图，用于确定一个过程是否稳定或者是否具有可预测的绩效。规格上限和下限是根据要求制定的，反映了可允许的最大值和最小值。上下控制界限不同于规格界限。控制界限根据标准的统计原则，通过标准的统计计算确定，代表一个稳定过程的自然波动范围。项目经理和相关方可基于计算出的控制界限，识别须采取纠正措施的检查点，以预防不在控制界限内的绩效。控制图可用于监测各种类型的输出变量。虽然控制图最常用来跟踪批量生产中的重复性活动，但也可用来监测成本与进度偏差、产量、范围变更频率或其他管理工作成果，以便帮助确定项目管理过程是否受控。（5）直方图，可按来源或组成部分展示缺陷数量。（6）散点图，

可在一支轴上展示计划的绩效，在另一支轴上展示实际绩效。

本章小结

项目质量管理关注项目性能、功能方面。

项目质量管理的方针政策，一般是援用组织的质量方针政策，项目质量的基本原则和方法，也是一般质量管理原则和方法的应用。项目质量管理过程中也是强调ISO9000提出的质量管理七项基本原则。以用户为导向，以过程方法和数据分析为基础，坚持领导的作用和全员参与，通过不断改进提升质量管理水平。

项目质量管理过程包括了策划质量、控制质量以及相关的管理质量活动。策划质量以组织的质量方针政策为指引，根据项目章程（项目的目标）和相关项目管理计划、组织项目管理经验以及行业的技术和管理基准制定出项目的质量管理计划和质量检测指标要求，为控制质量提出要求和标准。控制质量则是以项目的质量管理计划提出的质量测量指标和要求，对实际项目实施过程中的相关活动实施质量检测活动，检测项目实施过程中质量活动是否达到要求，并实施改正过程，以保证达到项目质量目标。管理质量关注的重点是质量管理的过程，目标是提高项目目标的可达性和向相关方提供项目质量可靠的证据。管理质量包括了ISO9000提出的质量保证的内容，为质量管理提供信任。

关键术语

质量过程；客户导向；领导作用；全员参与；质量管理；策划质量；控制质量；管理质量；质量计划

参考案例

第6章参考案例

案例：S省网络资源准确率提升项目质量管理

摘要：随着移动通信基础设施的建设发展及项目管理理论的不断完善，网络资源准确率已成为通信行业的基础竞争力，项目质量管理也已经渗透到了通信行业项目管理的方方面面。本案例通过对四川移动网络资源准确率提升项目质量管理过程进行研究分析，以项目管理知识体系作为理论基础，重点从项目质量管理的规划、保证、控制、改进四个过程角度对通讯运营商网络资源准确率提升项目的各个质量管理环节进行了实践研究。本案例说明了项目质量管理理论完全可以用于非实物类产品质量的管理应用，并对数据类产品项目的质量管理方式、应用理论进行了有益的补充和论证。

关键字：项目管理；项目质量管理；网络资源管理

思考与讨论

（1）项目质量的特点，与一般产品质量管理的异同。

（2）简述符合性质量与适应性质量观，以及它们存在的市场环境。

（3）为什么ISO9000提出的七项基本原则似乎与质量无关？

（4）实际质量管理过程中如何实现"客户导向"？

（5）实际质量管理过程中如何实现"领导作用"？

（6）实际质量管理过程中如何实现"全员参与"？

（7）规划质量过程的依据是什么？输出是什么？

（8）控制质量过程的依据是什么？输出是什么？

（9）管理质量的目的是什么？

参考文献

[1] 卢向南. 项目计划与控制[M]. 2版.北京：机械工业出版社，2009.

[2] 孙新波. 项目管理[M]. 2版.北京：机械工业出版社，2015.

[3] 李涛. 项目管理[M]. 3版. 北京：中国人民大学出版社，2014.

[4] Genaro et al.Parkingson's law and its implications for project management [J]. Management Science,1991,37（8）:990-1001.

[5] 方晨，王凌.资源约束项目调度研究综述[J]. 控制与决策， 2010，25（5）：641-650.

[6] Chen W T and Liu S S.Construction Multi-Project Scheduling Model Considering Different Resource Allocation Behavior [J].Applied Mechanics & Materials，2012，174-177：2815-2819.

[7] 张静文，李若楠.关键链项目调度方法研究评述综述与评论[J].控制与决策，2013(9):1281-1287.

[8] Heilmann R.A branch-and-bound procedure for the multi-mode resource-constrained project scheduling problem with minimum and maximum time lags [J]. European Journal of Operational Research,2003,144(2): 348-365.

[9] Kelley J E.Critical-Path Planning and Scheduling: Mathematical Basis [J]. Operations Research,1961,9(3):296-320.

第7章 项目采购与合同管理

本章导读

项目采购是项目管理中不可或缺的环节，采购的材料和服务贯穿于整个项目管理过程。而项目采购必然涉及采购合同，合同管理在项目管理中是一个较新的管理职能。在发达国家，20世纪80年代前人们较多地从法律方面研究合同；80年代，合同事务管理逐渐进入大众的视野；而从80年代中期后，从项目管理的角度研究合同管理问题成了人们主要的研究目标。近十几年来，合同管理已演变成项目管理的重要分支领域之一，它将带来项目管理的理论研究和实际应用的新阶段。

本章主要通过系统了解项目采购与合同管理理论来熟悉项目采购、合同管理基本概念，使得读者达到初步掌握项目采购、合同管理过程和技巧，并在项目实践中能够科学运用项目采购、合同管理方法，识别有关法律风险，处理相关问题，同时能够交流项目采购、合同管理经验。

7.1 采购与合同管理概念

7.1.1 基本概念

1. 采购的基本概念及分类

PMI（Purchasing Managers Index，采购经理指数）中对采购的定义是：从项目团队外部购买或获得为完成项目所需的产品、服务或成果的过程。此过程分为两部分，第一个过程：所有权转移的商流过程，而商流是指物品在流通中发生由货币形态转化为商品形态以及由商品形态转化为货币形态的过程，随着买卖关系的发生，商品所有权发生转移；第二个过程：空间转移的物流过程。采购的本质是提升竞争力，它作为企业降低成本的战略武器，能够放大利润杠

杆的作用，是企业的"第二利润源泉"。

我们再从采购概念的基本认识中领略采购的内在意义。因为采购过程中需要关注采购成本、所购物品的规格以及由此而产生的后期费用，所以采购过程可谓是与供应商之间合作从而提高质量、缩短交货期、降低供应风险的过程。因而采购的最终目的在于使企业自身具有竞争力的同时也使供应商增加价值，实现双赢。

在项目采购过程中，PMP起到了极为重要的作用，其主要职责就是掌握权衡与约束，即质量、进度、成本之间的平衡关系，最终实现采购目标。而采购的目标主要可概括为以下九点：（1）提供不间断的物料流和物资流从而保障组织运作；（2）使库存投资和损失保持最小；（3）保持并提高质量；（4）发展有竞争力的供应商；（5）当条件允许的时候，将所购物料标准化；（6）以最低的总成本获得所需的物资和服务；（7）提高公司的竞争地位；（8）协调企业内部各职能部门间合作；（9）以最低的管理费用完成采购目标。

对采购的含义有了大致了解之后，我们再来学习采购类型。如图7-1所示，按采购对象分类，可将项目采购分为两类：有形采购和无形采购。其中，有形采购又分为货物采购和工程采购。货物采购指购买项目建设所需的投入物，如机械、设备、仪器、仪表、办公设备、建筑材料等，并包括与之相关的服务，如运输、保险、安装、调试、培训、初期维修等；土建工程采购是指通过招标或其他商定的方式选择工程承包单位，即选定合格的承包商承担项目工程施工任务。无形采购主要体现为咨询服务采购，咨询服务采购包括聘请咨询公司或单个咨询专家。

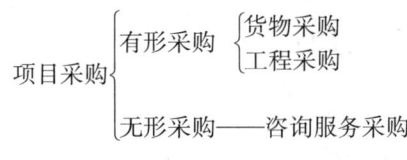

图7-1　按采购对象分类的采购类型

如图7-2所示，按采购方式分类，可将项目采购分为两类：招标采购和非招标采购。

招标采购的目的是以最低的价格采购项目组织所需的货物、工程和服务，分为公开招标采购和邀请招标采购。公开招标采购是指招标人（政府采购中心或其委托的中介机构）在媒体上公开刊登通告，吸引所有有兴趣的供应人参加投标，并按采购细则的程序选定中标人的一种采购方式。投标方按照招标文件的要求做出反应成为响应。招标人与符合条件的供应人就采购货物、工程和服务事宜进行谈判称之为磋商。邀请招标采购是由采购人根据供应商或承包商的资信和业绩，选择一定数目的法人或其他组织（不能少于3家），向其发出投标邀请书，邀请他们参加投标竞争，从中选定中标供应商的一种采购方式。

非招标采购分为三类，询价采购、直接采购和自营工程，一般适用于单价较低、有固定标准的产品的采购。询价采购是指采购人向有关供应商发出询价单让其报价，在报价基础上进行比较并确定最优供应商的一种采购方式。直接采购就是不通过竞争直接签订合同的采购方式。自营工程指企业自己建造固定资产的工程。

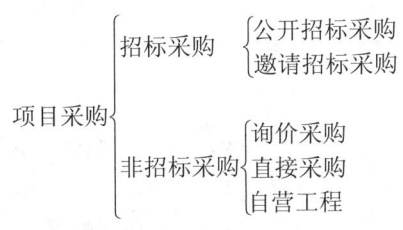

图7-2 按采购方式分类的采购类型

2. 合同的概念

项目采购必然涉及采购合同，掌握合同的概念对于采购具有重要意义。关于合同的概念主要有交易学说、给付学说、对价学说三个方面的阐释。

（1）交易学说

交易学说认为，合同是当事人之间的一种交易。以交易之后，合同双方当事人的社会财富之和与交易之前相比是有所增加还是减少为标准，交易学说把合同分为三类：正值交易、负值交易和零值交易。正值交易是指交易之后，双方社会财富之和有所增加。理论上认为，交易双方分别得到自己想要的东西，物尽其用，实现资源的最优配置，就是社会财富的最大化。例如，一个正常的买卖合同，买方得到货物，卖方得到价款，双方各得其所，社会财富之和较交易之前就有所增加。因此，这类交易是合同法所鼓励的。同理，负值交易指的是双方交易之后，社会财富之和不但没有增加，反而有所减少。例如，伪劣商品的买卖合同，买方在卖方处不但没有得到自己想要的商品，可能由于该商品存在瑕疵，还造成了买方或第三方的其他人身或财产损失，此时，买卖双方社会财富之和，与交易之前相比，反而减少了。这一类交易是合同法禁止的交

易。而零值交易则是指双方交易之后，社会财富之和既没有增加，也没有减少。这类情况比较少见，比如，双方错拿了同样的东西。

（2）给付学说

给付学说是大陆法系对合同的一个基本理解。民法典合同编第四百六十四条规定："合同是平等主体的自然人、法人、其他组织之间设立、变更、终止民事权利义务关系的协议。"由此，我们给出合同的基本特征。首先，合同是一种双方民事法律行为，即合约的双方的利益是既对立又统一的，合同是一个讨价还价的过程，经过很多博弈，最后大家达成了一致。其次，人们订立合同的目的是产生某种民事法律上的效果，不能仅仅把合同理解为设立一种关系，它有可能是变更或者终止一种关系。例如，把借贷合同变更为投资合同，终止婚姻关系等。第三，合同必须是合法行为。合同需要遵循法律的强制性规定，所有违背法律强制性规定的合同都是无效合同。

（3）对价学说

对价是英美法理论中一个最基本的概念。英美法认为，对价是受诺人为了使诺言人的诺言对诺言人产生法律效力，而向诺言人提供的与诺言对应的补偿。英美法把合同的双方首先分为了许诺人和受诺人。英美法认为，合约就是一系列的诺言。对价讨论的就是许诺人所发出的这一系列的许诺，对于许诺人自己来讲有没有法律效力，即许诺人给了受诺人一个许诺以后可不可以任意反悔。根据对价规则，有对价的许诺，应该得到强制履行。也就是说，当许诺人做出一项许诺之后，只要诺言人提供了对应的诺言，许诺人就不能任意返回。那么，一项合法的对价应该是什么样的呢？英美普通法形成了一整套对价规则。包括：①对价必须是合法的；②过去的对价是无效的；③已经存在的义务或法律上的义务不能作为对价；④对价不足并不必然导致合同无效。当然，上述规则在后来的司法实践中也显示出僵化的一面。由此，英美衡平法又发展出"不得自食其言"等规则，对上述规则加以平衡。

3. 合同管理的含义

对合同管理的基本认识可以深入探究合同管理的内在意义，主要概括为以下四点：

（1）合同是一个交易方案。合同对于每一交易的双方来讲，都是一个非常完整的交易方案或者一个特别的交易方案。必须要有特别的条款约定，才能达到交易双方的特定目的，仅仅是合同模板，是达不到交易双方的交易目的的。

（2）合同是当事人之间的法律。双方当事人订立了合同以后，合约的内容就构成了双方民事关系的一个基础。所以合同一旦签订就不能够任意被破，所以它是双方当事人之间的一个法律。

（3）合同是证据。合同的书面形式和对合同的保管，都是合同管理中非常重要的问题。

（4）合同管理是一种过程管理。企业的合同管理应该是一个全过程管理，贯穿合同的订立、谈判、履行以及违约救济等各个环节，而不是仅仅作为一种事后救济。

基于以上的理解，我们把合同管理定义为：确保对方的履行符合合同要求和己方按照合同条款履约的过程。合同当事方进行合同管理都是为确保本身与对方都履行其合同义务，并确保自身合法权利得到保障。对于使用多个产品、服务和成果的大型项目来说，合同管理的关键是管理各供应商之间的接口，做到各项采购资料按采购规划时间及时到货。

7.1.2 项目采购管理过程

在项目管理中，合同管理还是一项较新的管理职能。根据PMBOK，项目采购管理过程涉及规划、执行、监控、收尾过程组，具体内容如下：（1）规划过程组：采购规划、发包规划；（2）执行过程组：询价、卖方选择；（3）监控过程组：合同管理；（4）收尾过程组：合同收尾。如图7-3所示。

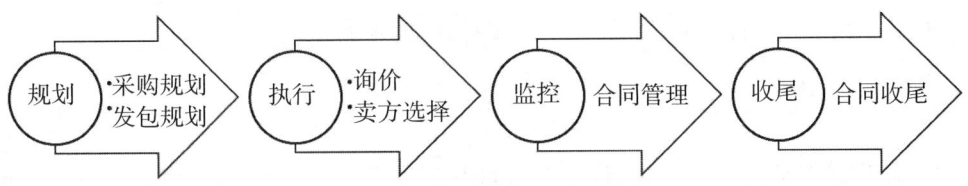

图7-3 采购管理过程

宏观视角了解采购管理之后，我们再从采购管理的要素、资源来源等细节入手，能够更细致地认知项目采购，从而更好地完成项目工作。

采购管理主要包含六大要素：（1）采购什么及是否需要采购？一般依据资源需求计划和项目集成计划来整理需要采购的产品；（2）何时采购与供货进度？一般遵循适度提前原则，必须将采购物的设计、生产、包装、运输检查验收以及自然因素等所需的时间考虑在内；（3）如何采购？依据项目组织政策以及按需选择的采购方式；（4）采购多少？（5）采购价格？（6）向谁采购？

值得明确的是，采购管理是过程管理。所谓采购过程，就是指采购产品或者服务的全过程，应该包括定义需求、确定规格、供应源识别、供应商选择、合同谈判、签署、合同管理、支付货款、交验票据等步骤。PMBOK中所述项目采购管理涉及的规划、执行、监控、收尾过程组融合于上述采购过程概念中。因而采购管理的实质即是对上述采购过程进行全面管理。当项目从组织外部取得所需产品、服务和成果时，每项产品、服务都必须经历从采购规划到合同收尾的各个过程。对于项目团队内部或组织内部签订的非合同形式的正式协议，采购管理的多数方法同样适用。

根据企业对采购管理精髓的掌握程度，可把采购管理分为三个层次：（1）交易管理，简单购买，较初级的采购管理多为对各个交易的实施和监督。（2）采购管理，随着对前期大量订单的经验总结以及管理技能的提高，管理人员意识到供应商管理的重要性。同时，根据自身的业务量分析（ABC法），整个Logistics系统的要求，为合理分配自身的资源，所以开展多个专案管理。（3）供应链管理，供应链是由供应商、制造商、仓库、配送中心和渠道商等构成的物流网络，供应链管理指使供应链运作达到最优化，令供应链从采购开始，到满足最终客户的所有过程花费最少。

7.2　采购规划与发包规划

根据项目目标、事业环境等条件的不同，采购的对象和数量也会随之发生变化。因此，作为采购"蓝图"的采购规划和发包规划也相当重要。

7.2.1　采购规划的概念

采购规划是确定哪些项目需求可以通过从项目组织之外采购产品、服务或成果，从而最好地满足某些项目需求，是项目团队在项目实施过程中可以自行满足的过程。采购规划需要考虑包括是否需要采购、如何采购、采购什么、采购多少、何时采购等因素，即是进行需求分析，需要进行自制或外购分析，最终得到审核为风险缓解计划使用的合同类型。

采购规划应考虑对潜在供应商的选择，特别在买方对发包决策产生影响的情况下。采购规划的流程如图7-4所示。

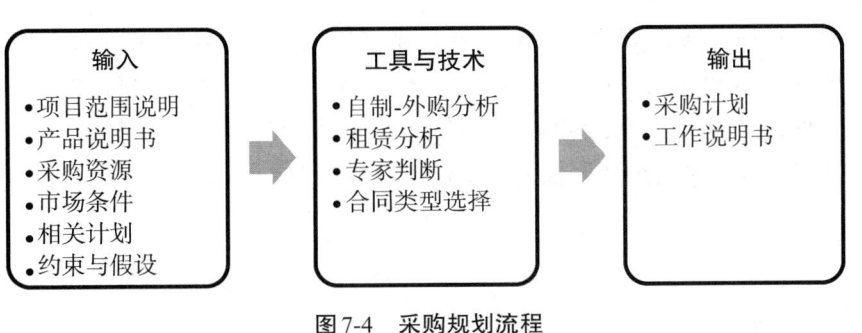

图7-4　采购规划流程

7.2.2　项目需求分析

需求是指正常情况下，项目组织只采购项目所必需的产品、服务或成果是合理的，否则可能造成浪费。需求可以是项目实施所直接应用的，也可以是不在项目中直接应用的。无论直接或间接需求，都需要对其准确描述，以便使买方在采购产品或服务时，能够找到一个合适的解决方案。描述需求的过程就是制定规格的过程。

从上面的描述中可知，需求与规格有紧密的联系。规格是"对产品、服务或成果的属性的说明"，通常描述需求如何得到满足。如果满足需求的方式是唯一的，往往规格也是确定的。很多情况下，用户的需求，可以采用多种方式得到满足。对于复杂或者专业化很高的产品、服务，采购部门必须和用户密切合作，共同制定一个最好的规格，这是技术和商业条件所要求的。

其中规格的两项基本功能是沟通和比较。沟通，即清楚而不模糊的规格不仅使买方和供应商之间容易沟通，而且也使采购部门与内部用户之间容易沟通；比较，指清楚而不模糊的规格使供应商的合同报价容易得到公正和更加准确的比较，因为所有报价是基于同一基础进行比较的。

7.2.3　自制或外购分析

自制或外购分析是指通过制作、购买分析和专家判断的方式来做决策。亦即项目实施过程中所需的各种物料或服务资源，首先要进行是自行生产制造，还是从外部购买的分析和决策。例如，从成本考虑，购买、自制，还是租赁？

自制—购买分析需要考虑的因素主要有以下六点：（1）在空闲的时间利用闲置的资源；（2）保密和保安；（3）给供应商价格规定最高限；（4）采购量太少，供应商无兴趣；（5）开发/保留专门技术；（6）质量原因（没有合格的供应商）。

例：某项目实施需用某产品，若自制，单位产品变动成本为12元，并需另外增加一台专用设备价值4 000元；若外购，购买量大于3 000件，购价为13元／件；购买量小于3 000件时，购价为14元／件。

试问：该项目组织如何根据用量做出该产品取得方式的决策？

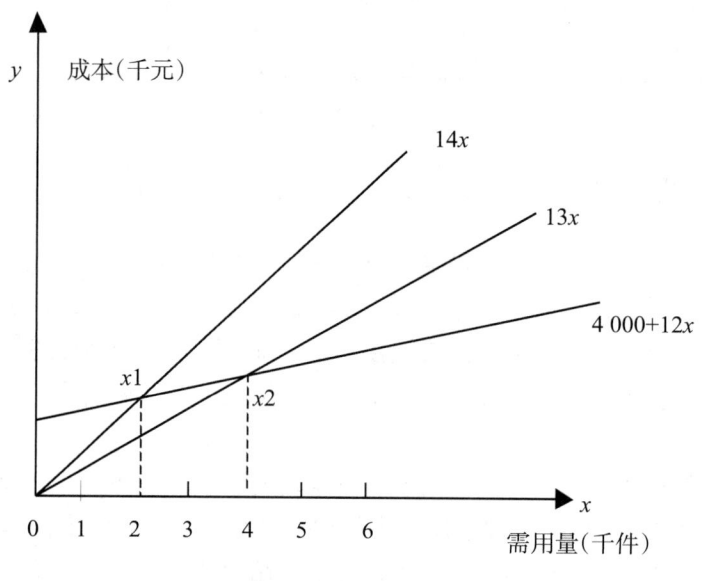

图7-5　成本-需求函数

结论：通过盈亏平衡分析得到下列结果：（1）当用量在0～2 000件时，外购为宜；（2）当用量在2 000～3 000件时，自制为宜；（3）当用量在3 000～4 000件时，外购为宜；（4）当用量大于4 000件时，自制为宜。

7.2.4　采购方式

采购方式包括集中采购组织和分散采购组织。

集中采购组织有四大优势：（1）更加节约；（2）更加容易控制全面合同成绩；（3）合同专业化程度很高；（4）可以跨几个项目统一管理订单。同时也有两个弱点：（1）当多个项目需求繁重时，合同办公室可能成为瓶颈；（2）忽略了单独项目的特殊需求。

分散采购优势为：（1）项目经理拥有更大的权力；（2）更加了解单个项目的需求；（3）更加灵活和适应项目需求。而它也有缺点：（1）项目中合同工作重复进行；（2）成本增加；（3）没有标准的合同政策。

7.2.5 采购管理中的合同主要形式

不同类型的合同适用于不同类型的采购。合同类型以及具体的合同条件和条款，可以界定出买卖双方各自承担的风险水平。按照支付方式的不同，项目采购合同一般可以分为三种类型：固定总价或总包合同（FFP）、成本补偿合同（成本加酬金）和单位（时间和材料）价格合同（T&M合同）。

而对于项目合同类型的选择主要依据以下九点：（1）项目实际成本与项目风险评价；（2）双方要求合同类型的复杂程度；（3）竞价范围；（4）成本价格分析；（5）项目紧急程度；（6）项目周期；（7）承包商（卖方）财务系统评价；（8）合作合同；（9）转包范围的限定。

其中成本补偿合同的类型主要有四种：

（1）成本加成本百分比合同（CPPC），即在补偿服务成本的情况下，再按照双方约定的成本百分比作为利润。它的风险最高，卖方总设法提高产品成本获利，而买方需要严格控制劳动力和材料成本。

（2）成本加固定费合同（CPFF），为卖方在合同费用上再加上完成合同时的固定费用作为利润。卖方没有控制成本的动力，此类合同适用于研发项目。

（3）成本加奖励费合同（CPIF），超出项目总价部分由买卖双方按照一定比例分摊，节省部分由双方分享。它适用于需要长时间完成的硬件开发或者测试项目。

（4）固定总价加奖励费合同（FPIF），一个合同规定的数额，和一个在卖方达到绩效标准后的额外的数额，适用于需要长时间完成的高价值项目。

例：举例计算各种合同类型总价，如表7-1～7-4所示。

表7-1 成本加成本百分比合同（CPPC）

成本加成本百分比合同（CPPC）			
	合同	实际	备注
估计成本	100 000	110 000	
费(10%)	10 000	11 000	假定事先规定的费用是实际成本的10%
总价	110 000(估计价)	121 000(实际价)	

表7-2　成本加固定费合同（CPFF）

成本加固定费合同（CPFF）			
	合同	实际	备注
估计成本	100 000	110 000	
费（10%）	10 000	10 000	费用是以估计成本10%为基础的固定费
总价	110 000（估计价）	120 000（实际价）	

表7-3　成本加奖励合同（CPIF）

成本加奖励合同（CPIF）				
	合同	实际		备注
		第一种情况	第二种情况	
估计成本	100 000	80 000	120 000	费用是以估计成本的10%为基础的固定费用。奖励以估计值为基础。在第二种情况下，实际成本高于估计值20 000。（风险）分担额是（−20 000）或（−3 000）的15%。
费用（10%）	10 000	10 000	10 000	
分担比率	85∶15	3000	−3 000	
总价		93 000	127 000	

表7-4　固定总价加奖励费合同（FPIF）

固定总价加奖励费合同（FPIF）				
	合同	实际		备注
		第一种情况	第二种情况	
目标成本	100 000	80 000	130 000	最高价是买方能够支付的最大金额。在第二种情况下，卖方可能遭到损失（负利润）
目标利润	10 000	10 000	0	
分担比率	70∶30	6 000	0	
最高价	120 000		120 000	
总价		96 000	120 000	
利润		16 000	−10 000	

7.2.6　合同工作说明书（SOW）

合同工作说明书（SOW）是清晰规定项目采购细节的文档，目的是让潜在的卖方确定他们是否有能力提供所需的产品或服务。工作说明书的详细程度根据项目性质、买方的需要或者所预期的合同形式而异。SOW一般应包括规格、数量、质量水平、性能数据、履约期限、工作地等要求。而且应包含一份

WBS可以让卖方用任何信息来确定产品或服务的价格，帮助双方理解项目中需要哪些资源以及如何提供。

SOW可以由卖方或买方准备，且随着采购进行，SOW可以被修订和优化。每个单独的采购项可以有独立的SOW，也可以将多个产品和服务归集为一个采购。SOW尽可能清晰、完整和准确。产品说明书可以与SOW等同。

下面就以一个湖北省新华书店采购书柜书架的SOW作为示例，如表7-5所示。

表7-5 SOW示例

项目	具体说明
工作的范围	书柜书架及相关服务
工作位置	湖北省新华书店各门店
项目可交付成果	书柜书架
绩效周期	1年（2019年—2020年）
适用标准	符合国家、地方及行业技术标准、环保要求
验收标准	符合国家、地方及行业技术标准、环保要求
特别需求	卖方资格需求： 1.经营许可 2.资质要求 3.业绩要求 4.信誉及诚信要求 5.财务要求

7.2.7 发包规划

发包规划指支持询价过程和选择卖方过程所需文件的准备。询价是一种"招标"，发包规划就是为了进行这种招标而做的准备，邀请可能的卖方提出建议书或报价单。询价的主要目的就是制作采购文件，并提供给可能的卖方。发包规划的流程模型如图7-6所示。

图7-6 发包规划的流程

发包规划的内容主要是对项目目标进行确认和调整，对潜在的和合格的卖方进行复审，检查参考资料以及回顾卖方类似业绩，准备邀请提交建议书、请求信息和邀请报价等采购文档并制定相关的评价标准。

发包规划的结果最终表现为一系列的标准表格和采购文档。标准表格包括标准合同、标准采购事项描述、保密协议、报价评标标准核对表，或所需的招标文件的全部或部分标准版本。标准表格有两个特点，大量从事采购的组织应把上述文件加以标准化；进行知识产权交易的买卖双方应在向对方提供任何具体的知识产权信息之前批准和接受保密协议。

采购文档用于向可能的卖主索要建议书，采购文档应当采用结构化格式，以便潜在的卖方做出精确和完整的反馈。

常见采购文档分为四类：（1）投标邀请书（IFB），通常用于高成本的标准采购项；（2）报价邀请书（RFQ），通常用于低价值采购项；（3）邀请提交建议书（RFP），通常用于复杂的、非标准的高价值采购项；（4）谈判邀请书（IFN），就合同事项进行谈判，进一步沟通对目标的认识和澄清分歧。

采购文档的评估标准用于评定卖方的建议书或为其评分，可以是客观的，也可以是主观的。它经常作为采购文件的组成部分列入其中，可能是单一的，例如价格标准，也可能是综合、全方位的。

我们以供应商建议书等级评估标准为例，进一步了解评估标准的实际应用，如表7-6所示。

表7-6　供应商建议书等级评估的标准

评价指标	指标说明
对需求的理解	对买主的资源需求的准确理解，这可从其提交的报价或投标书中看出来。
全生命周期成本	是否能够按照项目全生命周期最低总成本（采购成本加上运营维护成本）供货。
技术能力	具备项目所需的技术诀窍和知识吗？他们最终能否得到这些技术和知识？
管理水平	是否已经具备或者能否合理地预期供应商最终能够实现项目目标所需的管理能力，以确保管理的成功。
财务能力	供应商是否已经具备，或者能否合理地预期供应商最终能够具备项目所需的财力资源和财务资源。

7.3 采购实施——询价与卖方选择

采购实施是采购过程中的重要环节，之前的准备都是在为采购实施做铺垫。本小节主要讲解采购实施中的询价和卖方选择。项目采购的具体实施，是通过买方与卖方之间的要约与承诺两个阶段来完成的，主要涉及一般的供应商管理及特殊的招投标形式。

其中，询价的流程如图 7-7 所示，供应商选择的流程如图 7-8 所示。

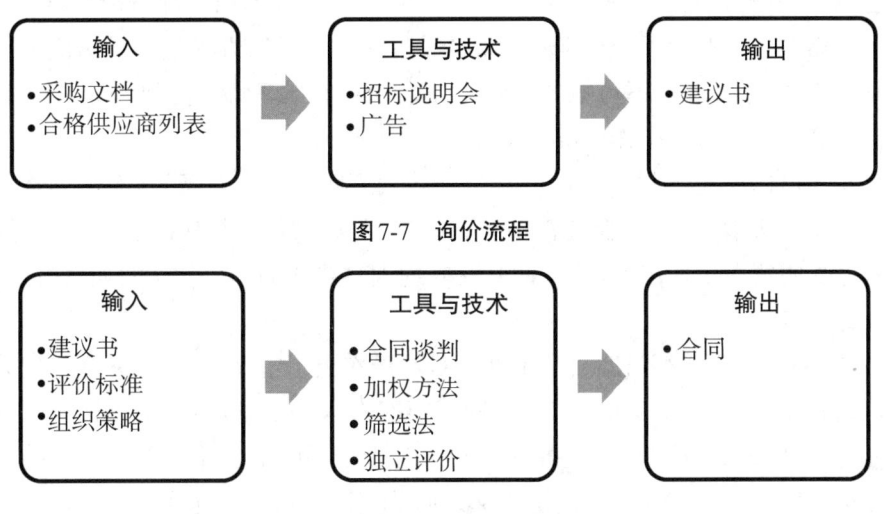

图 7-7 询价流程

图 7-8 供应商选择流程

7.3.1 要约与承诺

从法律的角度去看询价，我们会发现这个过程中离不开要约与承诺。因而本小节主要围绕这两个展开。

1. 要约

要约的定义见于《民法典》合同编第四百七十二条："要约是希望和他人订立合同的意思表示，该意思表示应当符合下列规定：（一）内容具体确定；（二）表明经受要约人承诺，要约人即受该意思表示约束。"根据以上定义，我们认为，有效要约的要素主要包括以下三点：（1）应该指向特定人，除非做出意思表示的人另有约定；（2）要约应该具备一旦相对人承诺就成立合同而且受其拘束的意思；（3）要约应该包含合同的主要条款。

要约和要约邀请、广告及悬赏广告、招标和投标以及拍卖这些类似意思表

示有一定的区别。《民法典》合同编第四百七十三条规定："要约邀请是希望他人向自己发出要约的意思表示。寄送的价目表、拍卖公告、招标公告、招股说明书、商业广告等为要约邀请。商业广告的内容符合要约规定的，视为要约。"因此，一般的商业广告、招标公告等，都属于要约邀请，而悬赏广告，在我国理论界和司法实践中，都倾向于将其视为要约。

在承诺之前，要约对要约人有一定的拘束力，其撤回和撤销都受到一定的法律约束。《民法典》合同编第四百七十五条规定："要约可以撤回。要约的撤回适用本法第一百四十一条的规定。"《民法典》合同编第四百七十六条："要约可以撤销，但是有下列情形之一的除外：（一）要约人确定了承诺期限或者以其他形式明示要约不可撤销；（二）受要约人有理由认为要约是不可撤销的，并已经为履行合同作了准备工作。"

要约可以终止，根据《民法典》合同编第四百七十八条："有下列情形之一的，要约失效：（一）要约被拒绝；（二）要约被依法撤销；（三）承诺期限届满，受要约人未作出承诺；（四）受要约人对要约的内容作出实质性变更。"

2. 承诺

《民法典》合同编第四百七十九条对承诺作出了定义："承诺是受要约人同意要约的意思表示。"《民法典》合同编第四百八十三条规定："承诺生效时合同成立。"因此，确定合同生效的时间，对于合同的成立十分关键。大陆法规定的承诺生效时间主要依据送达主义，而英美法则依据发送主义，我国采用了大陆法系的送达主义。《民法典》合同编第四百八十四条："以通知方式作出的承诺，生效的时间适用本法第一百三十七条的规定。承诺不需要通知的，根据交易习惯或者要约的要求作出承诺的行为时生效。"而关于承诺期限，《民法典》合同编第四百八十一条："承诺应当在要约确定的期限内到达要约人。要约没有确定承诺期限的，承诺应当依照下列规定到达：（一）要约以对话方式作出的，应当即时作出承诺；（二）要约以非对话方式作出的，承诺应当在合理期限内到达。"《民法典》合同编第四百八十二条："要约以信件或者电报作出的，承诺期限自信件载明的日期或者电报交发之日开始计算。信件未载明日期的，自投寄该信件的邮戳日期开始计算。要约以电话、传真、电子邮件等快速通讯方式作出的，承诺期限自要约到达受要约人时开始计算。"

和要约一样，有效承诺同样包含一定的要素，具体而言，主要是下列五项要素：（1）必须是由受要约人或其代理人作出的；（2）必须是对要约人为意思表示；（3）内容必须与要约一致（非实质性变更），《民法典》合同编第四百八十八条："承诺的内容应当与要约的内容一致。受要约人对要约的内容作出实质性变更的，为新要约。有关合同标的、数量、质量、价款或者报酬、履行期限、履行地点和方式、违约责任和解决争议方法等的变更，是对要约内容的实质性变更。"（4）应在有效期间内作出；（5）传递方式必须符合要约的要求。

在一定的条件下，承诺也可以撤回。《民法典》合同编第四百八十五条规定："承诺可以撤回。承诺的撤回适用本法第一百四十一条的规定。"

7.3.2 供应商管理

卖方选择就是选择一个合适的供应商。而供应商在项目采购的过程中处于重要地位，采购行为要与供应商发生交互才能完成。本小节将以商超、零售业为代表，从供应商选择、供应商沟通等方面讨论供应商管理。

1. 对供应商的调查与选择

《零售商供应商公平交易管理办法》规定：供应商是指直接向零售商提供商品及相应服务的企业及其分支机构、个体工商户，包括制造商、经销商和其他中介商。如何寻找合适供应商是每个企业的必经之路，供应商的开发主要包括以下六个流程：（1）供应市场竞争分析。在供应商开发的流程中，首先要对特定的分类市场进行竞争分析。（2）寻找潜在供应商。（3）对供应商的实地考察。了解供应商的真实情况，这一步至关重要。（4）供应商的询价与报价。对于考察合格的供应商发出询价文件，并获取报价单。（5）合同谈判。（6）确定供应商。

那么如何才能找到合适的供应商呢？获得合适的供应商，首先要对供应商进行调查，调查途径主要有两类：一手资料与二手资料。一手资料是通过科学的系统的调查方法从市场取得的信息；二手资料是可以直接参考的整理好的资料文件。调查方式主要为：问卷调查与实地考察，问卷调查是指通过制定详细周密的问卷，要求被调查者据此进行回答以收集资料的方法；实地调查是一种通过实地考察搜集有关问题或现象的资料，并运用科学的统计方法予以分析研究，以明了情况，弄清问题，提出调查结论和建议的研究方法。

对供应商的调查主要在以下七个方面：（1）材料供应情况；（2）专业技术能力；（3）品控能力，即对产品制成的质量控制；（4）管理人员水平；（5）机器设备情况；（6）财务及信用状况；（7）管理制度规范。通过调查了解供应商产品所用原材料的供应商来源是否合格、材料的供应商渠道是否畅通、原材料的品质是否稳定、供应商原材料来源发生困难时是否具备一定的应变能力等。

那么根据以上分析，合适的供应商应满足如下条件：（1）过硬的商品品质；（2）齐全的企业资料；（3）价格与促销折扣；（4）较长的付款期限；（5）准确的交货期。企业资料包含如下证件，营业执照、税务登记证、生产许可证、商检合格证、商品检验报告、商标注册证、卫生许可证、安全认证、代理授权书、指定/总经销/分销证书等。

2. 供应商的管控与沟通

为了规范供应商资源管理，建立健全供应商开发、维护、服务淘汰管理流程，确保其产品及服务符合公司品质要求，推动公司相关部门与供应商的友好交流与长期合作，增强供应商与公司合作的信心，提升企业的资信资质，需做到如下五点：（1）设立供应商准入制；（2）建立供应商会见制；（3）建立沟通渠道；（4）建立（定期）沟通程序；（5）做好沟通记录与拒绝沟通的处理。

7.3.3　特殊的卖方选择——招投标管理

相较于上一节中的卖方选择管理，在生活中还存在一种特殊的卖方选择——招投标。这个形式的卖方选择相较于上一节所讲的内容，其更加是从合同这种契约治理方式而不是关系治理方式来考虑问题。

招标是指招标人（买方）事先发出招标通告或招标单，品种、数量和有关的交易条件提出在规定的时间、地点，准备买进的商品名称、件数，邀请投标人（卖方）参加投标的行为。投标是一种因招标人的要约邀请，引发投标者的投标（要约），经过招标人的择优选定（承诺），最终形成协议和合同关系的平等主体之间的经济活动过程，是"法人"之间有偿的、具有约束力的法律行为。招标投标是商品经济发展到一定阶段的产物，是一种特殊的商品交易方式。招标方与投标方交易的商品统称为"标的"。

招投标的基本特征有三类，分别为平等性、竞争性和开放性。

招标投标的平等性，应从商品经济的本质属性来分析，商品经济的基本法则是等价交换。招标投标是独立法人之间的经济活动，按照平等、自愿、互利的原则和规范的程序进行，双方享有同等的权利和义务，受到法律的保护和监督。招标方应为所有投标者提供同等条件，让他们展开公平竞争。

招投标的核心是竞争，按规定每一次招标必须有三家以上投标，这就形成了投标者之间的竞争，他们以各自的实力、信誉、服务、报价等优势，战胜其他的投标者。在招标人与投标者之间也展开了竞争，招标人可以在投标者中间"择优选择"，有选择就有竞争。

招投标的开放性体现在，正规的招投标活动，必须在公开发行的报纸杂志上刊登招标公告，打破行业、部门、地区，甚至国别的界限，打破所有制的封锁、干扰和垄断，在最大限度的范围内让所有符合条件的投标者前来投标，进行自由的竞争。

招投标的基本原则包括公开原则、公平原则、公正原则和诚实信用原则。

公开原则是指招投标的程序应透明，招标信息和招标规则应公开，有助于提高投标人参与投标的积极性，防止权钱交易等腐败现象的滋生。

公平原则是指参与投标者的法律地位平等，权利与义务相对应，所有投标人的机会平等，不得实行歧视。

公正原则是指投标人及评标委员会必须按统一标准进行评审，市场监管机构对各参与方都应依法监督，一视同仁。

诚实信用原则是指招标人、投标人都应诚实、守信、善意、实事求是，不得欺诈他人，损人利己。"诚实信用原则"在西方常被称为债法中的"帝王原则"，也是我国《民法》和《合同法》的基本原则。"诚实信用原则"要求重合同、守信用是对当事人利益之间的平衡。在法律上，"诚实信用原则"属于强制性规范，当事人不得以其协议加以排除和规避。

1. 招投标的工作程序

招投标的一般程序为招标准备阶段、投标准备阶段、评标阶段和签约阶段。

（1）招标准备阶段，基本分为以下八个步骤：①具有招标条件的招标人填写招标申请书，报有关部门审批；②获准后，组织招标班子和评标委员会；③编制招标文件和标底；④发布招标公告；⑤审定投标人；⑥发放招标文件；⑦组织招标会议；⑧接受投标文件。

（2）投标准备阶段，即根据招标公告或招标人的邀请，投标人选择符合自身能力的项目，向招标人提交投标意向，并提供资格证明文件和资料。资格预审通过后，组织投标班子，跟踪投标项目，购买招标文件。而后参加招标会议，编制投标文件，并在规定时间内报送给招标人。土建工程招标文件范本如表7-7所示。

表7-7　土建工程招标文件范本

国际竞争性招标(ICB)范文			国内竞争性招标(NCB)范文	
卷次	篇章	文件名称	章次	文件名称
I	1	招标邀请书	0	招标通知
	2	投标人须知	1	投标人须知
	3	招标资料表	2	合同通用条款
	4	合同通用条款	3	合同专用条款
	5	A.标准合同 B.项目专用条款	4	技术规范
II	6	技术规范	5	投标书和投标保证金格式
III	7	招标书、投标书附录、招标担保书格式	6	工程量清单
	8	工程量清单	7	资格审查资料格式
	9	合同协议书格式、履约保承和动员费预付款担保格式	8	合同协议书格式和中标通知书格式
	10	世界银行资助的采购中提供货物/土建和服务的合格性	9	履约保证金和动员费预付款保证金格式
	11	图纸	10	图纸

评标阶段按照招标公告规定的时间、地点，由招投标方派代表并有公证人在场的情况下，当众开标。招标人对投标者做资料审查、询标、评标。投标人做好询标解答准备，接受询标质疑，等待评标定标。

签约阶段评标委员会提出评标意见，报送决定方确定。依据定标内容向中标人发出《中标通知书》，中标人在接到通知书后，在规定的期限中与招标人签订合同。

招标的具体工作内容主要概括为以下七个步骤：（1）组建招标工作班子，有项目组织的代表或其委托的代理人参加，有与项目采购规模相适应的技术、预算、财务和项目管理人员，有对投标人进行资格评审的能力。（2）编制招标文件和标底。标底又称底价，是招标人对招标项目所需费用的自我测算的期望值，它是评定投标价的合理性、可行性的重要依据，也是衡量招投标活动经济效果的依据。标底应具有合理性、公正性、真实性和可行性。（3）发布招标公告。招标文件编制好后，即可根据既定的招标方式，在主要报刊上刊登招标公告或发出投标邀请通知。(4)投标者资格预审。资格预审是对投标申请人进行事先的资质审查。(5)标前答疑。标前会议是采购者给所有投标人提供的一次质疑机会。(6)开标、询标与评标。开标是在招标公告事先确定的时间、地点，召集评标委员会全体成员、所有投标方代表和有关人士，在公证人员监督下，将密封的投标文件当众启封，公开宣读投标单位名称、投标项目、报价等并一一记录在案，由招标方法定代表人签字认可。(7)定标、授予与签约。国际上公开招标通用的决标办法是，只要投标文件是符合要求的，就选择评标价最低者中标。

但是单以报价定标会导致许多风险和后患，影响项目的顺利实施，我国颁布的招投标法中规定要选出报价低而又合理的投标者中标。《招投标法》第41条"中标人的投标应当符合下列条件之一：(一)能够最大限度地满足招标文件中规定的各项综合评价标准；(二)能够满足招标文件的实质性要求，并且经评审的投标价格最低；但是投标价格低于成本的除外。"

投标的程序主要概括为以下八点：(1)填写资格预审调查表，申报资格预审；(2)购买、研读招标文件(资格预审通过后)；(3)组织投标班子；(4)进行投标前调查与现场考察；(5)分析招标文件，校核工程量，编制规划；(6)结算价格，确定利润方针，计算和确定报价；(7)编制投标文件；(8)办理投标担保，递交投标文件。

2. 招标文件、投标文件的编写

招标文件的编写主要包括以下五点：(1)招标邀请书，投标人须知；(2)合同的通用条款、专用条款；(3)项目组织对资源与服务方面的要求一览(表格式)、技术规格(规范)、图纸；(4)投标书格式、资格审查需要的报表、采购数量清单、报价一览表、规格的响应表、投标保证金格式及其他补充资料表；(5)双方签署的协议书格式、履约保证金格式、动员预付款保函格式等。

投标文件一般由下列内容组成：(1)投标书；(2)投标书附录；(3)投标保证金；(4)法定代表人的资格证明书；(5)授权委托书；(6)具有价格的工程量清单与报价表；(7)辅助材料表；(8)资格审查表(有资格预审的可不采用)；(9)按招标须知规定提出的其他资料。投标文件中的以上内容通常都在招标文件中提供统一的格式，投标人按招标文件的统一规定和要求进行填报。

我国对在招投标法中对以下4条做出了强制性规定：第九条"招标项目按照国家有关规定需要履行项目审批手续的，应当先履行审批手续，取得批

准。"第二十四条"招标人应当确定投标人编制投标文件所需要的合理时间；但是，依法必须进行招标的项目，自招标文件开始发出之日起至投标人提交投标文件截止之日止，最短不得少于二十日。"第三十四条"开标应当在招标文件确定的提交投标文件截止时间的同一时间公开进行；开标地点应当为招标文件中预先确定的地点。"第三十七条"评标由招标人依法组建的评标委员会负责。"依法必须进行招标的项目，其评标委员会由招标人的代表和有关技术、经济等方面的专家组成，成员人数为五人以上单数，其中技术、经济等方面的专家不得少于成员总数的三分之二。

除此之外，我国还对法律适用问题、不合理条件、供应商应知其权益受到损害之日、恶意串通行为等诸多细节做出了规定。政府采购法实施条例（2015.3.1）中规定了法律适用问题，政府采购工程以及与工程建设有关的货物、服务，采用招标方式采购的，适用《中华人民共和国招标投标法》及其实施条例；采用其他方式采购的，适用政府采购法及本条例。对于关联企业设定了限制，单位负责人为同一人或者存在直接控股、管理关系的不同供应商，不得参加同一合同项下的政府采购活动；除单一来源采购项目外，为采购项目提供整体设计、规范编制或者项目管理、监理、检测等服务的供应商，不得再参加该采购项目的其他采购活动。

《政府采购法实施条例》（2015.3.1）中的不合理条件是指，采购人或者采购代理机构有下列情形之一的，属于以不合理的条件对供应商实行差别待遇或者歧视待遇：（一）就同一采购项目向供应商提供有差别的项目信息；（二）设定的资格、技术、商务条件与采购项目的具体特点和实际需要不相适应或者与合同履行无关；（三）采购需求中的技术、服务等要求指向特定供应商、特定产品；（四）以特定行政区域或者特定行业的业绩、奖项作为加分条件或者中标、成交条件；（五）对供应商采取不同的资格审查或者评审标准；（六）限定或者指定特定的专利、商标、品牌或者供应商；（七）非法限定供应商的所有制形式、组织形式或者所在地；（八）以其他不合理条件限制或者排斥潜在供应商。

政府采购法第五十二条规定的供应商应知其权益受到损害之日，是指：（一）对可以质疑的采购文件提出质疑的，为收到采购文件之日或者采购文件公告期限届满之日；（二）对采购过程提出质疑的，为各采购程序环节结束之日；（三）对中标或者成交结果提出质疑的，为中标或者成交结果公告期限届满之日。

政府采购法中恶意串通情况是指以下三种：（1）属于同一集团、协会、商会等组织成员的供应商按照该组织要求协同参加政府采购活动，供应商之间事先约定由某一特定供应商中标、成交；（2）供应商之间商定部分供应商放弃参加政府采购活动或者放弃中标、成交；（3）供应商与采购人或者采购代理机构之间、供应商相互之间，为谋求特定供应商中标、成交或者排斥其他供应商的其他串通行为。

7.4　合同管理

合同管理就是确保卖方的行为符合合同要求，合同管理的关键是管理各供应商之间的接口。其管理流程如图7-9所示。

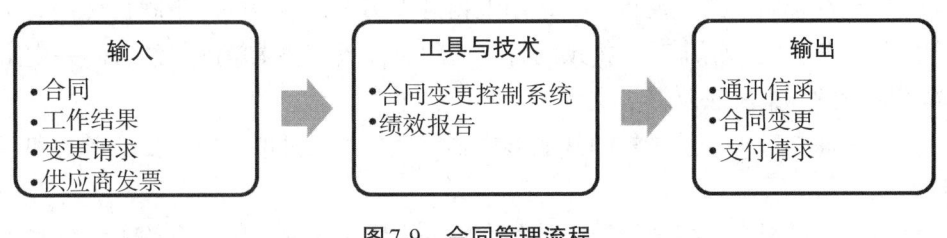

图 7-9　合同管理流程

7.4.1　合同的形式与内容

除了上面所涉及的要约与承诺的认定以外，合同管理过程中的法律风险还涉及合同的形式和内容是否符合法律规定。

1. 合同的形式

中国合同的基本形式分为口头形式、书面形式和其他形式三大类。

依据《民法典》合同编第四百六十九条"当事人订立合同，有书面形式、口头形式和其他形式。"因此，在一般情况下，口头形式的合同属于我国合同法所认可的形式。当然，口头形式的合同没有完整的合同书，但是并不意味着其没有任何的书面证据。相反，越是口头形式的合同，越要注意保留书面证据。

《民法典》合同编第四百六十九条对书面形式给出了定义："书面形式是合同书、信件、电报、电传、传真等可以有形地表现所载内容的形式。以电子数据交换、电子邮件等方式能够有形地表现所载内容，并可以随时调取查用的数据电文，视为书面形式。"一个值得思考的问题是，当法律规定或者当事人约定采用书面形式的合同，由于某些原因，而没有采用书面形式，这样的合同有

效吗？我国针对这个问题做出了规定，在《民法典》合同编第四百九十条提出："法律、行政法规规定或者当事人约定采用书面形式订立合同，当事人未采用书面形式但一方已经履行主要义务，对方接受的，该合同成立。"

当没有书面合同时的处理方法见《最高人民法院关于审理买卖合同纠纷案件适用法律问题的解释》（2012.7.1起施行），"当事人之间没有书面合同，一方以送货单、收货单、结算单、发票等主张存在买卖合同关系的，人民法院应当结合当事人之间的交易方式、交易习惯以及其他相关证据，对买卖合同是否成立作出认定。对账确认函、债权确认书等函件、凭证没有记载债权人名称，买卖合同当事人一方以此证明存在买卖合同关系的，人民法院应予支持，但有相反证据足以推翻的除外。当事人签订认购书、订购书、预订书、意向书、备忘录等预约合同，约定在将来一定期限内订立买卖合同，一方不履行订立买卖合同的义务，对方请求其承担预约合同违约责任或者要求解除预约合同并主张损害赔偿的，人民法院应予支持。"

除书面和口头合同之外的其他形式主要有三类：批准形式、公证形式和鉴证形式。

（1）批准形式是指法律规定某些类别的合同须采取经国家有关主管机关审查批准的一种合同形式。这类合同，除应由当事人达成意思表示一致而成立外，还应将合同书及有关文件提交国家有关主管机关审查批准才能生效。

（2）公证形式是当事人约定或者依照法律规定，以国家公证机关对合同内容加以审查公证的方式，订立合同时所采取的一种合同形式。公证机关一般均以合同的书面形式为基础，对合同内容的真实性和合法性进行审查确认后，在合同书上加盖公证印鉴，以资证明。

（3）鉴证形式是当事人约定或依照法律规定，以国家合同管理机关对合同内容的真实性和合法性进行审查的方式订立合同的一种合同形式。鉴证是国家对合同进行管理和监督的行政措施，只能由国家行政主管机关进行。

2. 合同的内容

合同的主要条款包含以下八条：

（1）主体：合同的当事人；

（2）客体：合同的标的；

（3）数量；

（4）质量；

（5）价款或者报酬；

（6）履行期限、地点和方式；

（7）违约责任；

（8）解决争议的方法。

当事人对合同的主要条款没有约定或约定不明时，按以下法律规定来处理：

《民法典》合同编第五百一十条："合同生效后，当事人就质量、价款或者报酬、履行地点等内容没有约定或者约定不明确的，可以协议补充；不能达成补充协议的，按照合同有关条款或者交易习惯确定。"

《民法典》合同编第五百一十一条："当事人就有关合同内容约定不明确，依据前条规定仍不能确定的，适用下列规定：（1）质量要求不明确的，按照强制性国家标准履行；没有强制性国家标准的，按照推荐性国家标准履行；没有推荐性国家标准的，按照行业标准履行；没有国家标准、行业标准的，按照通常标准或者符合合同目的的特定标准履行。（2）价款或者报酬不明确的，按照订立合同时履行地的市场价格履行；依法应当执行政府定价或者政府指导价的，按照规定履行。（3）履行地点不明确，给付货币的，在接受货币一方所在地履行；交付不动产的，在不动产所在地履行；其他标的，在履行义务一方所在地履行。（4）履行期限不明确的，债务人可以随时履行，债权人也可以随时要求履行，但应当给对方必要的准备时间。（5）履行方式不明确的，按照有利于实现合同目的的方式履行。（6）履行费用的负担不明确的，由履行义务一方负担。因债权人原因增加的履行费用，由债权人负担。"

除了上述主要条款以外，合同还包括一些普通条款，也称为非必要条款，它指的是合同主要条款以外的条款，包括以下三种类型：

（1）法律未直接规定，亦非合同的类型和性质要求必须具备的，当事人无意使之成为主要条款的合同条款。例如，关于包装物返还的约定和免责条款等均属此类。

（2）当事人未写入合同中，甚至从未协商过，但基于当事人的行为，或者基于合同的明示条款，理应存在的合同条款。英美合同法称之为默示条款。它包括以下内容：①该条款是实现合同目的及作用所必不可少的，只有推定其存在，合同才能达到目的即实现其功能；②该条款对于经营习惯来说是不言而喻的，即它的内容实际上是公认的商业习惯或者经营习惯；③该条款是当事人系列交易的惯有规则；④该条款实际上是某种特定的行业规则，即明示或者约定俗成的交易习惯，在行业内具有不言自明的默示效力；⑤直接根据法律规定而成为合同条款。

（3）特意待定条款。这是当事人有意将其留待以后谈判商定的，或者由第三人确定，或者根据具体情况加以确定的合同条款。它不妨碍合同的成立。

7.4.2　合同的效力

合同的成立和生效，是两个不同的法律概念。合同的成立要件为双方当事人意思表示一致。而合同的生效要件分为一般生效要件和特别生效要件。合同的一般生效要件包括以下四点：（1）当事人主体资格合格；（2）当事人意思表示真实；（3）合同形式符合法律规定；（4）合同必须合法（公共秩序保留）；合同的特别生效要件为法律有规定或当事人有约定的附加条件。

我国《民法典》合同编第五百零八条规定：“本编对合同的效力没有规定的，适用本法第一编第六章的有关规定。”而除了有效合同以外，还存在下面三种特殊形式的合同。

1. 效力未定的合同

效力待定的合同主要包含以下四种：

（1）限制民事行为能力人订立依法不能独立订立的合同。《民法典》合同编第五百零八条：“本编对合同的效力没有规定的，适用本法第一编第六章的有关规定。”《民法典》总则编第一百四十五条：“限制民事行为能力人实施的纯获利益的民事法律行为或者与其年龄、智力、精神健康状况相适应的民事法律行为有效；实施的其他民事法律行为经法定代理人同意或者追认后有效。相对人可以催告法定代理人自收到通知之日起三十日内予以追认。法定代理人未作表示的，视为拒绝追认。民事法律行为被追认前，善意相对人有撤销的权利。撤销应当以通知的方式作出。”

（2）无权代理人以被代理人名义订立的合同。《民法典》第一编总则第一百七十一条：“行为人没有代理权、超越代理权或者代理权终止后，仍然实施代理行为，未经被代理人追认的，对被代理人不发生效力。相对人可以催告被代理人自收到通知之日起三十日内予以追认。被代理人未作表示的，视为拒绝追认。行为人实施的行为被追认前，善意相对人有撤销的权利。撤销应当以通知的方式作出。行为人实施的行为未被追认的，善意相对人有权请求行为人履行债务或者就其受到的损害请求行为人赔偿。但是，赔偿的范围不得超过被代理人追认时相对人所能获得的利益。”另一种与之相似，但是处理结果却完全不同的合同，即表见代理合同。《民法典》第一编总则第一百七十二条：“行为人没有代理权、超越代理权或者代理权终止后以被代理人名义订立合同，相对人有理由相信行为人有代理权的，该代理行为有效。"所以，表见代理是指代理人虽无代理权，但因存在使相对人相信具有代理权的特定事由，并因此与代理人为民事行为，而由被代理人承担授予代理权的责任。

（3）法定代表人、负责人超越权限订立的合同。《民法典》合同编第五百零四条："法人或者其他组织的法定代表人、负责人超越权限订立的合同，除相对人知道或者应当知道其超越权限的以外，该代表行为有效。"

2. 无效合同

根据《民法典》第一编总则，合同编："有下列情形之一的，合同无效：（一）造成对方人身损害的；（二）因故意或者重大过失造成对方财产损失的；（三）一方以欺诈、胁迫的手段订立合同，损害国家利益；（四）行为人与相对人恶意串通，损害他人合法权益的；（五）违反法律、行政法规的强制性规定的。"

无效合同自成立时起就没有法律效力，但可能发生对当事人不利的法律后果。合同无效不同于合同不成立：（1）无效合同是不可改变的法律状态，而合同不成立时，当事人可以通过继续磋商使其成立；（2）无效合同不取决于既判力，而是自始无效；（3）当事人只要证明合同无效，就可以免除违约责任；（4）如果合同无效的原因在诉讼时已经消灭，也不改变合同无效的性质。

3. 可撤销合同

可撤销的合同属于效力不确定状态，撤销使不确定效力的合同确定地失去效力，撤销溯及到行为成立之时。

可撤销的合同的种类见于《民法典》第一编总则：

第一百四十七条："基于重大误解实施的民事法律行为，行为人有权请求人民法院或者仲裁机构予以撤销。"

第一百四十八条："一方以欺诈手段，使对方在违背真实意思的情况下实施的民事法律行为，受欺诈方有权请求人民法院或者仲裁机构予以撤销。"

第一百四十九条："第三人实施欺诈行为，使一方在违背真实意思的情况下实施的民事法律行为，对方知道或者应当知道该欺诈行为的，受欺诈方有权请求人民法院或者仲裁机构予以撤销。"

第一百五十条："一方或者第三人以胁迫手段，使对方在违背真实意思的情况下实施的民事法律行为，受胁迫方有权请求人民法院或者仲裁机构予以撤销。"

第一百五十一条："一方利用对方处于危困状态、缺乏判断能力等情形，

致使民事法律行为成立时显失公平的，受损害方有权请求人民法院或者仲裁机构予以撤销。”

撤销权的行使是有时间限制的，具有撤销权的当事人应当自知道或者应当知道撤销事由之日起一年内行使撤销权。

无效合同和可撤销的合同还有以下几种处理方式。

《民法典》第一编总则第一百五十五条：“无效的或者被撤销的民事法律行为自始没有法律约束力。”

《民法典》第一编总则第一百五十六条：“民事法律行为部分无效，不影响其他部分效力的，其他部分仍然有效。”

《民法典》合同编第五百零七条：“合同无效、被撤销或者终止的，不影响合同中独立存在的有关解决争议方法的条款的效力。”

7.4.3　违约及索赔

合同签订之后，如果没有按要求履行，就会涉及违约。违约责任是指当事人不履行合同义务或履行合同义务不符合合同约定，所应承担的民事责任。

合同签订之后就会存在一定的违约风险，基于对受害方的补偿，合同违约后通常有以下四种救济方式。

1. 实际履行

（1）金钱债务的实际履行原则

《民法典》合同编第五百七十九条：“当事人一方未支付价款、报酬、租金、利息，或者不履行其他金钱债务的，对方可以请求其支付。”

（2）非金钱债务的情形的实际履行原则

《民法典》合同编第五百八十条：“当事人一方不履行非金钱债务或者履行非金钱债务不符合约定的，对方可以请求履行，但有下列情形之一的除外：法律上或者事实上不能履行；债务的标的不适于强制履行或者履行费用过高；债权人在合理期限内未要求履行。”

2. 损害赔偿

要确定损害赔偿，首先要确定损害赔偿责任成立。大陆法是根据违约行为+过失+损害+因果关系来确定损害赔偿责任，而英美法只需违约行为就可确定损害赔偿责任。其次是计算损害赔偿。大陆法依据直接损失+间接损失作为损害赔偿，而英美法则依据信赖利益损失/期待利益损失。我国计算损害赔偿依据《民法典》合同编第五百八十四条：“当事人一方不履行合同义务或者履行合同义务不符合约定，造成对方损失的，损失赔偿额应当相当于因违约所造成的损失，包括合同履行后可以获得的利益；但是，不得超过违约一方订立合同时预见到或者应当预见到的因违约可能造成的损失。"

3. 解除合同

解除权的发生的定义于《民法典》合同编第五百六十三条："有下列情形之一的，当事人可以解除合同：（1）因不可抗力致使不能实现合同目的；（2）在履行期限届满之前，当事人一方明确表示或者以自己的行为表明不履行主要债务；（3）当事人一方迟延履行主要债务，经催告后在合理期限内仍未履行；（4）当事人一方迟延履行债务或者有其他违约行为致使不能实现合同目的；（5）法律规定的其他情形。"

在我国，行使解除权，无须经过法院，但应通知对方。

合同解除的后果于《民法典》合同编第五百六十六条："合同解除后，尚未履行的，终止履行；已经履行的，根据履行情况和合同性质，当事人可以请求恢复原状、采取其他补救措施，并有权要求赔偿损失。合同因违约解除的，解除权人可以请求违约方承担违约责任，但是当事人另有约定的除外。主合同解除后，担保人对债务人应当承担的民事责任仍应当承担担保责任，但是担保合同另有约定的除外。"

4. 违约金

我国对于违约金的规定于《民法典》合同编第五百八十五条："当事人可以约定一方违约时应当根据违约情况向对方支付一定数额的违约金，也可以约定因违约产生的损失赔偿额的计算方法。约定的违约金低于造成的损失的，当事人可以请求人民法院或者仲裁机构予以增加；约定的违约金过分高于造成的损失的，当事人可以请求人民法院或者仲裁机构予以适当减少。当事人就迟延履行约定违约金的，违约方支付违约金后，还应当履行债务。"

违约金的规则：第一，违约金小于损失。当约定的违约金低于造成的损失时，人民法院或者仲裁机构可以根据当事人的请求予以增加。增加后的违约金数额以不能超过实际损失额为限，增加违约金以后，当事人又请求对方赔偿损失的，人民法院不予支持。第二，违约金过分高于损失。违约金是损失的1.3倍时视为过分高于。约定的违约金过分高于造成的损失的，人民法院或者仲裁机构可以根据当事人的请求予以适当减少。第三，违约金高于损失。当违约金介于实际损失以及1.3倍的损失之间，则视违约金为高于损失。守约方可以选择主张违约金或赔偿损失。但是不能既向违约方要违约金又要损害赔偿金。

除了救济方式而外，关于合同纠纷的解决，主要有以下四种方式。

（1）协商解决：合同当事人在友好的基础上，通过相互协商解决纠纷。

（2）调解解决：合同当事人如果不能协商一致，可以要求有关机构调解，如，一方或双方是国有企业的，可以要求上级机关进行调解。上级机关应在平等的基础上分清是非进行调解，而不能进行行政干预。当事人还可以要求合同管理机关、仲裁机构、法庭等进行调解。

（3）仲裁解决：合同当事人协商不成，不愿调解的，可根据合同中规定的仲裁条款或双方在纠纷发生后达成的仲裁协议向仲裁机构申请仲裁。

仲裁指双方当事人根据有效的仲裁协议，将纠纷提交给仲裁机构进行处理的一种争议解决方式。仲裁协议一旦依法成立，当事人不得再就争议事项向法院提起诉讼。同诉讼相比，仲裁具有以下特点，快速便捷、高度保密、裁决便于执行、能够充分体现双方当事人的意思自治，有利于维持和发展争议双方之间的商事关系等。

（4）诉讼解决：订立合同争议条款要解决的一个重要问题是选择仲裁还是诉讼解决合同争议。如果合同中没有订立仲裁条款，事后也没有达成仲裁协议，合同当事人可以将合同纠纷起诉到法院，寻求司法解决。

诉讼是解决合同争议中使用得最多的纠纷解决方式。它是一种强制管辖，假若合同中没有有效的仲裁条款，也没有另外达成有效的仲裁协议，即使合同中没有约定诉讼，当事人仍有权就该合同争议向人民法院起诉。我国诉讼制度比仲裁制度的程序更加严格、公正、对当事人的诉权保障更加全面、法官审判经验更丰富。

7.5　合同收尾

收尾过程组是以正式结束项目或阶段或合同义务而实施的一组过程，其包含为完结所有项目管理过程组而进行的所有活动。当这一过程组完成时，就表明为完成某一项目或项目阶段所需的所有过程组的所有过程均已完成，并正式确认项目或项目阶段已经结束。合同收尾是项目合同管理过程组中的有机组成部分，是结束整个采购管理的必不可少的一环。

合同收尾过程不仅包括对记录进行更新以反映最终成果，更重要的是要将更新后的记录分类归档以供将来项目使用。具体而言，合同收尾流程如图7-10所示。

图7-10　合同收尾流程

合同收尾支持项目收尾过程，二者都涉及验证所有工作和可交付成果是否可以接受。合同收尾过程包括对记录进行更新以反映最终成果，将更新后的记录归档供将来项目使用。合同收尾考虑了项目或项目阶段适用的每项合同。在多阶段项目中，合同条款可能仅适用项目的某个特定阶段。合同收尾后，未解决的争议可能进入诉讼程序。在合同条款和条件可规定合同收尾的具体程序。合同收尾偏重于财务方面。合同收尾一般提前于管理收尾。

一般来说，合同收尾的工作包括产品核实（product verification）、财务收尾（financial closure）、更新记录管理系统中的记录（update recordsinthe records management system）、建立采购档案/合同档案（procurement file/ contract file）、采购审计（procurement audit）、最终合同执行报告（final contract performance reporting）。

具体而言，产品核实指的是确认正确完成所有的合同义务，合同项下的产品与规格一致，并满足用户的需要。财务收尾指的是支付或接收尾款以及编制有关费用记录。

建立采购档案/合同档案指的是将所有与采购活动相关的文件、信函、日程、变更等记录制成档案，并且要分类归档，成为历史记录以供日后如果发生争议或法律纠纷时查用。同时，如果今后企业遇到类似项目采购，这些档案可以直接为后面的采购活动提供依据。

采购审计指对从采购规划到合同管理的整个采购过程进行系统的审查，这里的审计不再是对成本的审计，而是总结经验教训，目的在于找出可供本项目其他采购合同或实施组织内其他项目借鉴的成功与失败的经验。采购审计可以买方使用，也可以卖方使用，或者双方使用。

最终合同执行报告指的是分析合同的效果并文档化。在采购审计这种结构性复查过程中总结经验教训，形成合同执行报告，包括合同执行完成的效果，执行合同中出现的问题及解决情况等内容。目前很多中小企业的合同管理大都没有做到对于每一次采购，形成最终合同执行报告。

合同一般会执行完毕，但由于某种原因，导致合同提前终止的情况也时有

发生。合同提前终止是合同收尾的特例，可因双方协商一致或一方违约产生。合同提前终止的责任和权利在终止条款中规定。买方有可能对卖方的准备工作赔偿，并对已经完成的和被验收的工作支付报酬。因为提前终止的合同更加容易出现纠纷，所以建议在由于某种原因提前终止一个合同时也要进行合同收尾。

合同收尾的重点是采购审计和合同验收。合同收尾成果包括结束合同、授权的合同管理员为卖方提供正式书面通知、更新的组织资产、合同文档、交付成果接受和经验教训文档。通过以上的合同收尾工作，完成了合同项下产品的核实，更新了合同记录，形成了最终的文档，保证了项目的完整性；为项目收尾、分析项目成败和为企业新的采购与合同管理活动提供了可供借鉴的经验教训，打下坚实的基础。

本章小结

本章主要介绍了采购和合同的基本概念，并围绕着项目采购管理中规划、执行、监控、收尾四个过程进行展开。其中规划过程组分为采购规划、发包规划；执行过程组分为询价、卖方选择；监控过程组介绍了合同管理的内容；收尾过程组介绍了合同收尾的内容。以下是本章中涉及的一些比较重要的概念。

（1）采购：从项目团队外部购买或获得为完成项目所需的产品、服务或成果的过程，此过程分为两部分，第一个过程：所有权转移的商流过程，而商流是指物品在流通中发生由货币形态转化为商品形态以及由商品形态转化为货币形态的过程，随着买卖关系的发生，商品所有权发生转移；第二个过程：空间转移的物流过程。

（2）合同管理：确保对方的履行符合合同要求和己方按照合同条款履约的过程。

（3）项目采购合同一般可以分为三种类型：固定总价或总包合同（FFP）、成本补偿合同（成本加酬金）和单位（时间和材料）价格合同（T&M合同）。成本补偿合同的类型主要有四种，成本加成本百分比合同（CPPC），成本加固定费合同（CPFF），成本加奖励费合同（CPIF）和固定总价加奖励费合同（FPIF）。

（4）合同工作说明书（SOW）是清晰规定项目采购细节的文档，目的是让潜在的卖方确定他们是否有能力提供所需的产品或服务。

（5）要约是希望和他人订立合同的意思表示；承诺是受要约人同意要约的

意思表示。

（6）招标：招标人（买方）事先发出招标通告或招标单，品种、数量和有关的交易条件提出在规定的时间、地点，准备买进的商品名称、件数，邀请投标人（卖方）参加投标的行为。

（7）合同可基本形式分为口头形式、书面形式和其他形式三大类。根据效力可分为效力待定、有效、无效、可撤销四种。合同签订之后，如果没有按要求履行，就会涉及违约。

关键术语

合同（Contract）；买方/用户（Buyer）；卖方/供应商（Seller）；

需求与规格（Requirement & Specification）；卖方选择（Source Slection）；

合同管理（Contract Administrtion）；合同收尾（Contract Closeout）；

合同工作说明书(Statement of Work,SOW)；出价和建议书(Bid & Proposal)；

投标邀请书和报价邀请书（IFB & RFQ）；

单边合同（Unilateral Contract）；双边合同（Bilateral Contract）；

订单（Order form）；询价（Solicitation）；违约（Breach）；保证金（Bonds）；

成本加固定费合同（CPFF）；成本加奖励合同（CPIF）；

固定总价合同（FFP）；固定总价加奖励费合同（FPIF）；

仲裁（Arbitration）；诉讼（Litigation）；终止（Termination）；

指标（Specification）

参考案例

案例：某市教学光盘政府采购项目

某市一个教学光盘政府采购项目采用的是竞争性谈判方式，谈判文件需求一览表要求提供语文、数学、英语、化学、物理、综合等学科的教学光盘。同时规定，如果供应商报价的教学光盘不是报价人自己出版的，应提供教学光盘出版商同意其在本次报价中提供该教学光盘的正式授权。A供应商参加采购活动时，因其数学和化学教学光盘不是自己出版的，也未得到出版单位的正式授权，便以赠予的形式提供数学和化学教学光盘。并认为，赠予不需要出版单位的正式授权，且能达到响应谈判文件的要求。

成交结果公告后，B供应商（A供应商所投数学和化学教学光盘的出版单

位）提出质疑，认为A供应商提供的数学和化学教学光盘未得到其授权，不符合谈判文件规定，应为未实质响应谈判文件规定。采购中心受理质疑后，认为质疑有效，并向同级政府采购监管部门请示，同级政府采购监管部门根据谈判文件规定认定A供应商为无效标。采购中心根据政府采购监管部门的认定变更了成交结果，也得到了采购人的确认，予以公告。

变更的成交结果公告后，A供应商不服，认为成交结果确定后不能变更，采购中心没有任何法律依据可以变更成交结果，向采购中心提出质疑。采购中心对质疑予以驳回。之后，A供应商向同级政府采购监督管理部门提起投诉，同时，以采购中心为第一被告、采购人为第二被告向人民法院提起行政诉讼，人民法院予以受理。

问：本案如何处理？

思考与讨论

（1）采购管理主要包括哪几个过程？你认为其中最重要的是哪些环节？

（2）合同订立需要经过哪几个阶段？在缔结合同的过程中需要注意哪些问题？

（3）常见的违约形式有哪些？我们可以采取哪些救济手段？

参考文献

[1] 赖一飞，张青.项目采购与合同管理[M].北京：机械工业出版社，2013.

[2] 乌云娜等.项目采购与合同管理[M].北京：电子工业出版社，2006.

[3] 丁士昭.项目工程管理[M].北京：高等教育出版社，2017.

[4] 吴飞，张乐群.FIDIC合同条件体系及应用方式[J].探矿工程（岩土钻掘工程），2002（3）：64.

第8章　PPP项目管理

本章导读

对一个国家来说，大型基础设施建设具有非常大的社会、经济价值，往往具有建设周期长、投资大等特点，仅靠政府无法负担越来越多的投资建设以及后期的专业化运营和维护。PPP模式正是基于这一问题产生、应用于公共服务领域的一种政府与社会资本方之间合作的模式。其主要目的是充分利用政府和市场的二元作用，让资金效益最大化，这样既可以减轻政府长久以来的财政负担，又可将社区及民众力量引入公共服务的进程当中，以强化公民意识与社会认同感，同时提高了资源使用效能和建设、运营效率。因此，在现代化社会的发展进程中，PPP项目得到了广泛的应用和发展。

那么，PPP项目与一般项目有什么区别？其优势和劣势在哪里？如何判断一个项目是否要采用PPP模式？政府和社会资本的合作有什么风险？怎样去公平合理地分担风险？本章将关注PPP项目在中国的发展、特点以及问题，重点讨论PPP的定义和特点、PPP项目的评估、PPP项目风险管理等内容。

8.1　PPP的定义

PPP（Public-Private Partnership）、BOT（Build Operate Transfer）、PFI（Private Finance Initiative）等政府和社会资本合作模式的改进和升级，指政府与私营商签订长期协议，授权私营商代替政府建设、运营或管理公共基础设施并向公众提供公共服务。PPP项目就是公共部门通过与私人部门建立伙伴关系提供公共产品或服务的一种方式，核心是独特的融资方式，在欧洲广为流行。PPP本身是一个意义非常宽泛的概念，加之意识形态的不同，各国对PPP的确切内涵还未达成共识，其确切含义要根据不同的案例来确定。

PPP的定义描述虽没有统一，但大多都是围绕PPP模式的组成和关系定义

的，都应包含提供公共产品或服务、利益共享、伙伴关系、风险共担等要素。国内PPP模式发展较晚，但是通过近年来的发展也取得了长足进步。国内专家学者虽然对PPP模式概念的定义各有不同，但是其内在含义是基本上一致的，即政府部门和社会资本投资者之间要建立一种合作关系。根据PPP项目在中国的运行模式，总结其含义为：政府与私人组织之间，为了提供某种公共物品和服务，以特许权协议为基础，彼此之间形成一种伙伴式的合作关系，并通过签署合同来明确双方的权利和义务，以确保合作的顺利完成，最终使合作各方达到比预期单独行动更为有利的结果。

以基础设施等公共项目为例，PPP模式的典型结构如图8-1所示。首先，政府针对具体项目特许新建一家项目公司（Special Purpose Vehicle，SPV），并对其提供扶持措施，然后，项目公司负责进行项目的融资和建设，融资来源包括项目资本金和贷款。项目建成后，由政府特许企业进行项目的开发和运营，而贷款人除了可以获得项目经营的直接收益外，还可获得通过政府扶持所转化的效益。

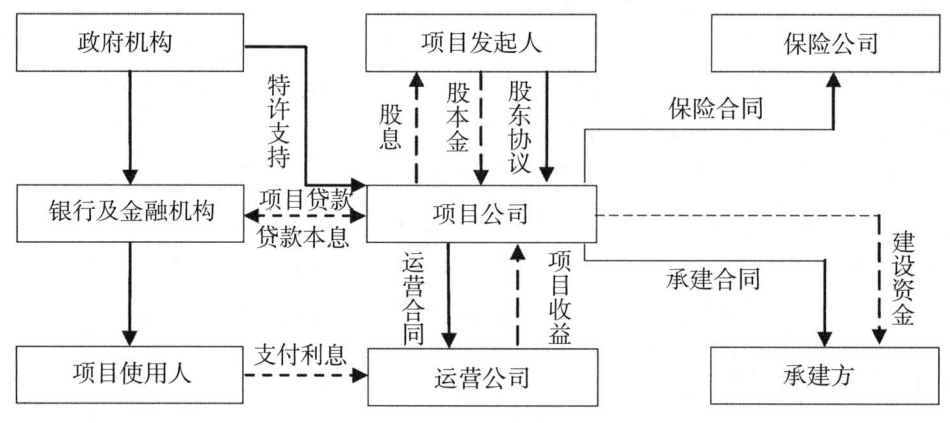

图8-1　PPP模式的典型结构

从建设目的、参与主体、建设方式可以看出，PPP项目在"市场"与"政府"二元作用下展开，集经济属性与公共属性于一体。一方面，PPP项目是我国加快基础设施建设，满足日益增长的公共服务需求的重要路径，实现公共价值是PPP项目的首要目标。另一方面，PPP建设涉及私营企业、民营企业等主体，为激发企业参与PPP项目的参与动力，则要保证经济价值的实现。因此，如何应对实践层面PPP多元主体间的价值冲突，实现公共服务供给中社会公平公正和市场效率与效益等价值的平衡，是推进我国公共服务改革亟待解决的问题。

8.2 PPP项目生命周期

8.2.1 项目干系人

1. 政府方

政府通常是PPP项目的发起人，也是基础设施建设的管理者和特许经营权的授予者。在整个项目过程中，政府主要承担监控和协调的职责。同时，政府出台的法律法规直接决定了PPP项目实施和运行的法律环境和保障，稳定的法律环境是PPP项目取得成功的重要保障。政府必须同时保证项目的社会效益和私人投资方的经济效益，保证PPP项目的健康发展。

在PPP项目中，政府往往充当着多重角色，包括特许权授予、担保、资金提供、投资、产品或服务购买、原料供应、水电等供应、土地提供、其他基础设施提供、直接立法、宏观经济调控以及其他支持，如外汇或利率担保和税收优惠等。政府的主要职责可以简单归纳如表8-1所示。

表8-1 政府在PPP项目中的职责分类及描述

政府职责	形式	概述
法律规制与政策支持	制定适合PPP项目发展的宏观政策	政府为吸引投资,应制定基础设施长期规划,并以法律的形式加以确定,保证政策的连续性和稳定性,确保PPP项目的持续发展
	规范PPP项目的操作程序;推进特许权协议规范化,并明确政府的义务	由于PPP项目资金大部分来源于贷款,项目前期、建设期的延长会大大增加项目的成本,因此政府应该规范PPP项目的操作程序,适当简化行政审批手续和项目的前期工作,可以采取"一站式服务""现场办公"等办法,保证项目及时实施
	培养PPP专业人员	为配合PPP项目的顺利进行,政府应培养一批熟悉PPP业务的专业人员,可委托专业的咨询机构对从事PPP项目的行政人员进行培训,也可以雇用专业的咨询人员,以增强政府从事PPP项目的能力
环境保障与资金支持	创造良好的投融资环境和健全的经济体制;保护投资者的合法权益	PPP项目投资者很大程度上是外资,他们更加重视项目所在国的投融资环境。因此,项目所在国政府应努力营造一个稳定的政治环境,保证政策的连续性,设立公正、明确的法律规范以保障投资者的利益

续表

政府职责	形式	概述
环境保障与资金支持	建立良好的国内资本市场	与发达国家相比，发展中国家缺乏成熟的资本市场。强大的国内资本市场使私人开发商和投资者很便利地从金融机构借到资金而进行有限追索的项目融资，并且可使项目最终在资本市场上市
	提供规范而有竞争性的投标环境	为实现PPP项目的最佳效果且便于选择合格的开发商，政府应采用比较合理的招投标制度与协议，使PPP项目的实施在一个透明的环境中进行，以确保公平竞争，避免徇私舞弊行为
	创造稳定的政治环境	稳定的政治环境和良好的政府信誉是PPP项目成功实施的前提。中央政府即使不直接参与PPP项目，也应该起到应有的监督作用
政府保证与政府信用	项目投资的后勤保证	项目投资的后勤保证是指东道国政府对项目建设所需的土地、能源、原材料等必要物品提供充足的供给，并对与项目实施有关的技术及管理人员的入境、实施项目所需物资和器材的入境给予一定的保证
	禁止同一地区同类项目竞争	PPP项目投资人一般是以该项目的现金流量及其增长率来计算项目收益的，在项目建成之后，如果又有其他投资者在同一地区进行同类项目的建设，则前一项目的投资收益率将受到极大的影响，最终可能导致该项目投资人的目的无法实现。因此，政府有必要做出禁止同一地区同类项目竞争的一定保证
	投资回报率的适当保证	投资回报率属于商业风险，但由于项目往往投资巨大，政府不对投资者进行一定的投资回报保证可能会大大降低投资者的投资信心，所以，对急需通过PPP方式进行基础设施建设的广大发展中国家而言，政府可以对项目的投资回报率提供适当的保证
	利率和汇率担保	政府对超过一定范围的利率和汇率风险提供一定的资金给予补偿

当前我国正处于国家推广和实施PPP的关键时期，在借鉴世界银行国际经验和前车之鉴的基础上，应调动投资者的积极性，避免损害消费者的利益，以

实现项目的最佳效益，保证项目利益相关者之间利益分配的均衡性。按照责权利相统一的原则，建立公开公平的权力制衡机制。同时，政府要积极制定和规范PPP特许经营的法律法规，为PPP健康发展创造优越的环境。

我国法律环境概述

2. 项目公司（SPV）

为了更好地管理和运作项目，项目发起人通常会在项目所在国成立一个自主经营、自负盈亏的有限责任公司，各发起人投入的资金就成为项目公司的权益资本/资本金，即股份，利润将按股权分配。项目公司作为借款方，以运营阶段项目的收益作为还本付息和取得利润的主要来源。但是项目公司不一定直接参与项目的建造或运营，而是将建造和运营交给专业的承包商和运营商。

项目公司和项目发起人是分离的，这种做法具有很大的优势：项目资产的所有权集中在项目公司一家身上，而非分散在各发起人在世界各国的许多公司，便于管理；可以避免在发起人自身的账目上记入项目负债额，从而实现"资产负债表外融资"；可以把项目的风险与发起人分隔开来，使发起人不因项目经营失败而受太大的牵连；可以享受东道国给予项目公司的税收减免优惠；有利于投资多元化和利用外国直接投资，筹集大量资金；便于吸收他人参加项目，在股权式合资经营中，如果日后有人愿意加入，不必重新划分项目资产，只要由项目公司发行新股票或转让原有项目公司的股份即可实现。

3. 私人投资方

一般来讲，采用PPP的项目中，项目涉及的金额较大，除了政府投资外还需要私人企业的进行合作。某种程度上，社会资本可以代表先进的知识技术和管理水平，政府通过给予私人投资方一定时间的经营权或收益来换取社会资本的进入，总体提高公共基础设施的有效经营。私人投资企业通过参与PPP项目，短期内合理分担政府建设风险，获取经济回报；就长期而言，有助于塑造自身品牌，提升社会影响力，从而增强企业的竞争能力。

4. 金融机构

商业银行、政策性银行或其他民间金融机构都可以成为项目的资金债权人。一般来讲，采用PPP模式的项目贷款额较大，放贷方/债权人承担的风险很大，因此经常采用辛迪加贷款，即由多家银行组成一个银团对项目贷款，从而降低项目风险。贷款利息是金融机构的主要利益来源，同时也可以通过提供

PPP项目的金融咨询服务来获取相应的服务费用。对于项目公司而言，如何选择合适的放贷方也是一个关键的环节。首先，要选择与项目发起人有业务往来，对公司较了解和友好的银行。其次，要选择对项目及其所属行业有一定了解的银行。放贷方对项目及其所属行业较为熟悉，则能较为清楚地判断项目的风险。

5. 承包商

承包商包括承包单位、供应商、运营商等，主要在PPP项目的建设和运营阶段发挥作用。承包单位主要负责项目的工程设计和建造，通常与项目公司签订固定价格的EPC（Engineering Procurement Construction）总承包合同。将工程设计和建造交给一个专业的承包单位，对于项目公司而言，是一个合理地转移项目设计和建造风险的办法，一般来说，承包单位要承担工期延误、成本超支和工程质量不合格等风险。

供应商包括原材料供应商和设备供应商等，其收益主要来源于供应合同，对项目的经济效益不太关心，因此项目公司通常将供应合同作为决策手段之一。例如，设备的供应一般与贷款捆绑在一起，一方面放贷方可以为本国企业开辟国外市场，另一方面借款方可以获得出口信贷等优惠贷款。

6. 运营商

项目建设完成后，项目公司通常将项目的运营和维护交给专业的运营商，由运营商来承担项目运营、管理、维护甚至包括原材料供应和价格、市场需求和销售量等运营风险。

7. 咨询机构

由于PPP合作模式多种多样，要面对的问题也是千变万化的。财政部、国家发改委在相继发布了一系列关于政府与社会资本合作的相关文件和要求的同时，都提出了政府必要时应聘请专业咨询机构来确保项目操作规范和高效，提高项目决策的科学性、项目管理的专业性以及实施效率。专业咨询机构可以为政府提供多项服务：前期准备工作（实施方案编制、物有所值评价、政府财政能力分析等）、社会资本的采购代理工作、项目整个过程的法律咨询、参与政府与社会资本的谈判、协助政府与社会资本签署协议等。服务内容可以是其中之一，也可以是全过程服务。

8. 其他方/第三方

PPP项目的巨大资金投入、长期性和复杂的风险分担体系等特点决定了对项目公司专业和综合知识的较高要求，因此常常需要聘请很多的咨询顾问，如法律、财务、融资、税务、保险、技术、市场等顾问和专家等。其中特别值得一提的是，放贷方为了防止项目公司违约或转移资金，一般要求项目公司将资产及收益账户放在东道国境外的一家中立金融机构，这家机构就成为岸外寄托受托方，以保证项目账户和资金流动过程的可监控，同时，还可以减少外汇风险。

8.2.2　PPP项目一般过程

按照惯例，PPP项目过程一般可以分为五个阶段：识别、准备、采购、实施、移交。五个阶段按照PPP项目操作逻辑前后连接，形成完整的PPP项目采购流程，其中任何一个阶段出现问题，都可能导致PPP项目失败。

1. 项目识别阶段

项目识别阶段的主要功能是挑选适合采用PPP模式的项目，包括项目发起、项目筛选、物有所值评价和财政承受能力论证四个步骤。项目识别环节的各项工作主要由政府负责，其关键问题包括以下几个方面。

（1）明确项目筛选责任主体

目前，在国家层面上PPP牵头机构有两家，分别是财政部和国家发改委。在执行阶段，要明确项目筛选责任主体，这是成功采用PPP模式的前提。

（2）明确项目筛选标准

根据《操作指南》的筛选原则，"投资规模较大，需求长期稳定，价格调整机制灵活，市场化程度较高的基础设施和公共服务类项目"适宜采用PPP模式。但是这个原则属于定性描述，筛选标准并不明确，在实际操作中很难落实。

（3）PPP政策缺乏操作细则

目前从国家到地方，出台的政策比较多。财政部的承受能力论证细则[《政府和社会资本合作项目财政承受能力论证指引》（财金〔2015〕21号）]刚出台不久，物有所值评价细则还迟迟没有推出。

（4）如何界定社会资本

国务院办公厅最新发布的《关于在公共服务领域推广政府和社会资本合作模式的指导意见》中对"社会资本"进行了定义，指出"对已经建立现代企业制度、实现市场化运营的，在其承担的地方政府债务已纳入政府财政预算、得

到妥善处置并明确公告今后不再承担地方政府举债融资职能的前提下，可作为社会资本参与当地政府和社会资本合作项目"。

（5）如何界定公共产品的范围

公共产品和公共服务首先强调的是一个公共性，政府对社会资本提供的服务的质量、数量或价格应有一定程度的制约。然而，部分地方政府为快速推动项目、增加政绩，将PPP模式应用于商业地产、园区开发等纯竞争性领域的项目，与PPP模式的本意不相符。

2. 项目准备阶段

项目准备阶段是为项目实施做好准备工作，包括项目实施方案、项目实施机构、人员等，其中最主要的工作是编制项目实施方案。项目实施方案的编制需要关注以下问题。

（1）合理分配项目风险

风险分配基本框架是按照风险分配优化、风险收益对等和风险可控等原则，综合考虑风险管理能力、项目回报机制和市场风险管理能力等要素，在政府和社会资本之间合理分配项目风险。原则上，项目设计、建造、财务、运营维护等商业风险由社会资本承担；法律、政策和最低需求等风险由政府承担；不可抗力风险由政府和社会资本合理共担。

（2）选择合适的项目运作方式

PPP模式的运作方式是根据项目各个环节在政府和社会资本之间进行分配组合。通过考察项目各个环节是政府来做，还是社会资本做更合适、更有效率对项目设计、建造、融资、运营、维护等各个方面的职能进行划分。不同的划分方法就会得到不同的组合，从而产生不同的PPP运作方式。

财政部发布的《操作指南》中列示了委托—运营（OMC）、管理合同（MC）、建设—运营—移交（BOT）、建设—拥有—运营（BOO）、转让—运营—移交（TOT）和改建—运营—移交（ROT）等六种PPP项目运作方式，但这肯定是远远不够的。根据项目各个阶段的不同组合，应该会产生几十种运作方式。

究竟选择哪种运作方式，根据项目具体情况，会有不同的选择。目前，国内选择PPP运作方式的主要依据是为了项目融资，但是当经济发展到一定阶段时，政府推出PPP项目的主要目的将不再是融资，而是由政府负责融资，社会资本只负责设计、建造、运营维护等职责。因为政府的信用高于企业，相应的，政府的融资成本比企业低，采用这种模式才更加物有所值。

因此，项目实施机构需要根据经济发展水平与项目特点选择合理的项目运作方式。

（3）选择合适的采购方式

按照财政部的要求，PPP项目采购应该遵守政府采购法，采用公开招标、邀请招标、竞争性谈判、单一来源采购、竞争性磋商以及政府采购监督管理部门认定的其他采购方式。从实际情况看，公开招标是目前各地PPP项目最常使用的采购方式，因为这对于政府来说，公开招标的政治风险最少。

然而，公开招标并不总是最适合PPP项目的采购方式。公开招标方式程序复杂、规定僵化，不但需要较长时间进行资格预审，同时还需满足"投标人超过3家"等为传统简单政府采购而设计的规定。公开招标适用于核心边界条件和技术经济参数明确、完整，且采购中不做更改的项目。而大量PPP项目边界条件模糊、采购需求复杂，简单套用公开招标程序，通常会导致项目流标，增加项目采购的失败率。

目前来看，比较适合PPP项目的采购方式是竞争性谈判和竞争性磋商，通过政府与潜在投资人的谈判和磋商，可以帮助政府明确项目边界条件，从而设置合理的采购条件，提高项目采购效率。

（4）制定合理的交易结构

PPP项目的交易结构主要由四个因素决定，分别是项目参与者、项目投融资结构、回报机制和相关配套安排。项目参与者指参与项目的各个主体，包括授权政府级别、项目实施机构、监管机构、出资机构等；项目投融资结构指项目资本性支出的资金来源、性质和用途，项目资产的形成和转移等；回报机制主要包括使用者付费、可行性缺口补助、政府付费三种方式；相关配套安排指项目以外相关机构提供的土地、水、电、气等配套设施和项目所需的上下游服务。

政府或其委托的咨询机构需要通过综合考虑这四个方面的因素，制定合理的交易机构。

（5）设计合理的回报机制

PPP项目的回报机制主要有三种。第一种是使用者付费，由购买服务者支付购买费用，像高速公路、自来水公司、停车场等经营性项目比较适合采用使用者付费模式。第二种是可行性缺口补助，使用者付费不足以满足社会资本或项目公司成本回收和合理回报，而由政府以财政补贴、股本投入、优惠贷款和

其他优惠政策的形式，给予社会资本或项目公司的经济补助，比如轨道交通类PPP项目就是典型的采用可行性缺口补助的项目。第三种是由政府直接付费，这种模式又可以分为以下三种情况：一是可用性付费，比如社会资本为政府提供了一条满足通行标准的道路，政府购买道路可用性付费给社会资本；二是使用量付费，比如免费的公园，政府可以根据入园量来进行付费；三是按照绩效付费，比如社会资本为政府提供基层的医疗服务，政府按照服务的绩效设立相关的指标来进行付费。

此外，在设计回报机制时还应考虑价格调整机制，比如轨道交通类PPP项目，通常决定轨道交通票价的主要因素为动力费用、人工费用和其他费用，通过设置调价机制，当这几个费用发生变化时，票价就会进行相应的调整。

3. 项目采购阶段

项目采购阶段的关键问题包括三个，分别是充分的市场测试，设置合理的资格预审条件和核心边界条件。

（1）充分的市场测试

市场测试是在启动PPP采购程序前，政府用以检验项目方案能否吸引市场参与主体如潜在投资人、融资机构的意愿，并借此获得各类市场参与主体的反馈，对PPP方案进行调整完善的一种工具。市场测试是一个寻找最佳项目实施方案的过程，而不是寻找最佳交易对手的过程，也不是进行实质性谈判的过程。目前，投资人对参与市场测试的积极性不是特别高。但市场测试对PPP项目的运作非常关键，很多项目的失败都是归结于此。

（2）设置合理的资格预审条件

资格预审主要是为了实现市场测试的职能，验证项目是否具有足够吸引力，实现充分竞争。资格预审的条件主要为资质、项目经验、财务等方面的客观条件，条件设置既需要满足项目基本需求，实施机构的特殊要求，同时也要考虑潜在投资人的实际情况。资格预审条件要求过高，可能导致符合要求的社会资本数量不足，无法实现充分竞争；条件要求过低，可能难以满足项目需求。

在设置资格预审条件前，需要充分了解项目所处行业社会资本的相关指标，并了解项目所需要的基本资质和经验要求。

（3）设置合理的边界条件

项目的采购边界条件主要包括项目运营模式、项目合作年限、回报机制、交易结构、风险分担机制等。政府应在设置边界条件时充分考虑社会资本的利益，为其留下合理利润空间，这样才能更好地保障项目顺利落地。在项目实施中，还有一些条件是可以灵活调整的。

在实际工作中，有些地方政府始终担心社会资本"占便宜"，为社会资本进入设置了较为苛刻的条件，如设置过低的限价或不设置调价机制。这些边界条件极大削弱了项目的吸引力，也给社会资本造成了地方政府难以合作的印象，极有可能导致项目招标失败。

4. 项目执行阶段

项目执行是PPP项目运作成功的关键，因为PPP项目从项目识别、项目准备到项目采购阶段可能只需要几个月的时间就可以完成，而PPP项目的执行阶段通常需要20～30年的时间，这才是PPP项目开始实施并产生效率的关键阶段。项目执行主要关注项目公司的设立、融资管理、绩效监测与支付。项目执行阶段还需要制定定期评价机制，按照《操作指南》，每3～5年需要进行一次中期评估。项目执行阶段需要关注的问题主要包括两个方面。

（1）良好的履约管理能力

良好的履约管理能力主要包括两方面，一方面是指政府对于项目公司的履约具有监管意识和监管能力，因为PPP项目大多提供的是公共产品，为了保障公众利益，需要政府对提供产品的数量、质量、价格进行日常监管；另一方面是指政府自身的合同履约意识和能力，其中最核心的是政府的付费能力。

（2）设计合理的绩效考核机制

PPP项目实现物有所值的一个重要方式是要对项目公司的服务按照绩效付费，但是目前大多数项目的付费与绩效考核的挂钩做得不够好。要实现按照绩效付费的机制，需要政府针对项目公司的运营情况建立一个绩效考核的指标，通过每年对项目运营绩效的考核结果来决定政府付费额。

5. 项目移交阶段

项目移交阶段的主要工作包括移交准备、性能测试、资产交割和绩效评价，其中最关键的环节是性能测试。

项目实施机构或政府指定的其他机构应组建项目移交工作组，根据约定确认移交情形和补偿方式，制定资产评估和性能测试方案。项目移交工作组应严格按照性能测试方案和移交标准对移交资产进行性能测试。性能测试结果不达标的，移交工作组应要求社会资本或项目公司进行恢复性修理、更新重置或提取移交维修保函。

如何保证社会资本移交的设施是完好的，移交的设施应该达到什么标准，

这都需要在合同中进行详细、准确的描述，但是目前来说，很多PPP项目对这些问题都约定得比较粗泛。

8.3　PPP立项评估

通过物有所值评价和财政承受能力论证是PPP项目入库和实施的前提条件。

8.3.1　VFM评价

PPP模式虽然可以解决政府资金短缺，提高项目效率，但存在前期谈判时间长、沟通成本高、风险分担难度大等问题，需要有科学的依据来判断是否采用PPP模式。

VFM（Value for Money）最早是由英国提出的，英国财政部把VFM定义为"满足用户的需求的商品或服务的全寿命周期成本与质量（或可用性）的最佳组合"。VFM综合考虑了节约、效率和效果三个方面。节约是从成本的角度对投入进行衡量，追求成本的最小化；效率是生产率的度量，是使用较少的成本、时间及精力等资源以提供相同的服务；效果是对结果的度量，是使用相同的成本、时间及精力等资源提供更好的服务或产出。

对于PPP项目而言，VFM是一个相对的概念，需要将两种采购模式进行比较，在原成本控制目标范围内要实现增值。例如，在PPP项目识别阶段，借助物有所值评价方法对比分析政府传统模式下采购成本和PPP模式下项目运营成本的差异性，判断哪种采购模式实现的价值更高，由此来评价PPP项目运营模式的可行性，为政府最终的决策提供基础依据。因此，可以假设两种采购模式的效果相同，通过比较两种采购模式投入的多少来判断哪种采购模式更物有所值；也可以假设两种采购模式的投入相同，通过比较两种采购模式效果的好坏来判断哪种采购模式更物有所值。

物有所值评价应贯穿于PPP项目的全生命周期。从国际经验看，物有所值评价被普遍用于PPP项目的全生命周期，并根据不同阶段性特征、不同的目的和功能，选取差异性的方法和程序。

按照VFM评价的时点来分，可以分为事前（ex-ante）评价和事后（ex-post）评价。英国财政部作为最早采用VFM评价方法判定是否采用PPP/PFI模式的机构，强调在推行PFI时，要求进行项目群、项目和采购三个层次的物有所值评价，具体过程如图8-2所示。

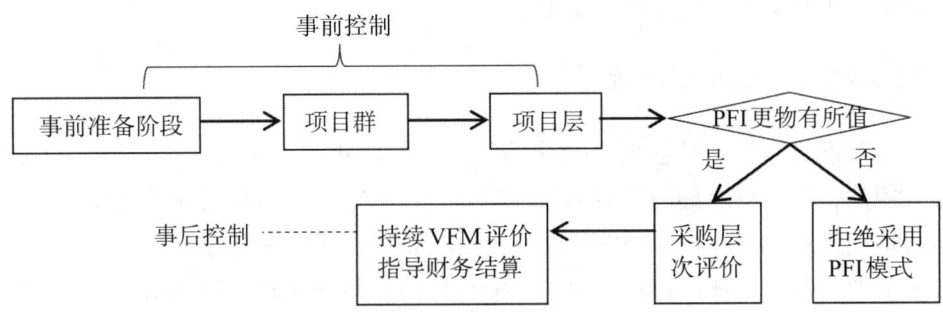

图8-2　英国财政部VFM评价程序

事前评价是指在确定采取 PPP 模式之前，目的是决定是否采用 PPP 模式；事后评价是指在决定了采用 PPP 模式之后，用于检验该模式是否实现了物有所值。通常事后评价有两种形式：一种是在确定项目 PPP 模式之后，通过招标选择社会资本部门时，VFM 是至关重要的选择依据；另一种在确定了社会资本部门之后的实施阶段，通过计算 VFM 值来评判 PPP 模式的执行是否实现了物有所值。实施阶段的 VFM 通常是循环进行的，直到财务结算为止。比较两种评价，事前评价需要更谨慎地分析各种相关风险和不确定性因素，事后评价则需要实时更新 VFM 所需的基础数据和信息。

按照 VFM 评价的方法来分，可分为定性评价和定量评价。VFM定性评价着眼于难以量化的因素，通常是通过专家分析来定性判断是否采用某一采购模式。例如，全生命周期整合潜力、优化风险分配等。定性的评价方法主要是通过对比 PPP 模式与传统模式的差异，识别 PPP 模式可能带来的各种影响，包括财务影响和非财务影响，必要时候还要对社会接受程度的影响进行评价。通常定性分析的作用是识别 PPP 模式更大范围内的影响，辅助定量评价结果进行PPP模式决策，如英国、爱尔兰、加拿大等，也有国家是单独通过定性分析来进行 PPP 模式决策的，如新西兰。

VFM 定量评价可以用货币量化，通常利用公共部门比较值或基准价格（Public Sector Comparator，PSC）开展评价，即需要建立一个PSC作为评价工具。在决策采用 PPP 模式之前，价格形式为通过估算项目全寿命周期成本而得出的影子报价（Shadow Bid，SB）；在确定采用PPP模式之后，社会资本部门选择时，价格形式为各社会部门实际报价（Actual Bid，AB）；在项目实施阶段，价格形式为PPP项目实际成本（Actual Cost，AC）。将PPP采购模式下的政府支出成本与该标杆价格进行比较，判断PPP模式是否比传统采购模式更

加经济、更有效率，更加物有所值。

8.3.2　财政承受能力评价

财政部《政府和社会资本合作项目财政管理暂行办法》（财金〔2016〕92号）规定，各级财政部门要对本地区拟实施的PPP项目出具财政承受能力论证报告审核意见，方可纳入PPP项目开发目录管理，即PPP项目入库。

财政承受能力评价包括财政支出能力评价以及行业和领域平衡性评价。财政支出能力评价，是根据PPP项目预算支出责任，评价PPP项目实施对当前及今后年度财政支出的影响。由于该项工作没有具体的实施细则，各地都在按财金〔2015〕21号文相关规定进行评价，其主要指标为每一年度全部PPP项目需要从预算中安排的支出责任，占一般公共预算支出比例不超过10%。即PPP项目必须在财政承受能力范围内实施。

财政承受能力论证的PPP项目范围。PPP项目有三种付费模式，分别为政府付费、可行性缺口补助、使用者付费。政府付费为政府承担PPP项目的全部运营补贴支出责任；可行性缺口补助为政府承担部分运营补贴支出责任；使用者付费为政府不承担运营补贴支出责任。财政承受能力论证只在政府付费和可行性缺口补助这两种付费模式下进行论证。

对PPP项目进行财政承受能力论证，是财政安排PPP项目财政支出责任预算的重要依据，PPP项目表面上看是以社会资本投资、建设、运营、管理为主，但因PPP项目的所有权归属政府，并于经营期满后无条件移交政府，其实质是政府用未来财政预算购买政府公共基础设施。所进行财政承受能力论证是控制PPP项目投资风险的重要措施。

8.3.3　社会效益评价

对于大型的工业和建设项目，开展社会效益评价越来越成为项目评价的一项重要内容。目前各国或各地区对于项目的社会效益评价还没有一个统一的认识，但是其内容和方法基本上一致。例如，美国推行环境影响评价与社会影响评价；英国及欧共体推行环境评价包括自然环境影响评价和社会环境影响评价；加拿大的社会评价除分配效果外还包括环境质量与国防能力等方面的影响分析；巴西的社会评价则是指国家的宏观经济分析；阿拉伯工业发展中心与联合国工发组织编制《工业项目、评价手册》是在国民经济评价中包括部分社会效益评价指标。一般而言，关于PPP项目社会效益评价主要有两方面的内容。

（1）以经济学为基础的社会费用效益评价；

（2）以社会学、人类学为基础的社会分析以及社会影响评价。

社会评价的内容和方法源于各国发展经济中克服项目带来的种种社会问题的需要。因此，各个国家的项目社会效益评价方法必然有其自身的特点，不仅受经济制度以及社会发展水平的制约，又受各国项目评价理论方法的发展与实践经验的影响。目前我国的项目社会效益评价方法主要是根据国家发改委投资研究所与住房和城乡建设部标准定额司编制的《投资项目社会效益评价指南》中确定的几种方法，即定量与定性分析方法、有无对比分析法、逻辑框架分析法、利益群体分析法和综合分析评价法。

结合PPP项目特点，可以得出PPP项目的社会效益评价主要涉及社会影响、项目与社会的相互适应性、公平性问题以及政府表现评价四个方面的问题。其中，社会影响和项目与社会的相互适应性评价主要关注项目对所在区的整体的影响，公平性评价关注的是影响的分布，而政府表现评价则是关注项目从政策层面上的影响。

8.4 项目中期评估

PPP项目中期评估，是指政府、项目公司或社会资本委托第三方机构每3～5年对正在运行的PPP项目进行的阶段性总结，旨在客观评价PPP项目的服务质量和运营效率，并为政府监管工作及相关协议条款的调整提供参考，促进项目绩效目标的实现。

8.4.1 中期评估实施的框架体系

中期评估符合"做出分析→发现问题→制定对策"三步走的实操流程。在实践中第一步最重要，重点是弄清楚如何做出分析，分析的内容是什么？与年度绩效监测的分析方法有何不同？这是科学实施中期评估的前提，也决定了中期评估的研究范围和资料收集重点。定性分析与定量分析相结合是中期评估与年度绩效监测共同适用的方法。但不同之处在于年度绩效监测以定量分析为主，它需要建立完整可量化的指标体系框架，最终计算年度绩效考核综合评分。中期评估部分指标虽然有量化需求，但总体分析基本以定性分析为主。这是在分析方法上的主要区别之一，也决定了分析内容、指标体系框架和分析结果的输出流程是根本不同的。

　　如图8-3所示，根据PPP项目中期评估相关规定，结合部分项目实践经验，将PPP项目中期评估框架体系的基本内容概括为三大部分：一是项目层面的项目运行状况评估；二是合作关系层面的PPP项目合同的合规性、适用性、合理性评估，以及政府监管体系的有效性评估；三是产出层面的产出效果评估、物有所值状况评估等。

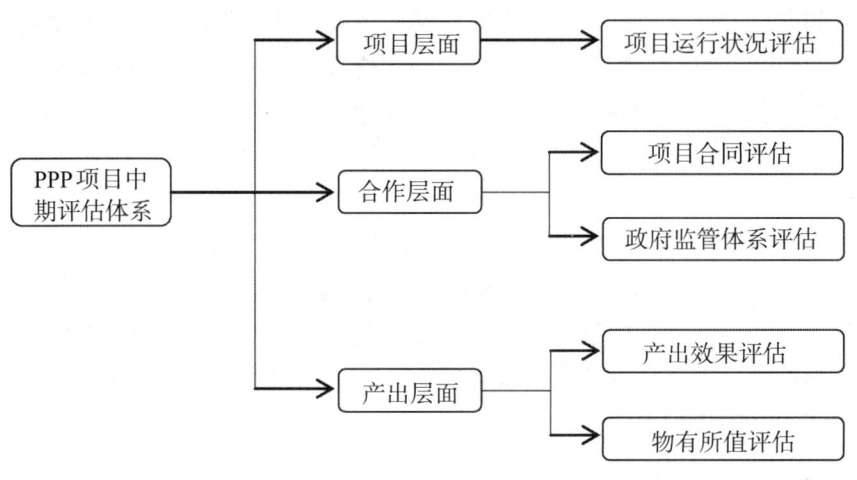

图8-3　PPP项目中期评估框架体系示意图

1. 项目运行状况评估

　　运行状况评估是其他内容评估得以实施的基础和依据。该阶段要广泛收集项目实施过程中的各种资料和信息，除了PPP项目前期审批环节的所有过程资料和合同文件之外，绩效考核方案、年度绩效监测结果、绩效月报/季报、项目公司运营管理过程记录以及其他往来文件资料等都属于需收集的资料范围。该阶段的目的是全面了解项目当前的运行状态，特别是目前绩效目标完成的进度情况、资源消耗情况、成本支出情况以及项目公司运营管理现状等，据此判断项目运行情况的好坏，便于发现问题，及时做出分析并提出对策。

2. 项目合同评估

　　合同评估要全面分析公共政策、市场环境、项目情况等方面的变化，评估项目合同在现阶段的合规性、适应性、合理性上是否存在问题。通过对内外环境变化情况的分析，一是找出原先未识别的新风险因素，研究新的风险分配建议；二是对于原有的与宏观环境变化高度相关的合同条款（如调价机制）不再适用的，经充分评估后给出相关调整建议；三是评估对原合同约定内容和目标的完成情况，整体掌握现阶段合同履约情况和继续顺利履行的可能性。

3. 政府监管体系评估

PPP项目中政府监管体系主要包括监管架构、监管手段、监管内容、监管形式等。政府监管体系评估是分析政府现有的监管体系在实践中是否适用和有效，有没有需要优化调整之处。通过政府监管体系评估，至少可以做到两个动态调整，一是日常监管机制的动态调整；二是绩效考核机制的动态调整。因为政府监管体系主要是基于实施方案、PPP项目合同等前期成果以及对后期环境的预测而设定的，有可能在实践中发现实际效果与预期不符，或因不确定性因素而变得不再适用。

4. 产出效果评估

产出效果评估是基于对项目运行状况的总结分析，评估项目的产出质量与影响情况。主要是根据PPP项目合同以及实施方案的具体内容，将项目实际产出状况与绩效目标对比，从数量、质量、功能、综合影响和可持续性等方面进行分析。主要需要通过对比分析、问卷调查、现场考核座谈、工程资料台账研究等途径进行分析。

5. 物有所值评估

PPP项目每稳定运营三到五年，可能因为调价机制、绩效考核机制、激励约束机制等调整，导致项目识别和准备阶段预测的项目收支现金流发生一定的变化，有必要结合当前阶段掌握的全面的数据资料，重新进行物有所值评估和财政承受能力论证，检验项目是否持续实现了物有所值，必要时需要更新项目库中物有所值评价和财政承受能力论证相关数据。

最后需汇总分析以上三个层面五大部分的评估结果，总结当前项目运行现状与预期目标的一致性情况，评估项目实现原定绩效目标的可能性；并论证项目现阶段执行措施和效果的偏差情况，分析原因，提出纠偏对策。

8.4.2 中期评估的作用

与中长期发展规划、公共政策一样，PPP项目的绩效目标体系中既有近期产出目标，也有远景目标。在PPP项目长期运作过程中，难免会由于不确定因素变化导致偏差的出现。中期评估的重要作用就格外突出，主要作用表现在：

1. 有助于各相关方优化过程管理

根据《财政部关于印发〈政府和社会资本合作模式操作指南（试行）〉的通知》（财金〔2014〕113号），项目运行状况是PPP项目中期评估的重点分析内容之一。考虑到PPP项目运行的长周期特征，每稳定运营一段时间，全面掌

握项目的运行状况尤为重要。对项目公司来说，通过中期评估报告的分析结果，有助于掌握阶段性目标实现程度与预期效果的一致性情况，及时优化后续措施安排。对于政府方来说，通过全面掌握当前阶段项目运行状况，有利于确定后续周期的监管重点，提高项目监管效率和针对性。

2. 满足PPP项目动态管理的需求

对于PPP项目来说，前期稳定的合同安排与后期多变的内外环境之间存在天然的矛盾。即使PPP项目合同考虑再周全，也无法预测到实施过程中所有不确定性因素的变化。这就需要发挥中期评估的动态反馈作用，使政府和项目公司及时做好应对措施。对于能否基于中期评估结果调整相关合约条款，在实践中颇有争议。首先要明确的是中期评估的重点在于指导政府和项目公司优化调整实施对策，以更好地履行PPP项目合同，不应将中期评估当成任意修改PPP项目合同的抓手。其次，根据实践经验，PPP项目中期评估结果通常是作为项目调价、项目支付及未识别风险重新分配的依据。对于确因宏观政策、产出标准、市场环境等发生变化，导致新的风险因素出现，或原合作条件在合规性、适用性上存在显著问题的，经评估后才可以做出适度调整。如果条件允许，最好在PPP项目合同谈判阶段就考虑后期动态调整需要，对预期会发生变化的合同条件预留调整空间，为合同修约提供依据。

3. 满足PPP项目规范运作的要求

《财政部关于印发〈政府和社会资本合作模式操作指南（试行）〉的通知》（财金〔2014〕113号）提出"项目实施机构应每3～5年对项目进行中期评估，重点分析项目运行状况和项目合同的合规性、适应性和合理性；及时评估已发现问题的风险，制定应对措施，并报财政部门（政府和社会资本合作中心）备案"。根据《财政部关于印发〈政府和社会资本合作（PPP）综合信息平台信息公开管理暂行办法〉的通知》（财金〔2017〕1号），项目执行阶段应进行信息公开的资料包括"项目公司绩效监测报告、中期评估报告、项目重大变更或终止情况、项目定价及历次调价情况"等。可见，无论是从PPP项目的过程监管还是信息公开角度看，中期评估都是PPP项目规范运作的必要环节。

此外，中期评估对于指导以后年度绩效监测和项目移交后的项目后评估都有积极作用。中期评估是PPP项目全流程绩效管理体系中不可缺少的中间环节，通过中期评估，在PPP项目实施过程中形成了分阶段分析问题、总结经验的滚动机制，有利于年度绩效监测和项目后评估之间的过渡，保持 PPP 项目各阶段绩效管理工作的连续性和一致性。

8.5　项目后评估

PPP 项目后评估是指对建设期完全结束，已经处于稳定运营期的 PPP 项目的运营状况、实施过程、效益、影响、可持续性、运营效率、监管体系、风险分担、伙伴关系、特许权状态等进行的全面、系统、客观的分析；通过对项目活动实践的检查评估和分析总结，确定项目是否在预期状态和可控范围内；通过及时有效的信息反馈，为实施运营中出现的问题提出改进措施，同时也为项目运营中后期的发展和公私合作状况提出建议，从而达到成功实施公私合营项目的目的。

PPP 项目与一般建设项目相比，一个最重要的特点就是它涉及公私部门的合作，本质上是利益和风险的分配问题。所以与一般建设项目后评估相比，PPP 项目的后评估除了项目本身之外，更重要的是对公私伙伴关系的评估，内容一般包括项目风险的实际分担情况，特许权协议的变更和实践情况和项目的运营效率及监管机制等。

PPP 项目的项目参与方和利益关联方众多，为保证后评估的独立性、有效性和客观性，评估者不应带有任何主观色彩，也不应该只为某个利益主体服务。评估角度也是与项目后评估原则紧密相关的，不同的评估角度所对应的评估目标和评估结果都不相同。对于 PPP 项目来说，为保证评估结果的有效性，应该从全社会的角度来评估，而不带有任何项目参与者利益的色彩。但实际上，评估角度在很大程度上是评估主体决定的，这说明现实中也很难保证完全从中立的角度去评估 PPP 项目。

对于典型的 PPP 项目，由于项目在特许期限结束后要将项目的经营管理权移交给政府，注定了这个时间点必须要认真考虑。一般来讲，对于一个特许期为 30 年的项目，后评估时点可以选为特许期的 10%，即运营三年之后的第四年开始。需要注意，不同类别的项目后评估对时点的要求不同，对于项目过程后评估，只要在运营之后就可以；而对于项目可持续性后评估，需要一定时间段的运营阶段数据，后评估时点至少在五年之后。

8.6　PPP项目的风险分担

8.6.1　主要风险

我国较为常见的风险有融资风险、市场风险、法律变更风险、社会风险等。

1. 融资风险

融资风险是指由于融资结构不合理、金融市场不健全、融资的可及性低等因素引起的风险，其中最主要的表现形式是资金筹措困难。PPP项目的一个特点就是在招标阶段选定中标者之后，政府与中标者先草签特许权协议，中标者要凭草签的特许权协议在规定的融资期限内完成融资，完成融资后特许权协议才可以正式生效。如果在给定的融资期限内发展商未能完成融资，将会被取消中标资格并没收投标保证金。

2. 市场风险

市场需求变化风险是指由于宏观经济、社会环境、人口变化、法律法规调整等其他因素使市场需求变化，导致市场预测与实际需求之间出现差异而产生的风险。

3. 法律变更风险

法律变更风险主要是指由颁布、修订、重新诠释法律或规定而导致项目合法性、合同协议有效性等元素发生变化带来的风险。由于PPP项目涉及的法律法规较多，加上我国现阶段PPP项目还在规范阶段，相应的法律法规仍在健全中，很容易出现这方面的风险。

4. 社会风险

社会风险主要是指由于各种原因导致公众利益得不到保护或受损，从而引起公众反对项目建设所造成的风险。如大型水电工程通常要淹没大片土地，迁移众多人口，其间有大量的征地移民工作，库区厂矿企业搬迁工作，库区交通、电力、通信等设施和生态恢复工作，利益冲突是在所难免的。再如，随着城市垃圾的增加，焚烧正成为我国垃圾处理的主要方式，各地区和城市纷纷开始建设大型垃圾焚烧发电厂，但由于垃圾燃烧可能带来二噁英排放，存在潜在的危险性，会造成垃圾焚烧厂选址周边的居民的恐慌和排斥。

风险的类型主要取决于项目所在的地域位置，例如，无论在国内还是在海外市场，项目的内部风险都没有什么变化。但是海外项目将对外部风险产生巨大而独特的影响，如社会条件、经济和政治环境、未知的程序手续、不熟悉的人力资源市场、新的市场框架体系和政府管制措施等。因此，国际PPP项目中的外部风险管理非常重要。

出于不同的目的，风险有许多分类方法。在研究了每种风险对其他风险所产生的影响和作用的基础上，Hastak和Shaked于2000年将整个工程建设环境中可能出现的风险划分为国家、市场和项目三个层次的风险。

（1）国家层次的风险：主要是指政治和宏观经济的稳定性，具体来说，即国家对私有或外国财产的保护、国内外货币流通交换和贸易限制，市场规则改变，以及对股息、红利的分配限制规定等。

（2）市场层次的风险：指项目公司在当地市场的技术优势和劣势，市场资源的稀缺性，市场规则的复杂性，以及政府对项目所处产业的政策态度等。

（3）项目层次的风险：项目层次的风险专指项目公司对项目建设与运营，包括后勤补给的限制，不合理的工程设计，现场施工安全，不恰当的质量控制手段和环境保护、不恰当的运营手段等。

按风险类别总结的PPP项目常见的风险类型如表8-2所示。

表8-2 按风险类别划分的PPP项目主要风险

风险层次	风险类别	风险
国家层次	政治风险	国有化、取消、扣押、没收 项目唯一性（无竞争项目） 法律变更 项目审批延误 政府无作为或负面作为 当地合作伙伴的可靠性 现有设施状况及相关规定 税率提高（通用、特别） 政治不可抗力 政府中止合同 政府不支付费用
	财经风险	通货膨胀 利率 外汇兑换率 外汇可兑换性

续表

风险层次	风险类别	风险
国家层次	法律风险	设施抵押权、出租权 设施所有权 担保、合同结构 项目公司破产 违反融资合同 担保或抵押权实施或生效 文件或合同（歧义、争端、仲裁和适用法律）
市场层次	市场和收益风险	收费或收益不足 市场对项目及其产品（如电、水、气等）的需求发生变化 产品输送途径（如电网、水、气管等）中断 项目产品使用费（电、水、气、过路或桥费等）收取困难 其他收入不足 偷窃行为（如偷水、偷电、偷气等） 燃油、燃煤等原材料的供应和价格发生变化 政府对利润和收费价格的限制
项目层次	建造风险	土地拆迁与补偿 设备或材料进口限制 成本超支 融资成本增加 工期或质量风险 承包商违约 项目公司违约 工程变更所引起的工期、成本变化 环境破坏（潜在的、现行的、持续的） 考古和历史文物的保护 施工不可抗力
	运营风险	政府部门违约 项目公司违约 运营商能力缺陷 项目公司中止合同 环境破坏（潜在的、现行的、持续的） 运营不可抗力 劳资争端 技术风险 停机时间过长 设备状况（维护）

8.6.2 风险分担

根据PPP项目主要风险制定风险分担有利于项目成功和可持续运营，下面主要介绍两种风险分担方案。

1. 完工风险的分担——特许经营期的设计

完工风险由谁分担或各分担方分担的多少与特许经营期的设计直接相关。

特许经营期的设计包括：（1）选择特许经营期的结构（单时段或双时段，单时段特许经营期是从项目开工建设到项目移交为止，而双时段特许经营期是从项目建设完工投入运营到项目移交为止）；（2）确定特许经营期的长短及形式（常见的特许经营期是固定的）；（3）设计激励措施（有或无激励措施）。

特许经营期的结构为单时段时，完工风险由项目公司承担。不带激励措施的设计中，实际运营期取决于完工时间：提前完工，实际运营期比计划运营期长；延迟完工，实际运营期比计划运营期短。因而：如果提前完工，享受比计划长的运营期所带来的收入；如果延迟完工，承担因运营期缩短所造成的损失。带激励措施的设计与不带激励措施的设计类似，只是完工风险比无激励措施的设计更大：提前完工，实际运营期比计划运营期长并有奖励；延迟完工，实际运营期比计划运营期短并受处罚。

特许经营期的结构为双时段时，完工风险分担要分情况。在不带激励措施的设计中，主要由政府承担。实际运营期与完工时间无关：提前完工或延迟完工，实际运营期都和计划运营期相同。移交时间取决于完工时间：提前完工，提前移交；延迟完工，延迟移交。在带激励措施的设计中，由政府和项目公司共同分担。实际运营期与完工时间无关但奖惩不一样：提前完工，实际运营期还和计划运营期相同，移交时间提前，但有奖励；延迟完工，实际运营期仍和计划运营期相同，移交时间相应延迟，但受处罚。

2. 市场风险的分担——收费设计

市场风险由谁分担或分担的多少与收费设计直接相关。

收费设计包括：（1）确定基本收费的高低及形式（水平、递减、递增）；（2）选择收费的结构（综合收费或组合收费结构）；（3）设计收费调节机制（反映风险因素）。

基本收费的高低与特许经营期相关，为了收回投资，如果特许经营期短，则基本收费高；反之，则低。基本收费的形式则主要考虑现金流的需要。

收费结构是指收费是由一项还是多项费用组成，主要取决于生产成本结

构。收费调节机制的目的是减少通货膨胀、汇率波动、需求变化、生产材料价格起伏、利息波动等因素对项目公司的影响。

不同的收费设计有不同的市场风险分配，即收费设计受多种因素的影响。对于生产成本特性简单的项目，受外界影响的因素较少，可以比较容易地调整收费以反映影响因素的变化，不用组合型收费结构也能很好地进行调节。大多数收费公路项目采用这种收费设计。生产成本特性复杂的项目，其生产成本包含多种成分，每种成分受到不同风险因素的影响，综合型收费难以调整。因此，用组合型结构较好。大多数水厂和电厂项目采用这种收费设计。

另外，为降低项目公司的市场需求风险，对电厂、水厂、废水或垃圾处理厂这些由国有公司控制的项目，政府通常会以或取或付方式承诺购买一定的产量，保证项目公司一定程度的收益（至少包括运营成本和还本付息），有时甚至还以其他财务指标提供担保（如担保最低投资回报率），以提高股东和放贷方对项目的兴趣和信心，增加贷款来源和贷款额，获得更优惠的贷款条件，降低融资成本和降低资本金比例（低于市场平均水平）。但是要特别注意政府有没有准备足够的资源来支持自己的承诺。由于政府的这类担保是在所规定的事件发生后才需要兑现，而在做担保时并不需要付出任何资源，因而政府常常没有准备足够的资源来支持自己的担保。因此，项目公司还应向其他的机构寻求担保，如向世界银行、进出口信贷机构和政治风险担保机构寻求担保，如向世界银行的多边投资担保机构和美国的海外民营投资公司等购买保险。

8.7　传统施工、PPP、EPC的区别

EPC（Engineering Procurement Construction）和PPP都是近年来被广泛讨论的模式，有人也将EPC和PPP做比较。应当说，二者是不同维度的问题。

EPC是工程总承包的一种，在项目决策阶段以后，从设计开始，经招标，委托一家工程公司对设计—采购—建造进行总承包。而PPP的优势在于政府与社会资本的合作模式，侧重解决的是项目融资及后期运营问题。那么，传统施工、EPC和PPP三者究竟有什么不同呢？

1. 从基本情况看

从传统施工、EPC、PPP的适用范围、项目特点、管理费用、招标前提、协调主体、设计主导性、资金筹措、业主参与程度、风险承担上看，三者存在诸多区别（如表8-3所示）。

表 8-3　传统施工、EPC、PPP 的基本情况对比

	传统施工	EPC	PPP
适用范围	建筑、市政、水利、铁路等传统项目	大中型、专业性强的项目,如电力、水利	投资大,需求长期稳定,适合市场化的公共服务类项目
特点	设备采购安装成熟,可以将不同阶段分给不同承包商,设计不复杂	投资规模较大,专业要求高,设计施工可同时进行,整体协调性好	投资规模大,全周期较长,强调后期运营,具有较好的融资属性,整体协调性好
项目管理费用	较大	适中	较少
招标前提	可行性研究、方案设计或初步设计完成后,对设计、施工、采购分别招标	前期手续、可研批复后方可招标,可对设计、采购、施工一次性招标	完成传统项目手续后,还应完成物有所值、财承和实施方案,然后进行招标
协调主体	业主	项目总承包方	项目公司
设计主导性	难以发挥,存在设计单位与施工单位衔接不流畅	充分发挥设计优势、设计施工无缝衔接	设计和施工可通过项目公司协调、对接
资金筹措	自有资金充足	自有资金充足	自有资金不足+融资
业主参与程度	每一阶段都参与	适度参与	较少参与,主要行使监督权
风险承担	双方承担	主要由承包商承担	依据自身职能,合理划分风险

2. 从操作流程看（如图8-4所示）

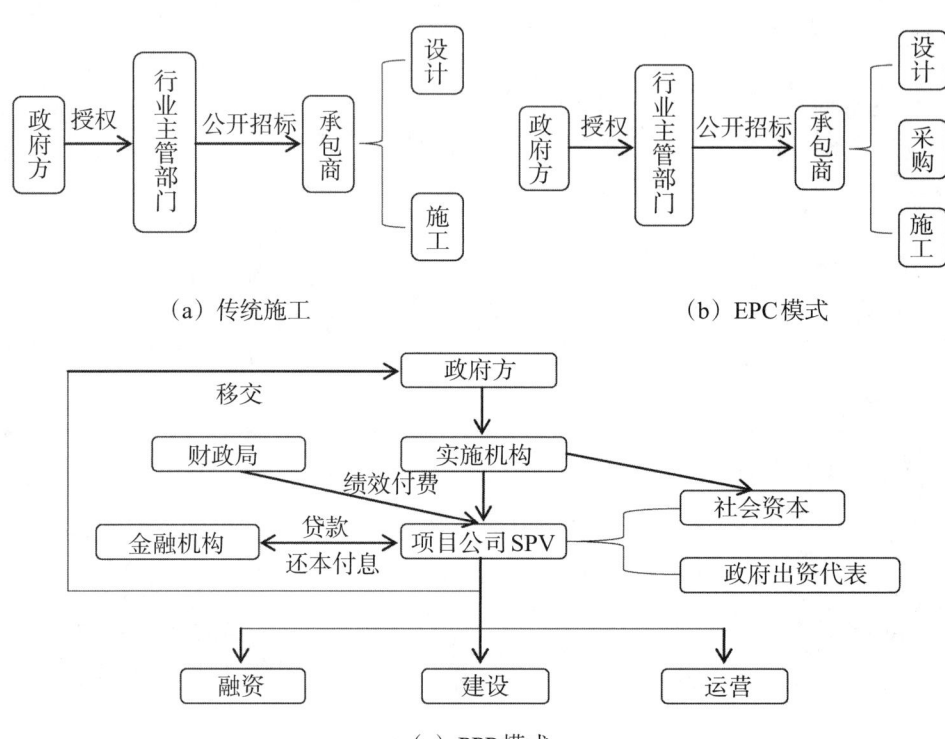

（a）传统施工　　　　　　　　　　（b）EPC模式

（c）PPP模式

图8-4　传统施工、EPC、PPP操作流程

3. 从前期手续看（如表8-5所示）

表8-5　传统施工、EPC、PPP前期手续

传统施工和EPC前期手续	
项目建议书	一般由项目发起人向发改部门提出立项申请
可研报告	对市场、技术、工程、财务等分析后编制
水保环评	水保环评应同级审批
规划选址意见书	明确项目建设的具体位置
土地使用预审	审查土地利用事项，分级预审，逐级上报
PPP项目前期手续	
物有所值评估	判断PPP模式比传统模式节省多少成本
财承论证	判断政府财政支出是否超过必要限度
实施方案	项目概况、风险分配、运作方式、交易结构等

4. EPC 的优点

（1）业主把工程的设计、采购、施工和开工服务工作全部托付给工程总承包商负责组织实施，业主只负责整体的、原则的、目标的管理和控制，总承包商更能发挥主观能动性，能运用其先进的管理经验为业主和承包商自身创造更多的效益；同时提高了工作效率，减少了协调工作量；

（2）设计变更少，工期较短；

（3）由于采用的是总价合同，基本上不用再支付索赔及追加项目费用；项目的最终价格和要求的工期具有更大程度的确定性。

但是，EPC 模式下业主不能对工程进行全程控制；总承包商对整个项目的成本工期和质量负责，加大了总承包商的风险，总承包商为了降低风险获得更多的利润，可能通过调整设计方案来降低成本，可能会影响长远意义上的质量；同时，由于采用的是总价合同，承包商获得业主变更令及追加费用的弹性很小。

5. PPP 模式

（1）公共部门和私人企业在初始阶段就共同参与论证，有利于尽早确定项目融资可行性，缩短前期工作周期，节省政府投资；

（2）可以在项目初期实现风险分配，同时由于政府分担一部分风险，使风险分配更合理，减少了承建商与投资商风险，从而降低了融资难度；

（3）参与项目融资的私人企业在项目前期就参与进来，有利于私人企业一开始就引入先进技术和管理经验；

（4）公共部门和私人企业共同参与建设和运营，双方可以形成互利的长期目标，更好地为社会和公众提供服务；

（5）使项目参与各方整合组成战略联盟，对协调各方不同的利益目标起关键作用；

（6）政府拥有一定的控制权。

6. PPP 模式的缺点

（1）对于政府来说，如何确定合作公司给政府增加了难度，而且在合作中要负有一定的责任，增加了政府的风险负担；

（2）组织形式比较复杂，增加了管理上协调的难度；

（3）如何设定项目的回报率可能成为一个颇有争议的问题。

因此，PPP 模式适用于投资额大、建设周期长、资金回报慢的项目，包括

铁路、公路、桥梁、隧道等交通部门，电力煤气等能源部门以及电信网络等通讯事业等。对于一些专业性较强的项目如：电力、水利，EPC设计与施工无缝衔接的管理优势就体现出来了。

8.8 PPP项目的应用

8.8.1 中国PPP项目的发展历程

1. PPP理论与实践探索阶段（1978年—1994年）

1978年12月，中国共产党召开十一届三中全会，开启了我国改革开放历史新时期，至1995年期间，我国允许大量外资投资国内。外国资本看到我国投资政策的利好消息后，开始与地方政府通过签署协议的方式，在基础设施和公共事业领域开展建设或运营合作，该种合作模式实质上属于PPP，但是尚未出现PPP的完整界定，更无国家层面的法律或政策调整。

该阶段多为地方政府与社会资本（境内外社会资本）对PPP合作模式的前期探索，以及理论界对PPP（主要是BOT）的内涵、外延及具体合作机制等方面的探讨。但是，该阶段也出现了深圳沙角B电厂BOT项目、北京国际饭店PPP项目等，其中深圳沙角B电厂项目于1999年8月在十年运营期满后正式移交，成为我国第一个成功兴建、第一个成功移交的BOT项目。

2. PPP试点应用阶段（1995年—2001年）

在1995年至2002年期间，为了满足我国对公路和电厂项目的建设及运营发展的迫切需求，中国政府对于引导外商投资的态度积极并加以鼓励。以国家计委为首的中央机构从1996年起推选出了数个规范化的BOT试点项目。其中，中央政府对"广西来宾B电厂项目"给予了强有力的支持，正式批准为第一个BOT试点项目，作为后来BOT基础设施项目的参考范本。

1995年1月，对外贸易合作部颁布《关于以BOT方式吸收外商投资有关问题的通知》，同年8月21日，国家三部委颁布《关于试办外商投资特许权项目审批管理有关问题的通知》等规定，为外商采用建设—运营—移交的投资方式（通称BOT投资方式）投资引导到我国急需发展的基础设施和基础产业提供了基本法律调整依据。

3. PPP快速发展阶段（2002年—2012年）

在2002年至2012年期间，中央政府鼓励国家投融资体制的改革与创新，并相继颁布系列政策，如住建部2002年12月27日颁布的《关于印发关于加快市政公用行业市场化进程的意见的通知》、2004年2月24日颁布的《市政公用事业特许经营管理办法》、2005年2月9日发布的《关于鼓励支持和引导个体私营等非公有制经济发展的若干意见》，国务院于2010年5月13日发布的《国务院关于鼓励和引导民间投资健康发展的若干意见》等若干文件的规定，促使了国内外的社会资本通过各种形式参与到公用事业和基础设施的建设及运营环节中。

4. PPP规范管理的发展阶段（2013年至今）

李克强总理在2013年7月31日主持召开国务院常务会议中指出，推进政府向社会力量购买公共服务，部署加强城市基础设施建设。2014年2月国家发改委启动了"基础设施和公用事业特许经营法"的立法工作，5月财政部成立了PPP工作领导小组。在调整PPP项目的政策及规范性文件方面，2014年9月21日《关于加强地方政府债务管理的意见》提出推广运用PPP模式。2015年5月19日《关于在公共服务领域推广政府和社会资本合作模式指导意见的通知》提出在能源、交通运输、水利、医疗、卫生、养老、教育、文化等公共服务领域广泛采用政府和社会资本合作模式。2016年10月24日《传统基础设施领域实施政府和社会资本合作项目工作导则的通知》，提出了传统基础设施领域推广PPP模式的7个重点项目，明确了从项目储备、项目论证、社会资本方遴选、项目执行的四个阶段。目前由财政部主导的《政府和社会资本和做法（征求意见稿）》已经启动，国家层面的PPP法律规制进入立法高潮的前奏。

8.8.2 PPP项目的典型应用

1. 北京地铁四号线

北京地铁四号线项目是国内轨道交通领域首个PPP项目，运营较为成功且其运营经验已在各地广泛推广，堪称是教科书式的轨道交通PPP案例。近年来，北京地铁十四号线、杭州地铁一号线也成功复制了北京地铁四号线的模式。

在北京地铁四号线PPP项目中选择港铁公司作为合作伙伴不仅是引入资金

上的考虑，更为引进世界上先进的运用理念和PPP概念。在谈判过程中港铁公司帮助社会资本和政府更加合理地分摊项目风险，这种合理性使得项目在之后的实施运营过程中更加顺畅。通过引入港铁公司先进的管理模式和先进的技术规范，特别是一些优秀的管理人才，大大加快了地铁四号线经营管理的升级模式。

项目公司的三个股东持股占比为49%∶49%∶2%，这种安排意味着不存在绝对控股一方，各个股东的作用可以同时发挥，政府的实施主体为京投公司（占股49%），可以作为股东参与公司的决策，同时特许经营期结束后更有利于项目的直接交接；而首创公司（占股49%）的参与则有利于港铁公司在境内的运作，帮助港铁公司尽快实现本土化。

项目公司的收入来源于地铁售票，它们在对客流量做出预测的基础上建立了票价调整机制。《在特许权协议》中约定了开通年的初始票价，以及随着CPI、工资、电价等因素变化而进行调整测算票价。如果实际票价低于测算票价，政府向社会资本进行补偿其差额；相反，若实际票价高于测算票价，政府与社会资本可以按比例分成。这种灵活的价格机制有利于四号线项目在长时间段内的运营，也能有效改善项目公司的盈利状况。

2. 英吉利海峡隧道

英吉利海峡隧道又称英法海底隧道、欧洲隧道，由英法两国共同提出建设。英法领导人选定由英法海峡隧道财团提出的建设方案，两国政府均不提供公共资金，全部利用私人资本建设。历时8年多，耗资约100亿英镑（约150亿美元），是世界上规模最大的利用私人资本建造的工程项目。政府授权该公司建设和经营欧洲隧道55年，后来延长到65年，从1987年算起。到期后，该隧道归还两国政府的联合业主。

撒切尔首相把它看作是私人部门有能力建设这样大规模工程的标志，认为是政府树立的一个样板项目。但许多人持否定态度，认为其是一个失败的项目。由于这个工程的预算从1987年估计的48亿英镑，上升到建成时的106亿英镑；全面营运的时间从原来计划的1993年初，推迟到1995年，使欧洲隧道公司的财务状况极端困难，自然大大损害了这个"样板"的形象。有专家估计隧道公司至少每年要亏损2亿英镑，资金流肯定会出现负值，公司将不得不寻求新的贷款，然而谁会愿意再贷款呢。

据该公司的一位高层经理透露，1995年该公司的营业收入约3亿英镑。仅为预测值的60%。不过这位经理解释说，这是因为1995年隧道还没有正常运行，平均每月隧道的客运量仅100万人次，预期今后每年有5%的增长。

除了财务方面的误差，该项目在组织机构、合同方面也面临困难。该项目涉及众多的干系人，包括英、法两国和当地政府的有关部门，欧、美、日本等220家贷款银行，70多万个股东，许多建筑公司和供货厂商，管理的复杂性给合作和协调带来了困难。

隧道列车的采购采用成本加酬金合同，由于无激励因素带来较多延误和超支。同时，由于欧洲隧道是以设计、施工总包方式和快速推进方法建设的，在签订合同时还没有详细的设计，这就在合同执行过程中潜伏了分歧、争议和索赔。

合同各方的对抗曾经引起欧洲隧道的多次危机。例如，1989年总承包商（TML）的费用增加，导致了1990年初业主（欧洲隧道公司）的资金链断裂。于是银行财团、业主和承包商各方产生了尖锐的矛盾，几乎到了项目吹台的边缘。

尽管欧洲隧道在孵化期带来某些先天不足，项目业主又负债累累，但项目特许经营期还未结束，对英吉利海峡隧道工程做全面评价还为时过早。

本章小结

PPP模式作为连接政府和市场的纽带，被广泛应用于大型基础设施项目中。从PPP项目定义及过程来看，涉及各级政府、项目公司、社会投资方、金融机构、承包商、运营商、咨询机构等多领域、多行业的利益相关者，不可避免地会存在更多、更复杂的管理、建设、运营等方面的风险，例如政府信用风险、融资风险、市场风险、法律风险等。

首先，在开展项目立项之前，要进行充分的评估，考虑政府的财政承受能力和物有所值评价，决定是否采用PPP模式。与此同时，在项目运行中期和后期也需要进行效益评估，对项目建设和运营进行实时监督。其次，PPP模式重要特征之一就是风险分担，通过分担机制设计，让优势方承担更多的风险，形成持续、健康的合作伙伴关系，提高项目的总体效益。

与一般的工程项目建设模式相比，PPP模式具有节约政府资本、可行性高、风险可分担、利益协调等优势，但也存在政府风险变大、管理困难等问题。尤其是我国PPP项目发展还不成熟，相关法律法规不完善。政府应承担起相应的职责，例如法律法规制定、环境保障与资金支持、政府保证与信用等，为PPP健康发展创造优越的环境。

（1）PPP项目。政府与私人组织之间，为了提供某种公共物品和服务，以特许权协议为基础，形成一种伙伴式的合作关系，并通过签署合同来明确双方的权利和义务，以确保合作的顺利完成。具有平等合作、利益共享、风险共担、物有所值、全生命周期等特征。

（2）PPP项目生命周期。PPP项目涉及准备阶段、招标阶段、融资阶段和实施阶段生命周期的全过程，项目各参与单位包括项目发起人、项目公司、放贷方/债权人、借款方/债务人、承包商、运营商、供应商及其他方的管理。PPP项目管理的核心任务是从全生命周期考虑项目的物有所值。

（3）PPP项目评估。PPP项目评估是综合考虑项目建设成功与否的重要手段。主要评估内容包括：项目立项评估、项目中期评估、项目后评估。

（4）物有所值。物有所值实质上是一种采购原则，将PPP模式与政府传统采购模式进行比较来判断哪种采购模式实现了物有所值，才能决定项目是否要采用PPP模式。

（5）PPP项目风险管理。风险是所有项目固有的且难以管理的。PPP项目牵涉利益干系人众多，其经验多寡等都构成了风险的主要来源。PPP项目风险管理致力于在风险发生前，通过采取措施减少风险发生的可能性或风险发生后造成的损失。风险管理是PPP项目成功的关键。

（6）风险分担。PPP的本质就包括"风险分担"，需要公共部门和私人部门结合自身优势，本着"利益共享"原则，通过一定的协议实现部分风险转移或分担，提高项目成功概率。若参与方将PPP机制看作风险转移的渠道，势必导致项目失败。

关键术语

PPP模式；PPP项目生命周期；利益共享；风险分担；PPP项目评估；VFM；PPP项目风险

参考案例

第8章参考案例

案例：广安市前锋区工业科技孵化园建设PPP项目的物有所值定性评价方法

摘要：本案例以广安前锋区工业科技孵化园项目为例，说明了项目的物有所值定性评价方法。介绍了项目的背景、建设模式和产出；讨论了VFM评价内容、评价指标及其评价过程；并给出了评价结果。

关键词：PPP项目；物有所值；评价方法

思考与讨论

（1）请分析PPP模式的主要特征。

（2）请阐述PPP项目管理的一般过程。

（3）请阐述VFM评价的含义。

（4）请阐述VFM评价对PPP项目实施的价值和重要性。

（5）请分析PPP项目实现VFM的驱动要素。

（6）请分析风险分担在PPP项目管理中的重要性。

参考文献

[1] 王守清，柯永建. 特许经营项目融资（BOT、PFI和PPP）[M]. 北京：清华大学出版社，2008.

[2] 王盈盈，冯珂，尹晋，等. 物有所值评价模型的构建及应用——以城市轨道交通PPP项目为例[J]. 项目管理技术，2015，13（8）：21-27.

[3] 贡爽. PPP模式在我国基础设施建设中的应用研究[D]. 吉林建筑大学，2017.

[4] 位举. PPP模式工程项目资金风险研究[D]. 电子科技大学，2018.

[5] 郭上. 我国PPP模式物有所值评价研究[D]. 财政部财政科学研究所，2015.

[6] 崔彩云. 基础设施PPP项目VFM驱动机理与治理绩效改善研究[D]. 中国矿业大学，2018.

[7] Mumuni Ishawu, Cheng Guangyu, Emelia, Darko Adzimah, Aliu Moham-medAminu.Achieving value for money in waste management projects：determining the effectiveness of public-private partnership in Ghana[J].International Journal of Managing Projects in Bnsiness,2020.

第9章 全过程工程咨询服务

本章导读

　　作为全书的最后一章，在系统地学习了工程项目管理的知识之后，我们将从全过程工程咨询的角度来探讨如何保质保量按时完成项目的建设。工程咨询是项目投资和工程建设中最重要的环节，本章将从以下几个方面进行学习：全过程工程咨询的概念是什么？全过程工程咨询行业分类是怎样的？全生命周期下的全过程工程咨询服务包含哪些方面？全过程工程咨询服务中总建筑师与总咨询师的角色定位和区别是什么？

9.1 全过程工程咨询概念

9.1.1 工程咨询概念

　　工程咨询泛指是围绕着工程项目而展开和进行的各项咨询服务工作。它遵循独立、科学、公正的原则，运用现代互联网技术、物联网技术、大数据、云计算技术、工程建设技术、科学预测技术、经济分析及工程管理技术、法律法规和财税管理等多学科方面的最佳实践、动态能力、知识领域和经验教训，为国家、各级政府部门、项目投资人、建设单位业主及其他各类客户的建设项目决策和管理提供系列咨询活动的高质量智力服务，包括前期决策策划阶段咨询、立项可研阶段咨询、勘察设计阶段咨询、招标采购（工程）阶段咨询、投资控制造价阶段咨询、建设工程施工阶段咨询、投产运营阶段咨询以及交付使用后的中后期评价咨询等工作。

　　工程咨询这项业务在国际上已有一百多年的发展过程以及不断完善的历史进程，在中国国内则是改革开放后出现的新事物、新业务、新用语。由于中国国内经济发展的特色和实际状况，我们的工程咨询基本上限定在狭义的工程咨询业务方面。狭义的工程咨询的主要业务是编写投资项目可行性研究报告、项目建议书、项目申请报告、资金申请报告、规划咨询、评估咨询等。对于应当包括在工程咨询范围内的招标代理、造价咨询、工程监理、项目管理等业务则按照条块分割的模式在分别进行，没有形成当前国家提出的全过程工程咨询服务的合力，亟待进行市场整合，全面与国际接轨。

从广义角度上说，工程咨询行业是一个综合系统智力型服务行业，其主要职能是运用众多学科知识和最佳实践经验、现代科学技术工具和管理流程及办法，遵循独立、科学、公正的原则，为政府部门和投资者对经济建设和工程项目投资决策与实施提供全生命周期的咨询服务，以提高宏观社会和微观项目的经济效益。鉴于工程咨询是项目投资和工程建设中最重要的环节，国家提出对工程咨询行业进行全面整合，推行全过程工程咨询服务。

9.1.2　工程项目全生命周期

1. 项目生命周期

按照国际项目管理知识体系阐述：项目生命周期指项目从开始到完成所经历的一系列阶段。项目阶段是一组具有逻辑关系的项目活动的集合，通常以一个或多个可交付成果的完成为结束。这些阶段之间可能是顺序、迭代或交叠的关系。项目阶段的名称、数量和持续时间取决于参与项目的一个或多个组织的管理与控制需要、项目本身的特征及其所在的应用领域。阶段都有时限，有一个起始点、结束点或多项控制点。

项目生命周期会受组织、行业、开发方法或所用技术的独特性质的影响。虽然每个项目都有起点和终点，但具体的项目可交付成果及工作会因项目的不同而有很大差异。不论项目涉及的具体工作是什么，生命周期都可以为管理项目提供基本框架。虽然项目规模及复杂程度各不相同，但是典型项目都呈现下列项目生命周期结构的特征，如图9-1所示。

第一特征——项目启动阶段，包括但不限于项目概念、项目策划、项目定义、项目决策等内容；

第二特征——项目规划阶段，包括但不限于项目立项、项目可研、环境评价、勘察设计、招标采购（工程）、合同签订、计划批准、项目报建、三通一平等内容；

第三特征——项目实施阶段，包括但不限于工程施工准备、工程分包、工程测量、施工管理、质量管理、健康与安全管理、环境保护管理、合同管理、设计与工程变更管理、计量与支付管理、分部分项验收管理等内容；

第四特征——项目收尾阶段，包括但不限于竣工验收、合同收尾、竣工结算、竣工决算、项目试车、运营维护、项目评估等内容。

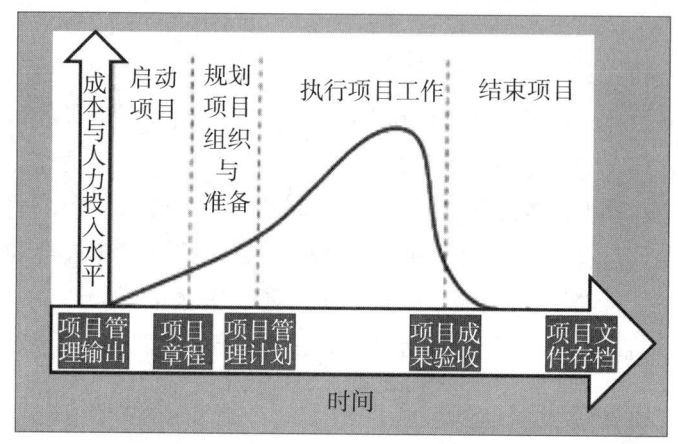

图9-1　通用项目的全生命周期示意图

通用的项目生命周期结构一般具有以下特点。

（1）项目成本（投资）与人力资源投入在项目开始时比较低，在项目工作进入实质性执行期间逐渐增加，并在项目快要结束（收尾进入运营维护阶段前）时迅速回落。

（2）在项目的整个生命周期中，项目开始时（项目启动、项目规划、项目实施三分之一阶段）风险最大，随着决策的制定与项目可交付成果的验收，风险会逐步降低。

（3）在不显著影响成本和进度的前提下，项目相关方（项目干系人）改变项目产品最终特性的能力在项目开始时最大，并随项目进展而减弱。项目做出变更和纠正错误的成本，通常会随着项目越来越接近完成而显著增高。

值得注意的是通用项目全生命周期没有针对项目建成后的运营维护阶段进行系统性的阐述，不得不说是一个缺憾。

2. 工程项目生命周期

工程项目生命周期是针对一个工程项目从立项到完成所经过的所有阶段。所有的工程项目都可分成若干阶段，且所有项目无论大小，都有一个类似的生命周期结构。其最简单的形式主要由四个主要阶段构成：工程项目立项（启动）阶段、工程项目开发或定义（规划）阶段、工程项目执行（实施）阶段和工程项目结束（收尾）阶段。阶段数量取决于项目复杂程度和所处行业，根据工程项目建设工作的需要，每个阶段还可再分解成更小的阶段。图9-2是工程项目生命周期中主要的项目过程。

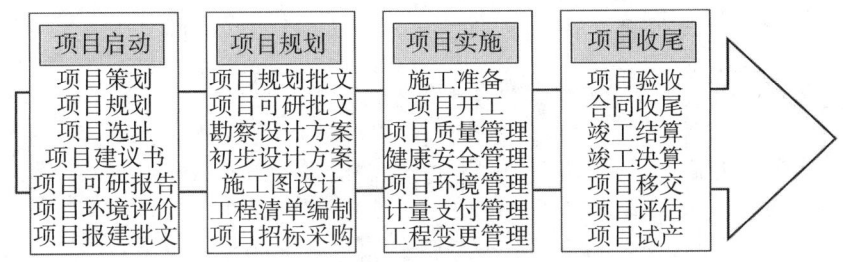

项目启动	项目规划	项目实施	项目收尾
项目策划	项目规划批文	施工准备	项目验收
项目规划	项目可研批文	项目开工	合同收尾
项目选址	勘察设计方案	项目质量管理	竣工结算
项目建议书	初步设计方案	健康安全管理	竣工决算
项目可研报告	施工图设计	项目环境管理	项目移交
项目环境评价	工程清单编制	计量支付管理	项目评估
项目报建批文	项目招标采购	工程变更管理	项目试产

图9-2 工程项目的全生命周期示意图

正是由于工程项目生命周期及具备通用项目生命周期的特点，又体现工程建设独有的特点，它把项目管理的过程管理与项目工程建设任务密切地融会在一起。在实际运作中，合同管理、投资控制、质量管理、项目管理计划等始终贯穿项目建设全过程，由此引申出以全过程建设项目管理、全过程造价咨询服务、全过程投资控制服务、全过程PPP咨询服务、全过程BIM项目管理等为主要内容的全过程工程咨询服务，从而开拓出建设工程市场系统的咨询服务业务，并与工程总承包相互配合、相互依存，将创新建筑行业崭新的局面，同时与国际工程咨询项目完全接轨。

9.1.3 全过程工程咨询服务

全过程工程咨询是一种创新咨询服务组织实施方式，大力发展以市场需求为导向、满足委托方多样化需求的全过程工程咨询服务模式。《国家发展改革委、住房和城乡建设部印发"关于推进全过程工程咨询服务发展的指导意见"》（简称《指导意见》）重点强调：坚持市场培育和政府引导相结合的原则，鼓励咨询单位根据市场需求，从投资决策、工程建设、运营维护等项目全生命周期角度，开展跨阶段咨询服务组合或同一阶段内不同类型咨询服务组合，发展多种形式的全过程工程咨询服务模式。

全过程工程咨询包括全过程工程咨询的概念，全过程工程咨询单位，全过程工程咨询总咨询师和专业咨询工程师，全过程工程咨询服务与代建制/项目管理承包（PMC）/工程总承包（EPC）/工程监理等项目管理模式的区别，国外全过程工程咨询简介，国际全过程工程咨询酬金模式，全过程工程咨询的价值体现、原则与特点、全过程工程咨询的服务对象、全过程工程咨询的目标体系、全过程工程咨询的评判标准等。图9-3为全过程工程咨询项目的全生命周期：

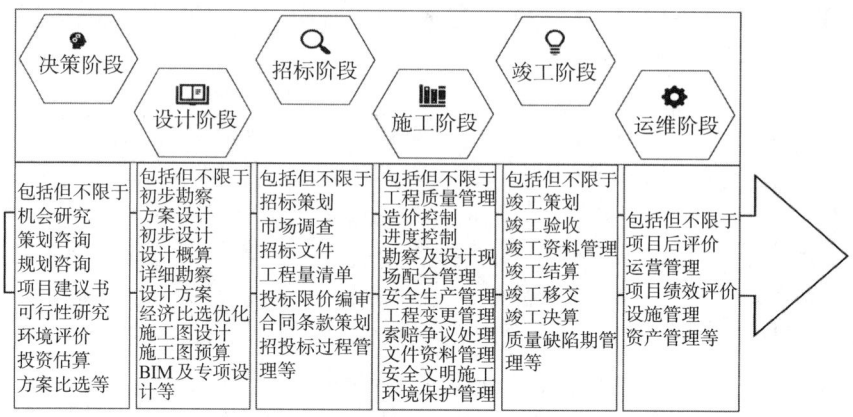

图9-3　全过程工程咨询项目的全生命周期示意图

（1）根据目前国家最新政策文件和FIDIC等有关国际专业组织惯例定义：全过程工程咨询是指对项目从前期决策至后期运营全过程提供组织、管理、经济、技术、法务、财税等各有关方面的工程咨询服务，包括全过程项目管理以及前期决策咨询、策划规划、勘察设计、造价咨询、招标采购、工程监理、运营维护咨询以及BIM技术咨询等专业咨询服务。全过程工程咨询服务可采用多种组织形式，由投资人委托一家单位负责或牵头，为项目前期决策至运营持续提供局部或整体解决方案以及管理服务。

（2）全过程工程咨询单位是指建设项目全过程工程咨询服务的提供方。全过程工程咨询单位应具有国家现行法律规定的与工程规模和委托工作内容相适应的工程咨询、策划规划、勘察设计、招标采购、造价咨询、工程监理、项目管理等一项或多项资质或资信，可以是独立的咨询单位或咨询单位组成的联合体。

（3）全过程工程咨询总咨询师和专业咨询工程师的职责：根据国内外项目实践，全过程工程咨询服务是以总咨询师与总建筑师在项目合作伙伴的法律规范内，建立在以全过程项目管理为核心，以全过程项目策划为灵魂，以总咨询师为全过程咨询总负责，以总建筑师为项目建设总负责，以合作伙伴共生共享的工作协同、业务协同、集成协同、产业链协同、社会化协同的资源整合为重点抓手的基础上，全面集成从前期决策咨询、策划规划、勘察设计、造价咨询、招标采购、工程监理、运营维护咨询以及BIM技术咨询等专业咨询服务，为建设项目提供全方位、全要素的咨询服务，实现项目既定目标和项目增值，从而在新的项目组织构架格局下，对从事全过程工程咨询服务的总咨询师和专业咨询工程师提出了标准化要求。

①总咨询师是指全过程工程咨询单位委派并经投资人确认的，应取得工程建设类注册执业资格或具有工程类、工程经济类高级及以上职称，并具有相关能力和经验为建设项目提供全过程工程咨询的项目总负责人。总咨询师应担任或参与过大中型项目管理相关负责人和实践，或者担任过公司高、中管及项目经理或负责人的经历，具有良好的职业道德素养和从事项目实践职业信用记录，遵纪守法、廉洁奉公、作风正派、责任心强，并建立起承担项目全过程咨询任务相适应的专业技术管理、经济和法律等知识体系。

②专业咨询工程师是指具备相应资格和能力，在总咨询师管理指导下，开展全过程工程咨询服务的相关专业人士。专业咨询工程师主要包括（但不限于）注册建筑师、勘察设计注册工程师、注册造价工程师、注册监理工程师、注册建造师、注册咨询工程师（投资）等相关具备中级职称的工程类、工程经济类、法务财税类的执业人员。专业咨询工程师由总咨询师任命，并报项目投资人、项目业主、全过程咨询单位备案。

（4）全过程工程咨询服务与传统的建设模式（代建制/项目管理承包PMC/工程总承包EPC/工程监理等）的区别：全过程工程咨询涉及建设工程全生命周期内的策划规划咨询、前期可研环评、工程勘察设计、招标代理采购（工程）、工程造价咨询、工程施工监理、施工前期准备、施工过程管理、竣工验收及运营保修、建设项目管理、PPP咨询、BIM咨询、法律财税咨询、投资融资咨询、项目中后期评估等各个阶段的管理服务。在此全生命周期内开展跨阶段全过程咨询服务组合或在同一阶段内实行不同类型咨询服务组合，这种一体化的大咨询，是与传统建筑模式单一的、碎片式的、重复性的咨询服务最显著的区别。全过程工程咨询的最大优点是：有利于增强建设工程内在联系，强化全产业链整体把控，减少管理成本，让业主得到完整的建筑产品和服务。

①全过程工程咨询服务与代建制的主要区别是：代建制主要强制适用于政府投资项目实施全过程项目管理，不提供除项目管理以外的各项专业咨询服务；而全过程工程咨询针对一般项目，为所有项目投资人提供全方位、全要素并包括全过程项目管理在内的工程咨询服务，还可由项目投资人自行选用全过程工程咨询中各类专业咨询服务。

②全过程工程咨询服务与项目管理承包PMC的主要区别是：项目管理承包PMC是受投资人委托对项目进行全面管理的项目管理承包，一般不直接参与项目的设计、采购、施工和试运行等阶段的具体工作；而全过程工程咨询既对项目进行全过程项目管理，也可直接负责项目的前期决策咨询、策划规划、

勘察设计、造价咨询、招标采购（工程）、工程监理、竣工验收、运营维护咨询以及BIM技术咨询等具体工作。

③全过程工程咨询服务与工程总承包EPC的主要区别是：工程总承包EPC是指从事工程总承包的企业通过投标项目中标后，受投资人的委托，按照合同约定对建设项目的勘察设计、采购、施工、试运行（竣工验收）等实行全过程或若干阶段的承包。工程总承包EPC承包商在"固定工期、固定价格及保证性能质量"的基础上完成项目建设工作。在EPC模式下，工程总承包EPC承包商与投资人的法律关系是合同甲乙方关系，而全过程工程咨询单位与投资人的法律关系是委托代理关系，全过程工程咨询单位根据投资人的委托，代行投资人的职责。全过程工程咨询单位与工程总承包EPC承包商虽无合同关系，但受投资人委托，与工程总承包EPC承包商的法律关系就形成了事实上的管理与被管理的关系。

④全过程工程咨询服务与工程监理的主要区别是：工程监理单位主要是对建设项目施工阶段的质量、进度、投资等内容进行监督和控制；而全过程工程咨询单位对项目提供全面的管理和各专业咨询服务工作，其中包含了工程监理工作的全部内容和责任。

（5）国外全过程工程咨询简介。主要有项目决策咨询服务，帮助业主来进行规划、投资决策、建立项目目标等；项目设计咨询服务，提供造价咨询、审查和优化施工图等；项目招投标咨询服务，全过程工程咨询机构取得了清单以后给业主并确定出一个方案，然后经过评审，定下一家中标的公司，业主跟这家公司签订合同，整个过程中通常业主很少参与；施工咨询服务（监理服务），主要是对工程质量、安全、进度、费用进行管控，开好例会，做好记录，最重要的是全过程工程咨询机构要控制合同的变更；竣工验收咨询服务，通常在项目所在地，由工程总承包EPC方聘请一个当地的咨询公司来做竣工验收另外要审查竣工资料的完整性、真实性是否满足业主的要求，办理工程移交和交付，这些都是由全过程工程咨询机构来完成，全过程工程咨询机构在整个过程中大部分行使审查的功能，审批由业主完成。

（6）国际全过程工程咨询酬金模式。全过程工程咨询的酬金模式在国际上有两种方式，一是固定费用（使用率非常少）模式，二是成本+酬金（或者按照人工时）模式。了解国际全过程工程咨询酬金模式对国内全过程工程咨询酬金模式的统一建立有参考作用。国际全过程工程咨询机构合同的费用包括三部分：成本+固定酬金+激励酬金。计算依据如下：

①成本=固定人工时成本+可报销费用；人工时成本=人工时费率+估计总工时；人工时费率=工资+工资附加+管理费+办公室费；可报销费用=计算机辅助设计费+复制费+通信费+差旅费+派遣费。

②固定酬金一般在合同中业主设定的一些里程碑精度要求，按里程碑付款。

③激励酬金一般是商定目标成本，做出成本节约奖励，超出成本惩罚。

（7）全过程工程咨询服务的价值、原则与特点

①全过程工程咨询的价值核心内容有如下四点：

◇提高投资效益，打破条块分割，形成整体效率。

◇保障项目合规，助力政府监督，减少违法违规行为。

◇加强风控预防，降低项目风险，实现风险管控。

◇提高项目品质，增强行业价值，实现高质量建设。

②全过程工程咨询服务的原则仍然坚持工程咨询"独立、科学、公正"的原则。

③全过程工程咨询服务的五大特点主要表现如下：

◇项目共有的特点——每一项全过程工程咨询任务都是一次性的、单独的任务，只有类似而没有重复，与项目的临时性、独特性、渐进明细性等特点内涵相融合。

◇综合智力的劳动——全过程工程咨询是高度智慧化服务的智力劳动，需要多学科知识、技术、经验、方法和信息的集成与创新，咨询成果属于非物质产品。

◇全方位的立体化多维关系——全过程工程咨询牵涉面广，包括政治、经济、技术、社会、环境、文化、旅游、健康等众多领域，需要协调和处理各方面的关系，考虑各种复杂多变的因素。

◇评估结论的正确性——投资项目受到各方面的及不可预见条件的约束较大，全过程工程咨询结论是经过科学的充分分析、研究各方面约束条件和风险管理的结果，可以是肯定的结论，也可以是否定的结论；结论可以是项目可不可行的评估报告，也可以是质量优秀的咨询报告。

◇成果的预测性与前瞻性——合格的全过程工程咨询成果应具有预测性和前瞻性，其质量的优劣除了全过程咨询单位自我评价外，还要接受委托方和外部专家的验收评价，要经受时间和历史的检验。

（8）全过程工程咨询的服务对象与目标

①由于全过程工程咨询服务空间范围、专业领域、业务内容极其广泛，所

以全过程工程咨询的服务对象也相当广泛，其主要服务对象包括但不限于如下：

◇为政府投资人服务。包括但不限于：a.规划咨询：含规划研究、规划评估等；b.重点研究：综合、区域、专项发展规划，内容包括发展目标、发展战略、经济结构、产业政策、规模布局等；c.项目评估：以项目可行性研究评估为主，重点评价项目的目标、效益和风险；d.工程勘察设计：包括工程勘察、方案设计、初步设计、施工图设计等；e.工程项目管理：包括造价管理、招标代理、合同管理、工程监理等；f.项目后评价：通过对项目投入运营后的评价，重点评价目标、效益和项目的可持续能力，总结经验教训；g.政策咨询：宏观专题研究，从宏观层面研究地区或行业的发展目标、产业政策、经济结构、规模布局、可持续发展等问题，为政策的调整和完善服务。

◇为银行贷款人服务。全过程工程咨询服务单位受银行的委托，对申请贷款的项目进行评估。全过程工程咨询服务单位在评估中遵循独立、客观、公正的原则，独立的项目评估报告是银行贷款决策的重要参考依据。

◇为国际组织投资人服务。国际组织指跨国的金融、援助机构，包括世界银行、联合国开发计划署和粮农组织、亚洲基础设施投资银行、亚洲开发银行、泛美开发银行、非洲开发银行等。全过程工程咨询服务单位作为本地区的咨询专家，受聘参与或投标参与这些机构在国内或其他国家和地区贷款及技术援助项目的咨询服务。

◇为企业及其他投资人服务。根据国内多元投资主体的投融资格局已经形成的现状，对于不同投资人全过程工程咨询服务单位的服务内容、重点和深度也有所不同。

◇为工程项目承包人服务。对于大中型项目，承包人都和全过程工程咨询服务单位合作参与工程投标，全过程工程咨询服务单位的身份是作为投标者的分包商为之提供技术服务。全过程工程咨询服务单位以分包商身份承担工程项目咨询，咨询合同只在咨询单位和承包商之间签订。

②全过程工程咨询服务的目标

◇文化为本。中国优秀的传统文化是发展现代建筑设计的本质和内涵，是全过程工程咨询服务的根本出发点。

◇绿色为先。绿色服务是全过程工程咨询服务的前提，强调营造绿色生态自然环境和社会环境，打造优质建设项目产品和咨询产品是全过程工程咨询服务的宗旨。

◇集约发展。全过程工程咨询服务的集约发展是将集约思想融入全过程工程咨询服务工作中，在最充分利用一切资源的基础上，更集中合理的、系统的运用现代化管理与技术，充分发挥全过程工程咨询服务中人力资源的积极效应，才能真正提高建设项目的质量和效率。

◇价值创新。价值创新是全过程工程咨询服务的目的。总咨询师的建设项目应做到：一是从经济的实现条件出发，选择恰当的技术设置，有机协调建设过程中的各个要素，提高整体效率；二是根据社会生产力水平、国家经济的发展状况、人民生活的现状等因素，确定建设项目的合理投入和建造所要达到的建设标准，以求在全过程工程咨询服务中做到以最小的投入去获取最大的经济和使用效益；三是善于把技术问题和经济指标相结合，通过经济分析、经济比较及效果评价等手段，正确认识和处理先进技术与经济合理之间的相互关系。

全过程工程咨询服务单位只有把项目建设成本控制的概念渗透到决策、设计、招标采购、施工、竣工、运营等各阶段的实践中，合理大胆采用先进技术，才能真正实现全过程工程咨询服务的创新发展。

（9）全过程工程咨询的评判标准

①项目立项的规范性。包括项目申报的合规性、项目决策必要的过程是否完整。

②绩效目标的合理性与明确性。包括绩效目标依据充分、合法合规和绩效目标可行性，明确绩效目标中的投资目标、功能目标、规模目标、技术目标、环境目标、节能目标、社会满意度目标的可衡量性。

③项目实施及准备情况。包括项目勘察设计的合规性及程度、招投标组织实施的合规性、项目资金审核的合规性、资金的到位率和及时率、制度执行的合规性和落实性、合同管理的可控性强且变更少、项目质量标准的健全性和质量控制措施的完善性、安全施工措施的充分性、管理制度的健全性、资金使用的合规性、财务监控的有效性等。

④项目社会生态指标。包括较好的社会及生态效益、对所在地的可持续影响，项目技术的先进性、实用性、经济性、安全性，项目对地区、企业效益、环境和社会的影响性。

（10）全过程工程咨询模式在国内的应用

全过程工程咨询在国内处于刚刚启动的阶段，在业务开展方面，大多数咨询企业都还没有相对成熟和完整的概念。因此需要探讨和创新，在探讨和创新中可能会不断衍生出不同的项目管理模式，因此一定要界定好全过程工程咨询服务的工作范围和工作职责问题。对于如何取费，应当参照国外按照合约约定

取费的模式，结合国内按照相对应规定取费的实际现状，逐步统一形成符合国际标准的取费模式，便于全过程工程咨询服务与国际接轨。

全过程工程咨询服务单位一定要适应现在新经济时代的发展。目前，中国正在实现两个重大变革，一是生产方式的变革，涉及生产关系和生产力的变革；二是工程建设组织方式的变革。建筑工业化已是不可阻挡的发展趋势，工程项目从传统模式过渡到EPC模式，EPC模式高风险高利润，对业主、咨询单位、施工单位的能力要求更加提高，招标文件及合同条款将更加细致。同时，建筑工业化的前提基础是设计标准化。建筑工业化意味着设计标准化、构件部品化、施工机械化和管理信息化，其中核心是管理信息化。

管理信息化要求全过程工程咨询要与BIM项目管理相结合。BIM是将建筑产品的设计、建筑信息融入3D的数字模型，为管理信息化提供了信息手段和基础，BIM在建筑领域被称为三维协同设计，BIM的协同有许多优点，比如有效缩短工期，提高工程质量等。在EPC工程建设中，各专业协同设计可以借助使用三维设计软件搭建整体三维模型，实现多专业、多用户同时进入同一模型空间建模以及异地跨国同时建模的工作模式，能够提高设计效率，确保设计图纸质量，加快建设进程，降低人力资源成本。

9.2　全过程工程咨询行业分类

9.2.1　工程咨询业务专业划分

根据《工程咨询行业管理办法（发改委〔2017〕9号）》规定，工程咨询业务按照以下专业划分：（1）农业、林业；（2）水利水电；（3）电力（含火电、水电、核电、新能源）；（4）煤炭；（5）石油天然气；（6）公路；（7）铁路、城市轨道交通；（8）民航；（9）水运（含港口河海工程）；（10）电子、信息工程（含通信、广电、信息化）；（11）冶金（含钢铁、有色）；（12）石化、化工、医药；（13）核工业；（14）机械（含智能制造）；（15）轻工、纺织；（16）建材；（17）建筑；（18）市政公用工程；（19）生态建设和环境工程；（20）水文地质、工程测量、岩土工程；（21）其他（以实际专业为准）。

参照工程咨询业务专业共计21大类的划分，不能完全覆盖全过程工程咨询的业务内容，如文化、旅游、健康、BIM、5G、人工智能等新兴业务内容都未包括进去，这对于全过程工程咨询服务单位开展相关业务取费和服务标准造成了相对困惑，国家相关部门应尽早出台覆盖全过程工程咨询服务的专业范围和取费标准，保障全过程工程咨询行业健康发展。

9.2.2　工程咨询资质专业划分

（1）公路（道路、桥隧、交通工程）；

（2）铁路（轨道、枢纽、桥隧、通信信号）；

（3）城市轨道交通（轨道、枢纽、桥隧、通信信号）；

（4）民航（场道、通信、导航、航管、供油工程）；

（5）水电（发送变电）；

（6）核电、核工业（核电站常规岛；反应堆、核燃料等）；

（7）火电（发送变电、供配电）；

（8）煤炭（矿井、洗选煤、煤化工）；

（9）石油天然气（油气地面、海洋石油、管道输送、油气库）；

（10）石化；

（11）化工、医药（化工工程、产品储运、矿山；化学原料药、中成药、药物制剂）；

（12）建筑材料（水泥工程、玻璃、陶瓷、耐火材料、新型建材、非金属矿）；

（13）机械（含航天、航空、船舶、兵器、汽车）；

（14）电子（电子系统、基础件、微电子工程）；

（15）轻工（造纸、食品、烟草、制糖、制盐、日用化工、家电、皮革、包装工业等）；

（16）纺织、化纤（纺织、印染、服装；化纤原料、化纤工程）；

（17）钢铁（冶炼、轧钢、金属材料、焦化和耐火材料、矿山）；

（18）有色冶金（有色、黄金、冶炼、金属材料、焦化和耐火材料、矿山）；

（19）农业（种植业、畜牧业、渔业、设施农业）；

（20）林业（营造林、林产工业、林产化学、生态环境、森林工程）；

（21）通信信息（有线通信、无线通信、通信铁塔、邮政工程、信息化）；

（22）广播电影电视（广播电视发射、传输、电影工程）；

（23）水文地质、工程测量、岩土工程；

（24）水利工程（水库枢纽、引调水、灌溉排涝、河道整治、水土保持、城市防洪、围垦工程）；

（25）港口河海工程（港口、航道、通航建筑、水上交通）；

（26）生态建设和环境工程（生态建设；水污染防治、大气污染防治、固

体废物处置、噪声防治、污染修复工程）；

（27）市政公用工程（市政交通、给排水、燃气热力、风景园林、环境卫生）；

（28）建筑（含人防工程）；

（29）城市规划；

（30）综合经济；

（31）其他（按具体专业申请，比如：旅游工程、商物粮、气象工程、国土资源、土地整理、减贫工程、移民工程、海洋工程、新能源等）。

以上为国家发改委指定的工程咨询各专业资质类别的划分，均涵盖了原工程咨询规定相应内容，缺陷仍然是不能覆盖全过程工程咨询服务的全部内容，主要局限在编制项目建议书、编制项目可行性研究报告和项目申请报告、评估咨询的范围。

由于我国长期实行条块分割，工程咨询由国家发改委管理，工程建设方面由住建部管理，上述工程咨询专业并未涵盖勘察设计、造价咨询、招标采购、工程监理、竣工验收、运营维护、项目后评估等相关业务。

9.2.3　工程咨询服务范围

根据国家发改委相关文件规定，工程咨询服务范围包括如下四大类：

（1）规划咨询：含总体规划、专项规划、区域规划及行业规划的编制；

（2）项目咨询：含项目投资机会研究、投融资策划，项目建议书（预可行性研究）、项目可行性研究报告、项目申请报告、资金申请报告的编制，政府和社会资本合作（PPP）项目咨询等；

（3）评估咨询：各级政府及有关部门委托的对规划、项目建议书、可行性研究报告、项目申请报告、资金申请报告、PPP项目实施方案、初步设计的评估，规划和项目中期评价、后评价，项目概预决算审查，及其他履行投资管理职能所需的专业技术服务；

（4）全过程工程咨询：是项目业主或投资人委托全过程工程咨询服务单位对工程项目的组织实施进行全过程的管理、咨询和服务。由全过程工程咨询服务单位任命和业主/投资人认可的总咨询师负责的咨询团队采用多种服务方式组合，为项目决策、实施和运营持续提供局部或整体解决方案以及管理服务，服务范围涵盖了除工程施工以外的所有业务。

9.3　全生命周期下的全过程工程咨询服务

9.3.1　全过程工程咨询知识体系

由于全过程工程咨询服务为新开展业务，目前没有标准的知识体系结构，我们根据实际工作中的最佳实践和案例经验，参照国内相关专家论述，如图9-4所示，提出下列建设项目全过程工程咨询知识体系框架。

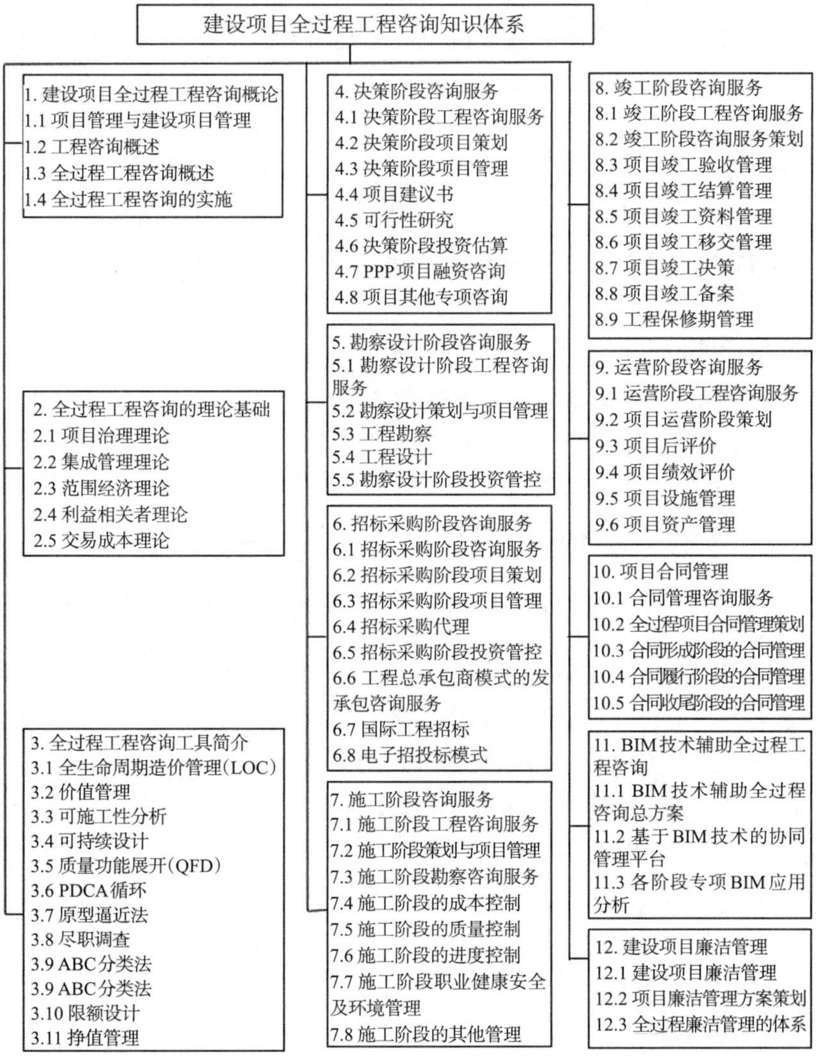

图9-4　建设项目全过程工程咨询知识体系示意图

建设项目全过程工程咨询知识体系包含了12项知识领域，共计75个知识点或咨询过程，6个项目阶段过程组［决策阶段咨询服务、勘察设计阶段咨询服务、招标采购（工程）阶段咨询服务、施工阶段咨询服务、竣工阶段咨询服务、运营阶段咨询服务］，6个配套技术工具过程组（全过程工程咨询概论、全过程工程咨询理论基础、全过程工程咨询工具、全过程项目合同管理、BIM技术辅助全过程工程咨询、建设项目廉洁管理）。建设项目全过程工程咨询知识体系阐述了较完整的全过程工程咨询服务的内容，对于指导全过程工程咨询服务工作具有很好的引导作用。

《国务院办公厅关于促进建筑业持续健康发展的意见》中对"全过程工程咨询"描述为"鼓励投资咨询、勘察、设计、监理、招标代理、造价等企业采取联合经营、并购重组等方式发展全过程工程咨询，培育一批具有国际水平的全过程工程咨询企业。制定全过程工程咨询服务技术标准和合同范本。政府投资工程应带头推行全过程工程咨询，鼓励非政府投资工程委托全过程工程咨询服务。在民用建筑项目中，充分发挥建筑师的主导作用，鼓励提供全过程工程咨询服务。"

上述意见提出了三个重点发展方向：一是联合经营、并购重组为所有工程咨询单位确定了组织构架；二是制定全过程工程咨询服务技术标准和合同范本，提出了标准化建设全过程工程咨询服务提体系（如：全过程工程咨询知识体系）；三是在民用建筑项目中，充分发挥建筑师的主导作用，确定了总建筑师和总咨询师两个团队在建设项目中的协同发展构架。

9.3.2 全过程工程咨询服务体系主轴——全过程建设项目管理

全过程工程咨询服务体系中的主轴是全过程建设项目管理。从政治经济学的角度来讲，项目建设是经济基础，项目管理是上层建筑，项目建设决定项目管理，没有项目建设就没有项目管理；项目管理又反作用于项目建设，从而既保证项目建设成果的成功，又体现项目管理的自身的绩效。在我国原来建筑市场的著作中，项目管理被分割成单一的工程咨询、招标代理、造价咨询、工程监理、工程施工管理等条款行业，而全过程工程咨询服务业务的开展则恢复了项目管理本来的面目，将极大地提升全过程工程咨询单位参与国内国际市场的竞争，在全过程工程咨询服务的实践中，培育一批具有国际水平的全过程工程咨询企业。以全过程建设项目管理为主轴的全过程工程咨询服务如图9-5所示。

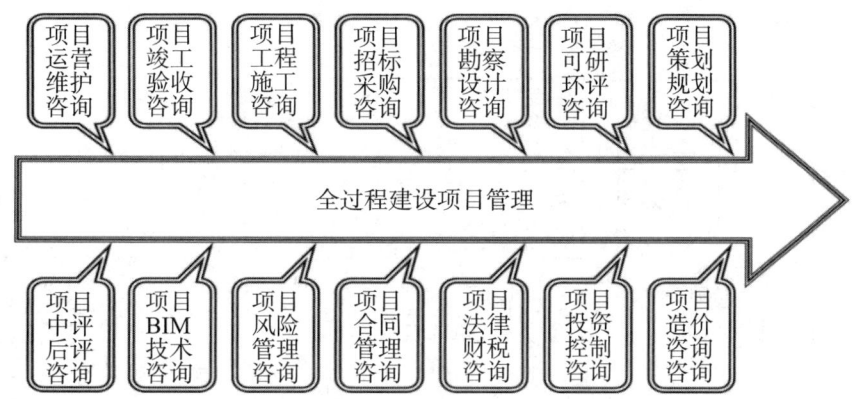

图9-5 全过程建设项目为主轴的全过程工程咨询服务示意图

全过程建设项目管理工作任务分布在全过程工程咨询的决策阶段、设计阶段、招标阶段、施工阶段、竣工阶段、运维阶段，并贯穿全过程合同项目管理、BIM项目管理全生命周期，如图9-6所示（下页）。

全过程建设项目管理作为全过程工程咨询服务的主轴，建立在国际项目管理十大知识领域、五大过程组、47个过程的基础上，针对建设项目主要具体内容包括：

（1）建设项目整体策划管理。项目策划是全过程工程咨询实施后国内有关专家提出的理念，内容主题为"项目策划为先导、投资管控为主线、项目增值为目标的项目管理"，把原来几乎被忽略的策划工作上升到咨询企业开展全过程工程咨询服务业务的核心竞争力。相对应提出"总建筑师对项目成功负责，总咨询师对项目管理成功负责"新的项目管理组织构架，主要框架结构如图9-7所示。

全过程工程咨询的核心主线

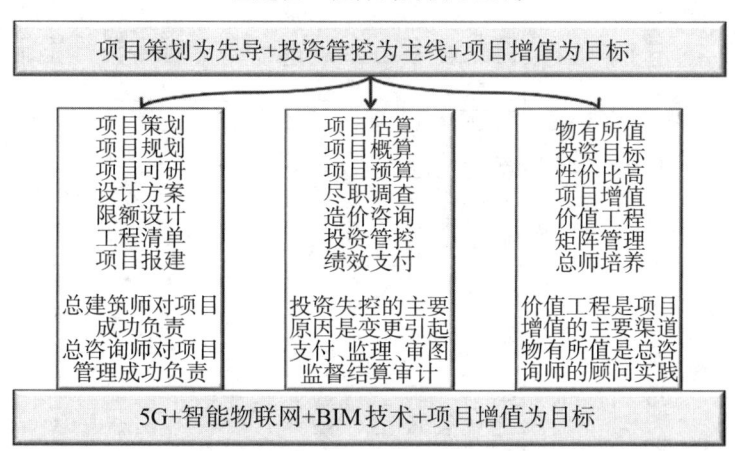

图9-7 全过程咨询项目策划、投资管控、项目增值集成示意图

全过程建设项目管理各阶段及合同、BIM咨询服务

决策阶段

包括但不限于：
1. 项目建议书编制管理
2. 环境评价报告编制管理
3. 节能评估报告编制管理
4. 项目安全评价编制管理
5. 项目社会隐风评编制管理
6. 水土保持方案编制管理
7. 地质灾害危评编制管理
8. 可行研报告编制管理
9. 项目行政审批咨询管理

设计阶段

包括但不限于：
1. 质量目标管理
2. 进度目标管理
3. 投资目标管理
4. 勘察设计责务书的编制
5. 勘察阶段管理
6. 方案设计阶段管理
7. 初步设计阶段管理
8. 施工图设计阶段管理

招标阶段

包括但不限于：
1. 招标采购策划管理
2. 招标采购制度管理
3. 招标采购过程管理
4. 招标采购合同管理
5. 招标采购流程管理
6. 招标采购代理
7. 招标采购阶段投资管理
8. EPC的发承包咨询服务
9. 国际工程招标
10. 电子招标模式

施工阶段

包括但不限于：
1. 投资、进度、质量、职业健康安全及环境管理
2. 施工阶段勘察设计咨询服务
3. 施工阶段的成本控制
4. 施工阶段的质量控制
5. 施工阶段的进度控制
6. 施工阶段的职业健康安全及环境管理
7. 施工阶段的其他管理

竣工阶段

包括但不限于：
1. 项目竣工验收管理
2. 项目竣工结算管理
3. 竣工资料管理
4. 竣工移交管理
5. 竣工决算
6. 竣工备案
7. 工程保修期管理

运维阶段

包括但不限于：
1. 项目后评价
 (1) 项目过程评价
 (2) 项目效果评价
 (3) 项目目标及可持续评价
2. 项目绩效评价
3. 设施管理
4. 资产管理

全过程项目合同管理

包括但不限于：
1. 合同形成阶段合同管理
 (1) 合同体系确定
 (2) 合同内容确定
 (3) 合同文件评审
 (4) 招标文件编制
 (5) 合同订立管理
 (6) 合同法律风险
2. 合同履行阶段合同管理
3. 合同收尾阶段合同管理

全过程BIM项目管理

包括但不限于：
1. BIM技术辅助全过程工程咨询总体方案
2. 基于BIM技术的协调管理
3. 各阶段专项BIM
 (1) 决策阶段
 (2) 勘察设计阶段
 (3) 招标采购阶段
 (4) 施工阶段
 (5) 竣工阶段
 (6) 运营阶段

图9-6　全过程建设项目管理各阶段及合同、BIM咨询服务示意图

建设项目整体策划管理包括决策阶段策划、勘察设计阶段策划、招标采购阶段策划、工程施工阶段策划、竣工阶段策划、运营阶段策划、全过程项目合同管理策划等。主要框架内容如图9-8所示。

建设项目整体策划管理作为可预测实践，为全过程建设项目管理打下了坚实的基础，对总咨询师来说，建设项目整体策划是全过程建设项目管理的灵魂。总建筑师对项目成功负责，那就要对建筑物进行策划；总咨询师对项目管理成功负责，那就要对项目进行策划。

（2）建设项目投资审批、核准、备案管理。建设项目根据投资渠道的不同，分别实行审批制、核准制与备案制（发改部门的核准批文与备案编码）管理。首先，除对于国家、各级政府、国有企业使用政府资金投资的项目，必须严格按照建设项目投资程序进行审批外，彻底改革现行不分投资主体、不分资金来源、不分项目性质，一律按投资规模大小分别由各级政府及有关部门审批的企业投资管理办法。对于企业不使用政府投资建设的项目，一律不再实行审批制，区别不同情况实行核准制和备案制。其中，政府仅对重大项目和限制类项目从维护社会公共利益角度进行核准，其他项目无论规模大小，均改为备案制。项目的市场前景、经济效益、资金来源和产品技术方案等均由企业自主决策、自担风险，并依法办理环境保护、土地使用、资源利用、安全生产、城市规划等许可手续和减免税确认手续。对于企业使用政府补助、转贷、贴息投资建设的项目，政府只审批资金申请报告。其次，规范政府核准制。要严格按照国务院颁发的《政府核准的投资项目目录》限定实行政府核准制的范围，未经国务院批准，各地区、各部门不得擅自增减《政府核准的投资项目目录》规定的范围。企业投资建设实行核准制的项目，仅需向政府提交项目申请报告，不再经过批准项目建议书、可行性研究报告和开工报告的程序。政府对企业提交的项目申请报告，主要从维护经济安全、合理开发利用资源、保护生态环境、优化重大布局、保障公共利益、防止出现垄断等方面进行核准。对于外商投资项目，政府还要从市场准入、资本项目管理等方面进行核准。政府有关部门要制定严格规范的核准制度，明确核准的范围、内容、申报程序和办理时限，并向社会公布，提高办事效率，增强透明度。同时，健全备案制。对于《政府核准的投资项目目录》以外的企业投资项目，实行备案制，除国家另有规定外，由企业按照属地原则向地方政府投资主管部门备案。备案制的具体实施办法由省级人民政府自行制定。国务院投资主管部门要对备案工作加强指导和监督，防止以备案的名义变相审批。

建设项目整体策划管理

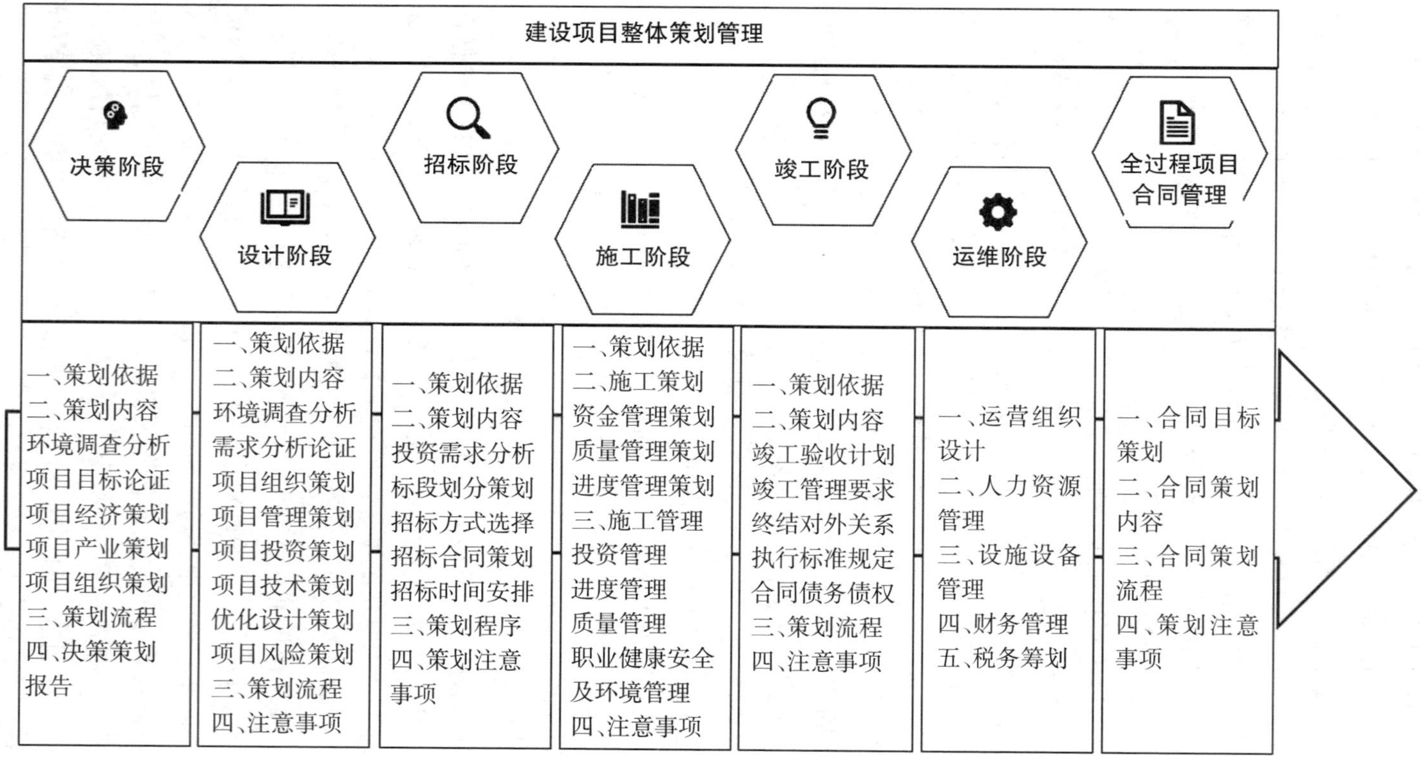

决策阶段	设计阶段	招标阶段	施工阶段	竣工阶段	运维阶段	全过程项目合同管理
一、策划依据 二、策划内容 　环境调查分析 　项目目标论证 　项目经济策划 　项目产业策划 　项目组织策划 三、策划流程 四、决策策划报告	一、策划依据 二、策划内容 　环境调查分析论证 　需求分析论证 　项目组织策划 　项目管理策划 　项目投资策划 　项目技术策划 　优化设计策划 　项目风险策划 三、策划流程 四、注意事项	一、策划依据 二、策划内容 　投资需求分析 　标段划分策划 　招标方式选择 　招标合同安排 　招标时间安排 　招标程序 三、策划程序 四、策划注意事项	一、策划依据 二、施工策划 　资金管理策划 　质量管理策划 　进度管理策划 三、施工管理 　投资管理 　进度管理 　质量管理 　职业健康安全 　及环境管理 四、注意事项	一、策划依据 二、策划内容 　竣工验收计划 　竣工管理要求 　终结对外关系 　执行标准规定 　合同债务债权 三、策划流程 四、注意事项	一、运营组织 　设计 二、人力资源 　管理 三、设施设备 　管理 四、财务管理 五、税务筹划	一、合同目标 　策划 二、合同策划 　内容 三、合同策划 　流程 四、策划注意 　事项

图9-8　全过程建设项目整体策划管理示意图

全过程工程咨询服务单位根据投资性质不同，分别受业主或投资人委托进行项目审批制、核准制或备案制规定范围内的咨询服务工作。

（3）建设项目WBS（工作分解结构细化到每个项目标段及分包工程）管理。包括项目范围说明书、项目进度计划网络图、项目工作包B类估算、项目角色责任矩阵、项目管理计划编制等。

（4）项目报建报批（发改、住建、国土、环保、安监、质监、消防等部门批文与函件）管理。包括项目方案报告、项目建议书、可行性研究报告、选址报告、环评报告、安评报告、水保报告、节能报告等。

（5）项目勘察设计管理。包括项目勘察设计任务书、勘察设计方案、初步设计、施工图设计、限额设计、施工图审核等。

（6）招标代理与物资采购（工程建设模式、材料、设备、仪器等大宗物资）管理。包括EPC工程总承包招标采购、DBB工程项目管理招标采购、PMC项目管理总承包、PPP模式招标采购等，以及各分包工程及设备材料招标采购等，建设项目必须招标的范围示意图如图9-9所示。

（7）全过程项目合同体系（所有与项目有关联的合同协议）管理。包括全过程工程咨询总合同及专业咨询合同系列、EPC工程总承包总合同及分包工程合同系列、PPP项目总合同及所有配套服务的项目合同系列、项目投融资合同系列、其他工程项目管理模式的总合同及分合同系列以及相配套的法律、财税、评估合同等。

（8）项目投融资（政府投资、自有资金、银行贷款、对外融资等）控制管理。包括政府投资的审批项目、企业投资的核准和备案项目、银行贷款项目、国际金融机构及国外政府投资和援助项目、各类金融机构和保险机构融资的项目等。

（9）建设项目施工组织管理（进度控制、成本控制、质量控制三重约束管理）。包括勘察设计对施工图设计的现场优化、施工阶段勘察设计咨询服务、施工阶段投资控制管理、施工阶段的成本控制、施工阶段的质量控制、施工阶段的进度控制、施工阶段分包工程管理、职业健康安全及环境管理、施工阶段的风险管理及其他管理等。

（10）项目信息与文件档案资料控制管理。包括在项目决策阶段提供咨询服务，则需要收集建设工程相关的市场、资源、自然环境、社会环境等方面的信息。

全过程工程咨询信息管理工作流程（总咨询师）示意图如图9-10所示。

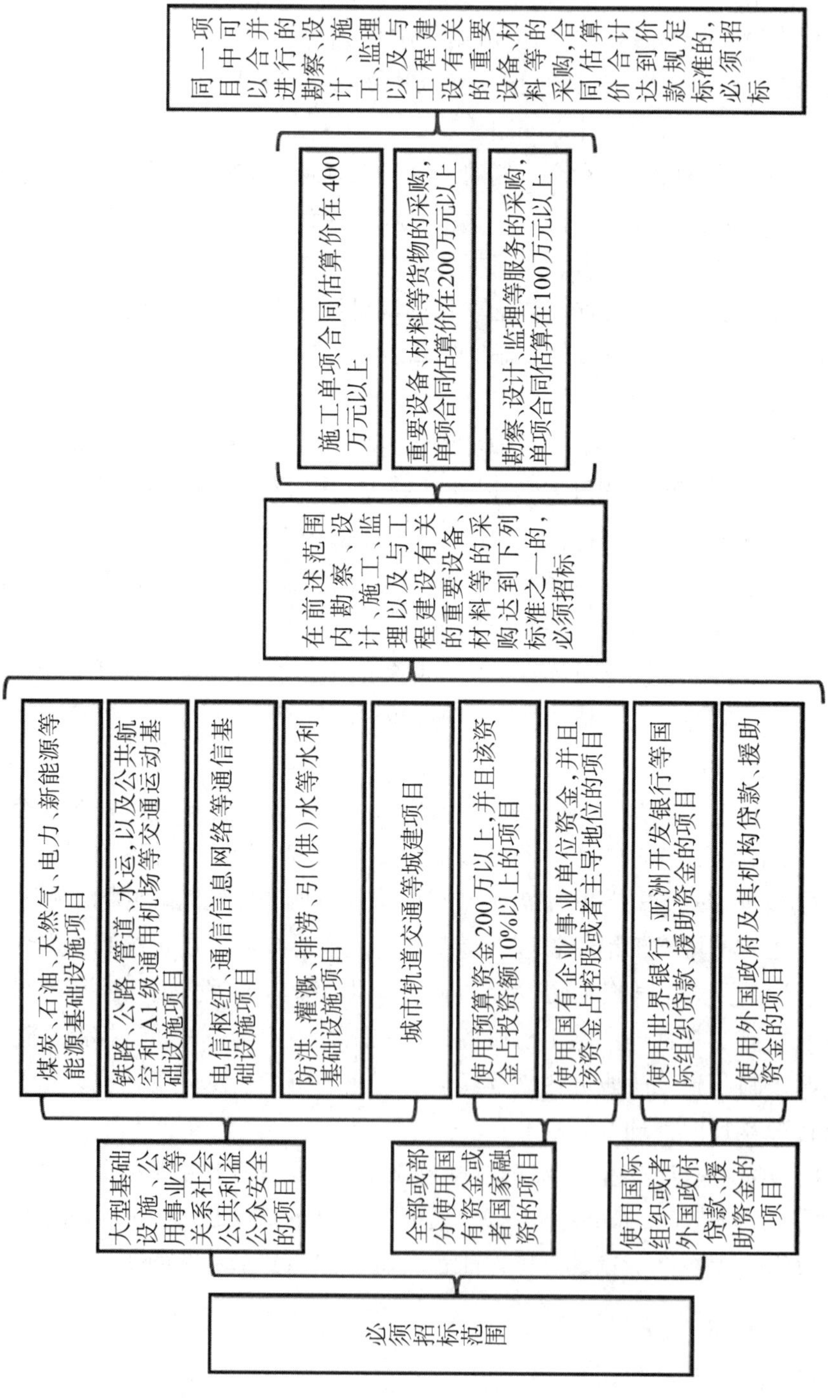

同一项目中可以合并进行的勘察、设计、施工、监理以及与工程建设有关的重要设备、材料等的采购，合同估算价达到规定标准的，必须招标

施工单项合同估算价在400万元以上

重要设备、材料等货物的采购，单项合同估算价在200万元以上

勘察、设计、监理等服务的采购，单项合同估算价在100万元以上

在前述范围内勘察、设计、施工、监理以及与工程建设有关的重要设备、材料等的采购达到下列标准之一的，必须招标

煤炭、石油、天然气、电力、新能源等能源基础设施项目

铁路、公路、管道、水运，以及公共航空和A1级通用机场等交通运动基础设施项目

电信枢纽、通信信息网络等通信基础设施项目

防洪、灌溉、排涝、引（供）水等水利基础设施项目

城市轨道交通等城建项目

使用预算资金200万元以上，并且该资金占投资额10%以上的项目

使用国有企业事业单位资金，并且该资金占控股或者主导地位的项目

使用世界银行、亚洲开发银行等国际组织援助资金的项目

使用外国政府及其机构贷款、援助资金的项目

大型基础设施、公用事业等关系社会公共利益公众安全的项目

全部或部分使用国有资金或者国家融资的项目

使用国际组织或者外国政府贷款、援助资金的项目

必须招标范围

图9-9 建设项目必须招标的范围示意图

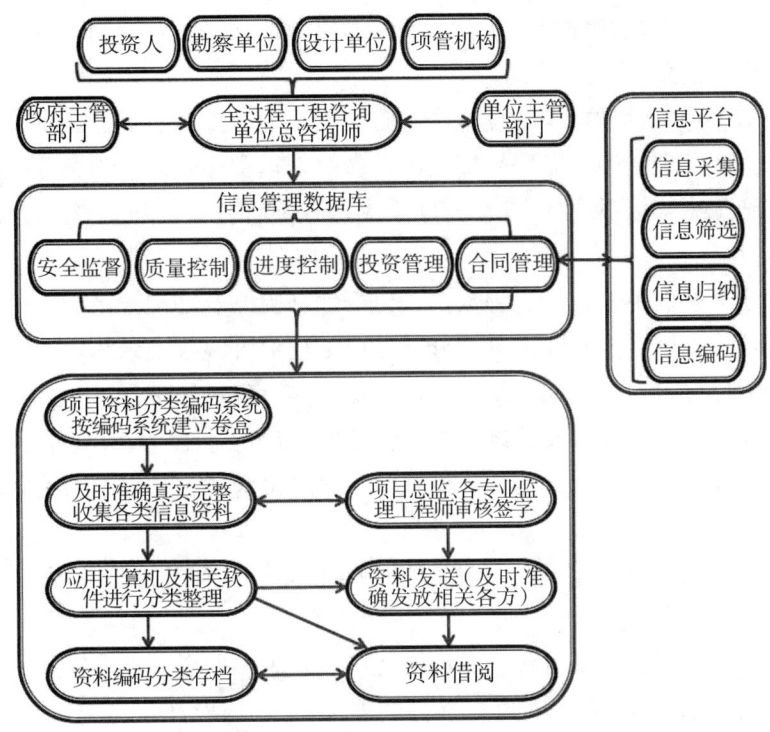

图9-10　全过程工程咨询信息管理工作流程（总咨询师）示意图

在勘察设计阶段提供项目管理服务，则需要收集工程可行性研究报告及前期相关文件资料、同类工程相关资料、拟建工程所在地信息、勘察、测量、设计部门相关信息，拟建工程所在地政府部门相关规定，拟建工程设计质量保证体系及进度计划等。

在招标采购阶段提供项目管理服务，则需要收集工程立项审批文件，工程地质水文地质勘察报告，工程设计及概算文件，施工图设计审批文件，工程所在地工程材料、构配件、设备、劳动力市场价格及变化规律，工程所在地工程建设标准及招投标相关规定等。

在工程建设施工阶段提供全过程工程咨询服务，则需要从如下方面收集信息：

（1）建设工程施工现场的原始地形、地貌、地质、水文、测量、气象等数据，地上、地下管线，地下洞室，地上既有的建筑物、构筑物及树木、道路、建筑红线，水电气管道的引入标志，地质勘查报告、地形测量图及标桩等环境信息。

（2）施工队伍组织机构及进场人员资格，施工组织设计及专项施工方案，分包单位资格等信息。

（3）进场设备的规格型号、保修记录，工程材料、构配件、设备的进场、保管、使用等信息。

（4）施工项目管理机构管理程序，施工单位内部工程质量、成本、进度控制及安全生产管理措施，工序交接制度，事故处理程序，应急预案等信息。

（5）施工中需要执行的国家、行业或地方工程建设标准，施工合同履行情况。

（6）施工过程中发生的工程数据，包括地基验槽及处理记录，工序交接检查记录，隐蔽工程检查验收记录，分部分项工程检查验收记录等。

（7）工程材料、构配件、设备质量证明资料及现场测试报告。

（8）设备安装试运行及测试信息，包括电气接地电阻、绝缘电阻测试，管道通水、通气、通风试验，电梯施工试验，消防报警、自动喷淋系统联动试验等信息。

（9）工程索赔相关信息，包括索赔处理程序、索赔处理依据、索赔证据等。

此外，全过程建设项目管理还包括HSE（健康、安全与环境管理体系）控制管理；总分包参建单位风险与保险管理；试运行投产（工艺、设备、仪表、控制、建筑、安全、经济等环节）管理；项目竣工（分部、分项、中间、竣工等各阶段）验收管理；项目后评价（中期评价、后期评价）管理等重要环节。

9.3.3　全过程造价咨询服务

全过程造价咨询服务是全过程工程咨询服务体系中，直接配套和贯穿全过程建设项目管理的核心内容之一。目前主要根据中国建设工程造价管理协会颁布的《建设项目全过程造价咨询规程CECA/GC4-2017》标准要求进行全过程造价咨询服务，将来全过程工程咨询服务标准的建立将融合这些标准的内容。按此标准的解释为：全过程造价咨询服务是指全过程工程咨询服务单位接受业主或投资人的委托，依据国家有关法律、法规和建设行政主管部门的有关规定，运用现代项目管理的方法，以工程造价管理为核心、合同管理为手段，对建设项目各个阶段、各个环节进行计价，协助业主或投资人以及建设单位进行建设项目投资的合理筹措与投入，控制投资风险，实现投资控制目标的项目服务活动。它的实现方式是全方位造价控制，即：全过程造价咨询企业协助建设单位建立由项目设计、施工、监理等各方参与的造价确定与协同管控机制，并在项目实施各个阶段、各个环节对项目各专业造价采用预测、统筹、平衡、确定等手段实现工程造价动态控制的管理活动。

目前，全过程造价咨询服务将严格按照《建设项目全过程造价咨询规程CECA/GC4-2017》标准开展造价工作。全过程造价咨询服务主要针对建设项目实施阶段的各项工作如下：

（1）建设项目投资估算的工程量清单编制与审核；

（2）项目建设期与运营期经济评价预测的报告编制与审核；

（3）建设项目设计概算的编制、审核与调整；

（4）建设项目施工图预算的编制与审核；

（5）工程方案比选、限额设计、优化设计、报批报建专项造价咨询方案的编制与审核；

（6）工程最高投标限价（即招标或采购控制价）的编制或审核；

（7）工程计量支付的确定，审核工程款支付申请，编制资金使用计划；

（8）建设项目所有单体工程的询价与核价；

（9）建设项目施工过程的工程变更、工程签证和工程索赔的处理

（10）建设项目竣工结算、竣工决算的编制与审核；

（11）项目工程造价信息咨询和其他各配套工程造价咨询工作。

除上述十一项全过程造价咨询服务工作外，建设项目全过程造价咨询服务还要包括对各合同标段进行绩效监测与支付审核，主要开展如下工作：

（1）对各合同标段采用绩效评价付费模式——如对于EPC项目，虽然该工程为总包项目，但在实际操作中各合同标段仍然不可避免地要采取分包的模式，这是现阶段市场现状和企业实际状况决定的。因此，对各分包队伍采用工程绩效评价付费模式比较妥当，在按绩效评价付费的工程中，建设方与各合同标段明确约定项目的绩效标准，并将工程付费与施工单位的绩效表现挂钩，若施工单位未达到约定的绩效标准则会扣减相应的工程付费。

（2）把握好施工环节——根据形象工程进度，每月初编制上月工程量统计报表。对施工单位上报的已签证的工作量报表和付款申请进行评价与审核，完成对上报合同款额的审核，建立合同履约台账，及时反映合同变更、绩效评价、付款审核、承包违约等事项。同时根据各合同标段进度，编制资金用款计划。

（3）抓好变更、结算环节——加强事前控制，掌握第一手资料（变更图纸、设计变更单、技术核定单等资料），参与技术经济分析比较，进行独立平

行计算，及时分析预警。严格核对工程的工程量、单价、费率，在各项工程全部或阶段性完成结算报告后，提交《概算、合同价（施工预算价）、结算价差异对比分析报告》。建立概算、承包合同价（施工预算价）、结算价三级动态投资控制体系，每季度以专题报告的形式对投资变动情况进行分析、建议，实现对项目投资的动态控制。

9.3.4　全过程投资控制咨询服务

建设项目全过程投资控制咨询服务是涵盖建设项目全生命周期的，它包含全过程造价咨询的服务范围，又大于全过程造价咨询的服务内涵，包括决策阶段的投资估算、勘察设计阶段的投资管控、招标采购阶段的投资管控、施工阶段的成本控制、竣工验收阶段的结算与决算、运营阶段绩效评价与资产管理等服务。

要达到项目设定的目标，项目投资控制是获得项目成功的核心问题。首先，巨大的投资体量带来了项目资本金的筹措压力，除了少量的自有资金外，70%～80%的项目建设资金需要银行贷款和对外进行融资。建设项目总投资的主要构成如图9-11所示。

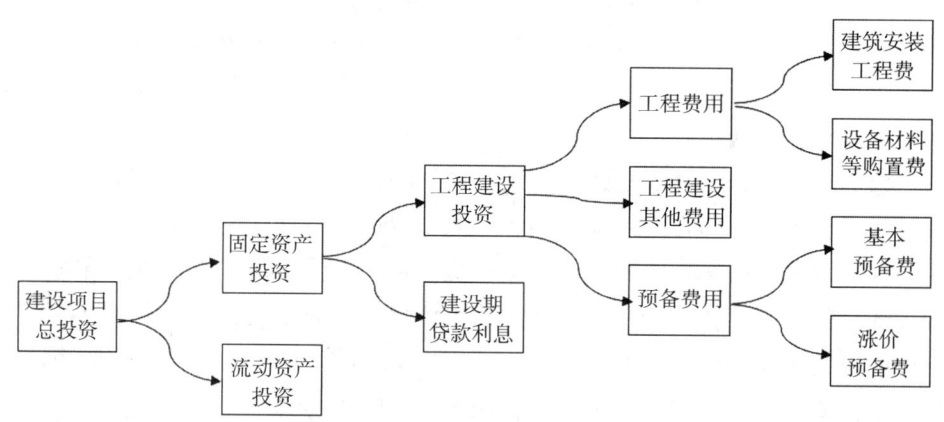

图9-11　全过程工程咨询建设项目总投资构成示意图

其次，由于项目回报周期长，而传统的融资渠道融资成本高，融资期限最多不超过15年，融资期限和项目投资回报的不匹配导致再融资风险和压力加大。另外，国际上普遍采用的有限追索项目融资在国内项目建设中大都不能为金融机构接受，因而要保证项目的投、融资及时到位，使项目建设与运营顺利按计划进行，就必须拓宽融资渠道，创新融资工具。

目前国内主要项目融资可分为股权融资和债权融资：股权融资方式可采用

政策性基金、产业基金、信托投资、IPO等；债权融资方式可采取银行贷款、企业债券、银行间市场债务融资工具、项目收益债券、项目收益票据、资产证券化、融资租赁、资管计划、银团贷款、并购贷款、保险投资债权计划等。同时建立项目融资风险应对措施，降低融资风险和项目风险。项目建设单位要邀请选定的金融机构及早地参与到项目中来，结合金融机构的意见合理确定合作模式、设计融资方案和交易结构，从而保证项目的顺利进行。

建设项目全过程投资控制咨询服务根据项目实际，确定全过程投资控制咨询服务主要内容如下：

（1）建设项目立项过程投资控制。包括项目立项准备资料、项目立项制度、项目审批、核准与备案的申请文件、项目审批、核准与备案的基本程序、项目审批、核准与备案的审查及效力、立项投资控制要点、立项投资控制方法等。

（2）项目设计过程投资控制。包括方案设计、初步设计、技术设计、施工图设计、设计阶段投资控制流程、设计过程投资控制存在问题、设计过程投资控制方法等。

（3）项目招标过程投资控制。包括招标过程工作内容、招标过程投资控制要点、招标过程投资控制方法等。

（4）项目采购过程投资控制。包括采购过程工作内容、采购过程投资控制要点、采购过程投资控制方法等。

（5）项目施工过程投资控制。包括施工过程工作内容、施工过程投资控制存在的问题、施工过程投资控制方法等。

（6）项目竣工交付过程投资控制。包括竣工交付过程工作内容、竣工交付过程投资控制要点、竣工交付过程投资控制方法等。

建设项目全过程投资控制咨询服务就是为了实现该项目的投资目标，将项目投资金额尽可能地控制在既定范围内而进行的一系列管理行为和经济行为。具体来说就是在项目的投资决策、设计、承发包、施工、竣工结算等阶段对项目的投资状态进行各种动态检查、对比、分析，若发现投资进展与既定投资目标不符，立即查明原因，采取纠偏措施，及时纠正，把项目的投资控制在既定的限额之内，从而确保项目投资目标的实现，使得建设项目能够更加有效地利用人力、物力、财力，取得良好的经济效益、社会效益和环境效益。

全过程工程咨询单位在建设项目全过程投资控制咨询服务的项目实施过程中，协助业主或投资人建立全过程投资控制系统，建设项目全过程投资控制咨

询服务通过图9-12建设项目全过程投资控制系统示意图标示的24个节点进行监控，运用系统管理、全生命周期费用管理、价值工程管理、限额设计管理、设计标准化与标准设计管理进行综合管理，取得最佳效果。

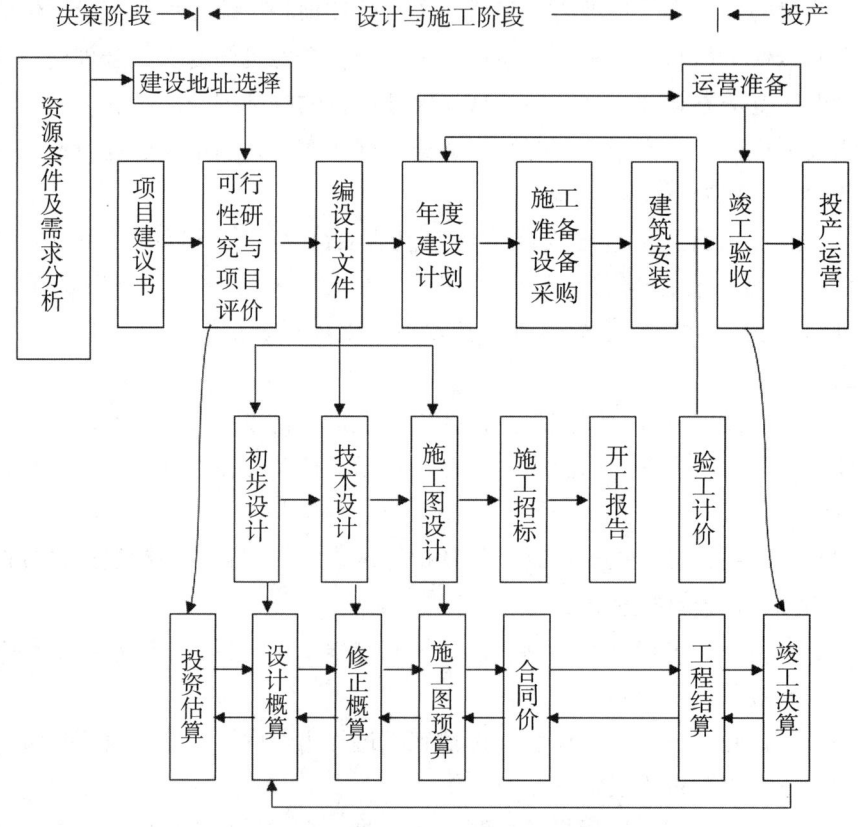

图9-12　建设项目全过程投资控制系统示意图

9.3.5　全过程PPP咨询服务

1. PPP模式概述

PPP（Public Private Partnership，公私合作伙伴关系）模式是指公共部门通过与私营部门建立合作伙伴关系来提供公共产品和服务的一种合作模式。PPP有广义和狭义之分，广义的PPP泛指政府和社会资本合作，是公共基础设施项目建设中的一种融资模式。PPP不仅是一种融资手段，而且是一次体制机制的变革，广泛涉及我国行政体制、财政体制、通融资体制等现行体制的改革。狭义的PPP是指一系列项目融资模式的总称，包括BOT、BOO、TOT等多种模式。PPP模式构成要素如图9-13所示。

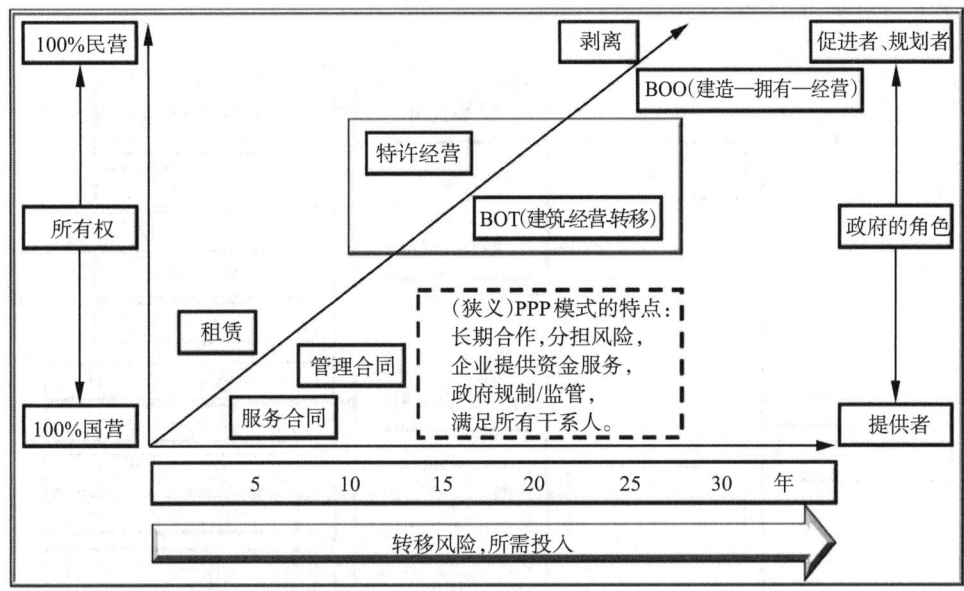

图9-13 PPP模式的广义和狭义框架与要素构成示意图

2. PPP模式特征

PPP模式的本质是一种新型的融资关系，与传统融资模式相比具有如下四个特征：

（1）PPP项目具有实施的长期性特征。最低至少10年及以上，最高为30年及以上。

（2）PPP模式具有公益性的特征。PPP模式由政府主导，其公共管理职能的性质保证了项目的公益性，从而保证公民的效益水平。

（3）PPP模式具有利益与目标不一致性的特征。政府与社会资本通过收益与风险共担机制，按照合理的分配比例，实现PPP项目的利益共享，但是二者的目标是不同的。政府要通过PPP保障社会福利与社会效益最大化，而社会资本是项目利益最大化的追求者。

（4）PPP模式风险分担具有区别性的特征。PPP实施的核心是利益共享与风险分担共担，一般情况下，政府要承担政策法规、税收、恶性竞争、土地划拨等各方面的风险，社会资本则要承担投融资，利率、技术、供应商等方面存在的风险，只有通过合理的分担机制，充分发挥政府与社会资本双方的优势与长处，才能促进项目利益与社会价值的共同提高。

3. PPP模式类别

在参考国外分类方式，结合国内具体项目实际，PPP模式可分为三大类，具体如图9-14所示。

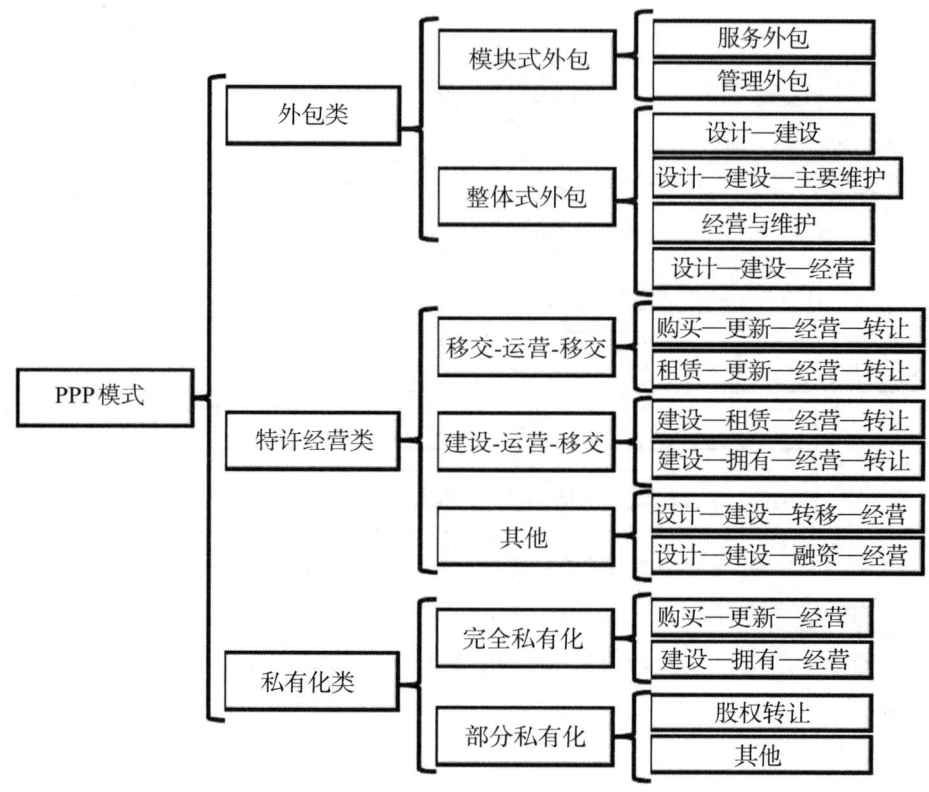

图9-14　适合国内的PPP模式分类示意图

4. PPP模式融资渠道

PPP模式类别的项目往往投资金额巨大，融资方案的优劣很大程度上决定了投资者在项目中的获益，要遵循以下三个通用原则。

（1）成本效益原则。

（2）风险收益均衡原则。

（3）时效性原则。

根据上述原则，可以得出如下三种融资建议，结合项目实际酌情考虑：

第一、最大化使用长期贷款进行PPP项目融资。

第二、最大化使用固定利率贷款进行PPP项目融资。

第三、最小化二次融资风险，二次融资尽量选择在项目建造完成之后。

PPP项目融资主要渠道如图9-15所示。

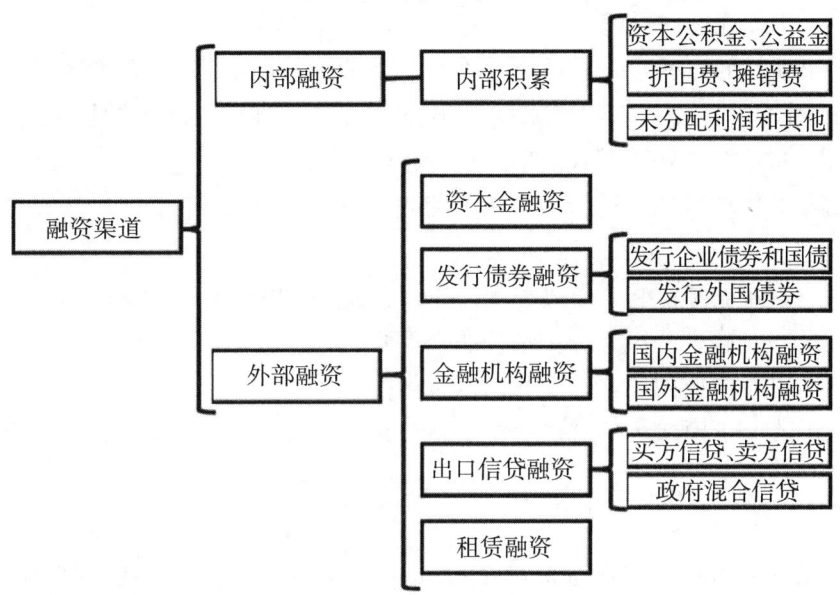

图9-15 适合国内的PPP模式融资渠道示意图

PPP项目的融资究竟以哪种融资方式为主，要具体根据项目实际情况，综合考虑各种因素后确定。

5. PPP模式风险排序

参照国外PPP项目实践，PPP模式下的项目类型风险转移至社会资本的大小排序，便于社会资本在投资项目时根据风险承受能力进行决策。图9-16为风险转移社会资本排序。

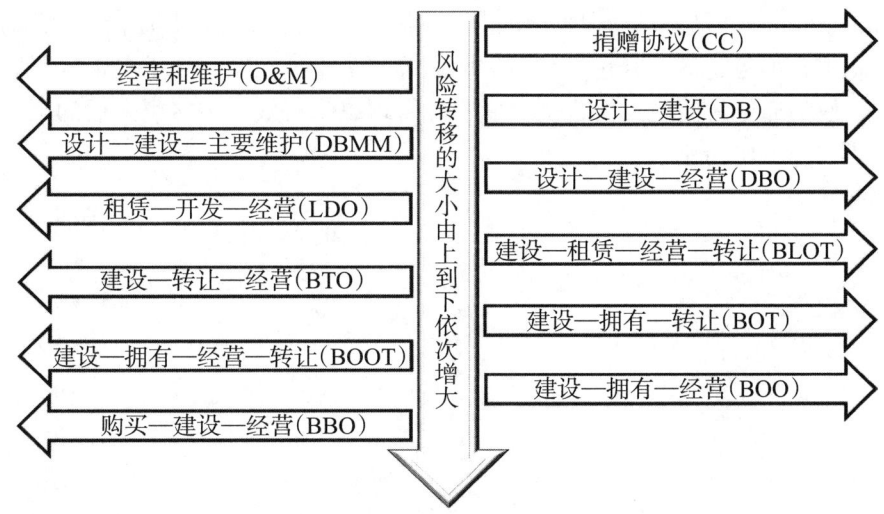

图9-16 PPP模式风险转移社会资本大小排序示意图

6. PPP模式运作过程

PPP项目的开展是一个系统性的操作流程，从项目管理的角度来看，包括项目识别、项目准备、项目采购、项目执行、项目移交五个阶段19个过程组。图9-17为PPP融资模式及项目运行过程示意图。

鉴于PPP项目如何运行多有专著论述，在此不详述。PPP项目融资要注意如下几点事项：

（1）选择合适的PPP模式类型，并针对具体的项目进行运作；

（2）设计合理的风险分担结构非常重要；

（3）加强政府的职能转变和角色转化；

（4）在PPP模式运行过程中形成有效的监管架构，保证项目的顺利实施。

9.3.6　全过程BIM项目管理

BIM（Building Information Modeling）技术是建筑信息模型技术的简称，主要是通过建设工程模型的方式来实现对工程建设真实信息的有效反馈。对于建筑工程项目建设活动来说，在实际展开的过程中，会设计多个环节，需要大量的专业技术人员参与其中，并且各部门之间要做好相互协调工作，保证各个施工环节无缝对接。当BIM术应用到建筑工程项目建设中之后，可以更好地为技术人员提供数据、模型上的支持，同时，也使得各部门之间的协作更加顺利。建设项目在全过程工程咨询服务中采用BIM的应用，将大力革新传统的项目管理模式。借助于BIM技术，以BIM模型作为信息管理有效载体，开展项目全生命周期信息集成管理，使得项目业主或投资人、设计院单位、咨询单位、施工总承包、专业分包、材料供应商等众多单位在同一个平台上实现数据共享，使沟通更为便捷、协作更为紧密、管理更为有效。BIM引入后的项目管理模式如图9-18所示。

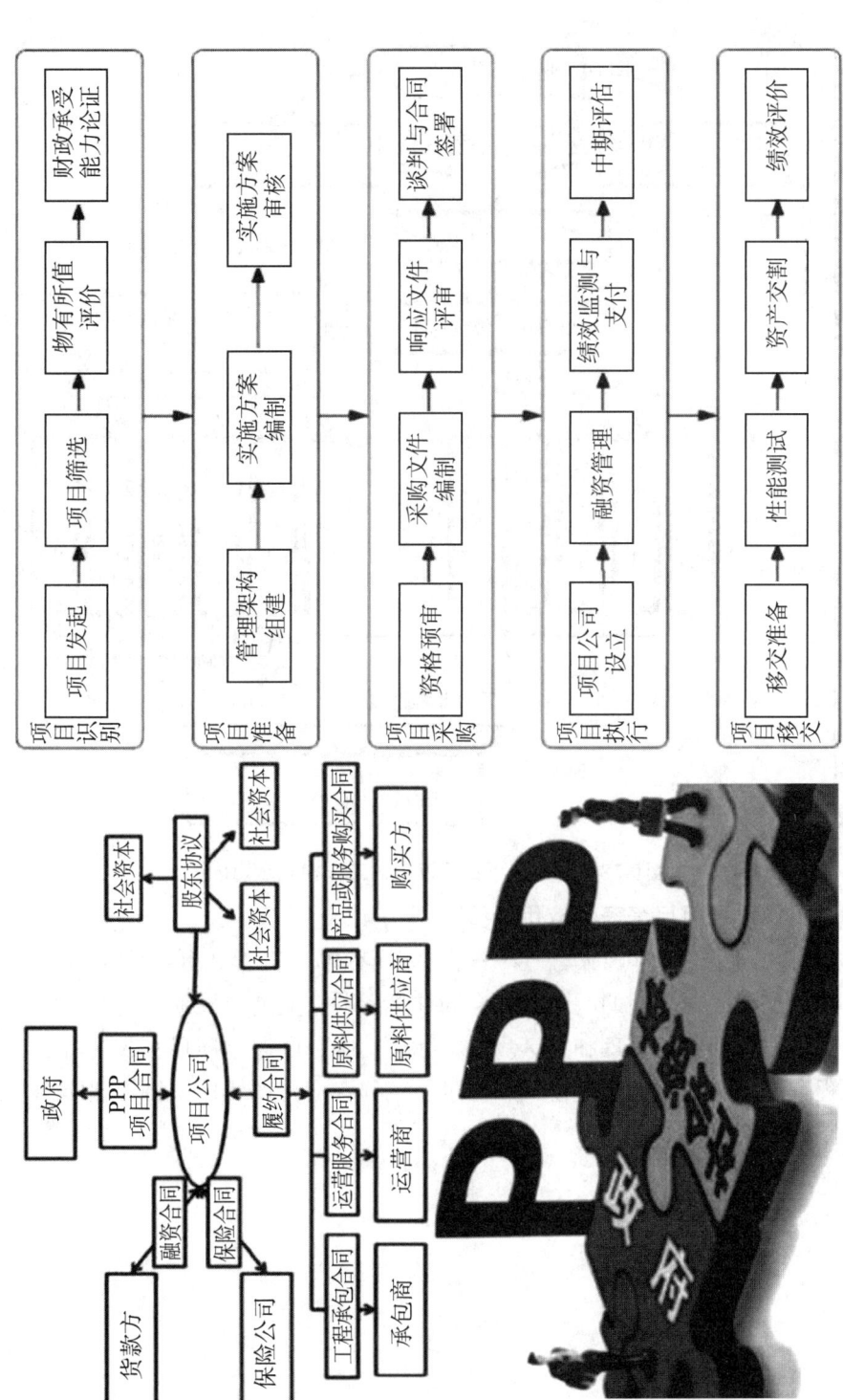

图9-17　PPP融资模式及项目运行过程示意图

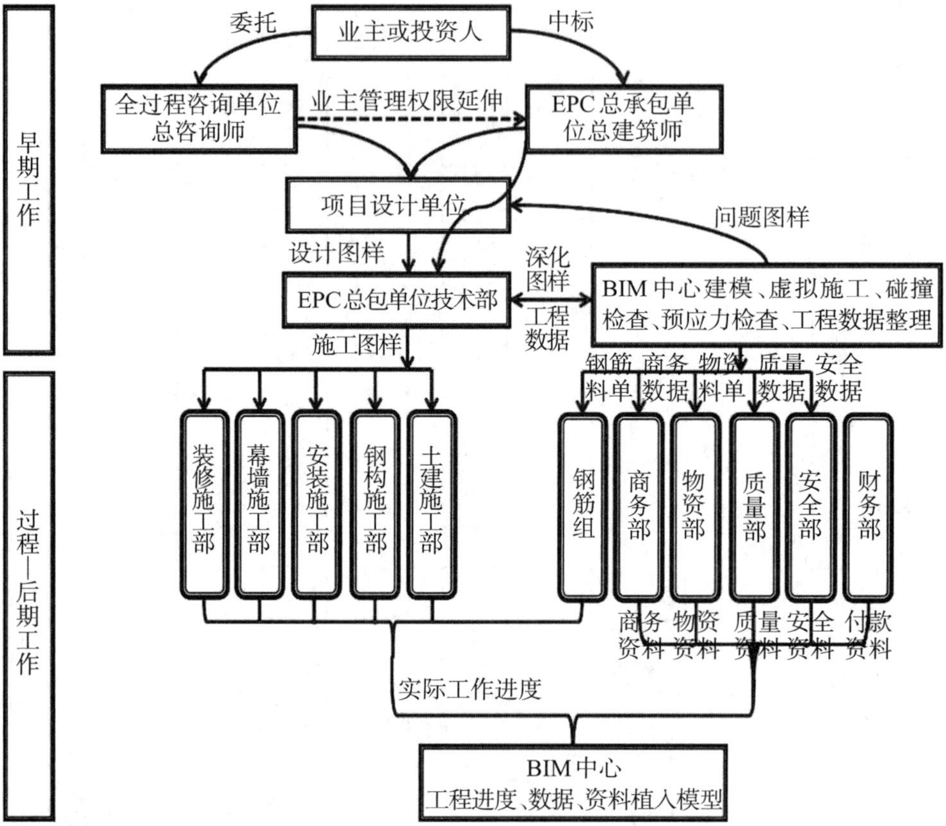

图9-18　BIM在项目管理中的工作模式示意图

1. BIM技术项目管理的应用价值

BIM项目管理协同工作平台——BIM具有单一工程数据源，可解决分布式、异构工程数据之间的一致性和全局共享问题，支持建设项目生命周期中动态的工程信息创建、管理和共享。在实际运用中，已通过项目实践创新了全过程工程咨询五协同项目管理模式和全过程工程咨询合作伙伴项目管理模式，分别如图9-19所示。

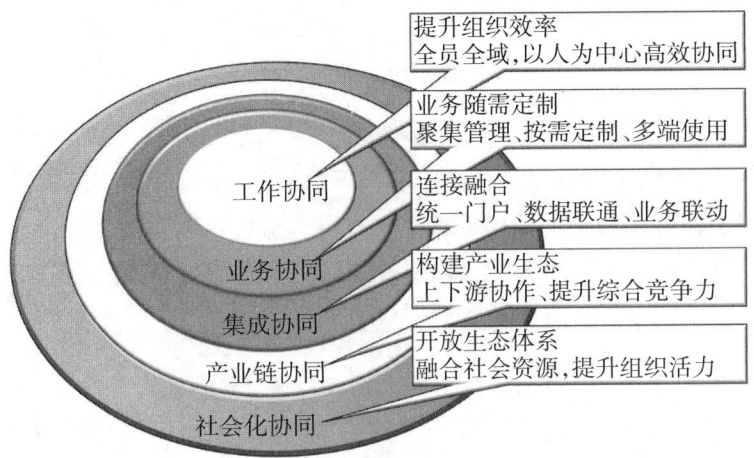

图9-19 全过程工程咨询五协同项目管理模式示意图

建设项目全过程工程咨询五协同项目管理模式主要突出在共生共享方面，从项目工作任务、业务技术管理、信息数据集成、产业上下联动、全员开放生态五个方面形成共生共享的项目协同工作平台，是BIM项目管理的另一种表现形式。

如图9-20所示，全过程工程咨询伙伴关系项目管理模式工作流程由项目准备阶段、项目实施阶段、项目再实施阶段组成。以合作伙伴协议为基础，以合作伙伴项目管理为手段，以目标实现机制为核心等若干关键机制组成合作伙伴项目管理框架。

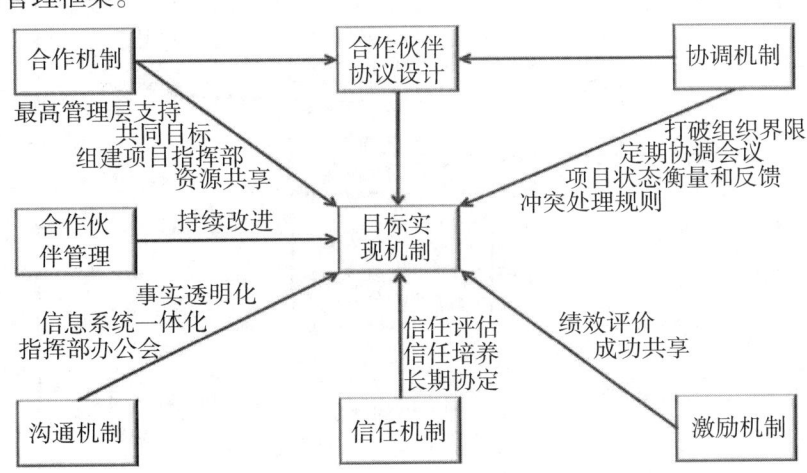

图9-20 全过程工程咨询合作伙伴项目管理框架示意图

如图9-21所示，全过程工程咨询伙伴关系项目管理模式以信任、合作、协调、沟通、激励五大机制作为车轮，推动项目组织列车奔向共同的项目目标。

项目组织
信任机制
合作机制
协调机制
沟通机制
激励机制
共同目标

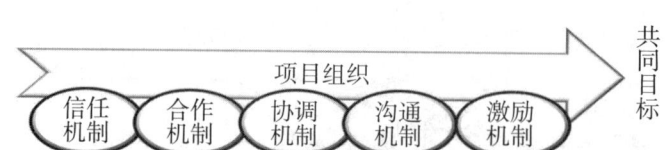

图9-21　全过程工程咨询合作伙伴项目管理共同目标下的五大机制示意图

全过程工程咨询伙伴关系项目管理模式具体流程如图9-22所示。

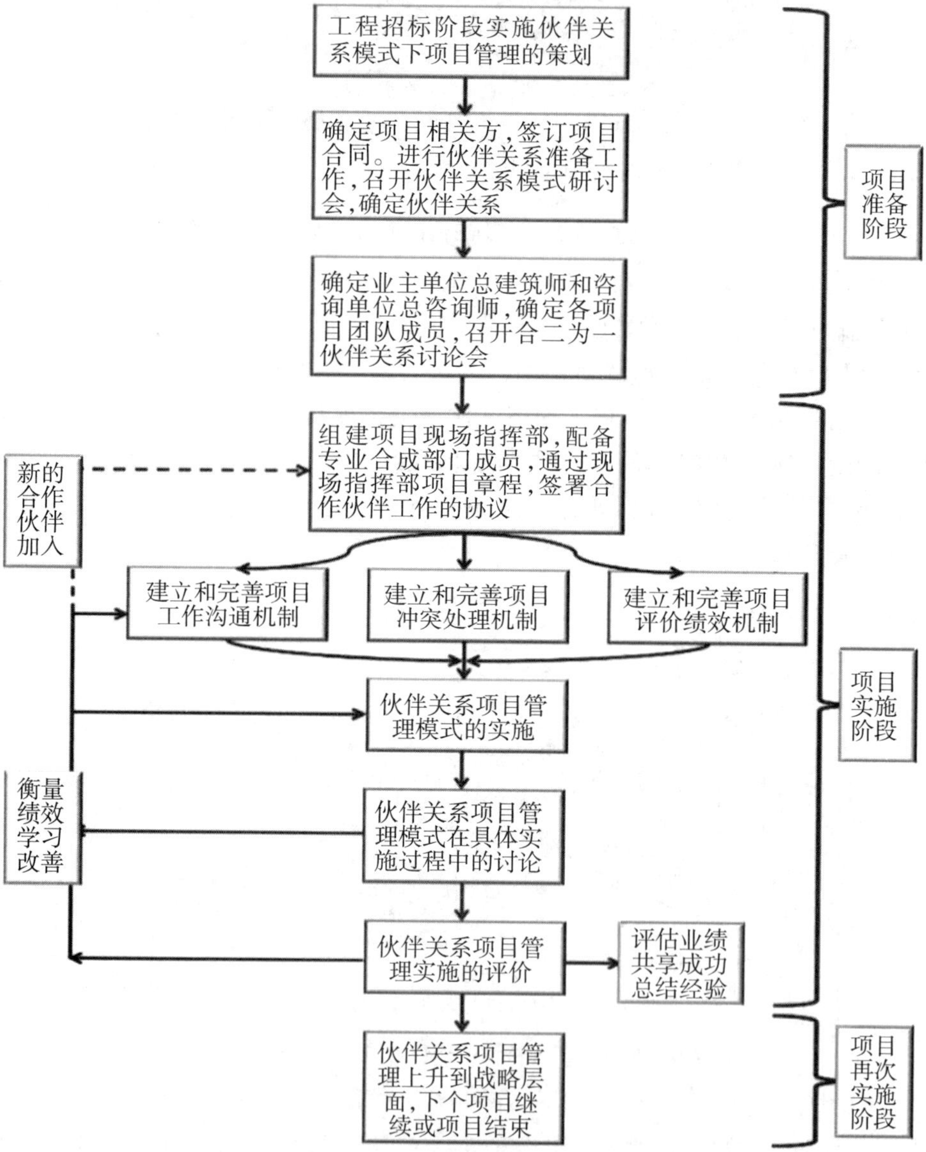

工程招标阶段实施伙伴关系模式下项目管理的策划
确定项目相关方，签订项目合同。进行伙伴关系准备工作，召开伙伴关系模式研讨会，确定伙伴关系
确定业主单位总建筑师和咨询单位总咨询师，确定各项目团队成员，召开合二为一伙伴关系讨论会
项目准备阶段
组建项目现场指挥部，配备专业合成部门成员，通过现场指挥部项目章程，签署合作伙伴工作的协议
新的合作伙伴加入
建立和完善项目工作沟通机制
建立和完善项目冲突处理机制
建立和完善项目评价绩效机制
伙伴关系项目管理模式的实施
衡量绩效学习改善
伙伴关系项目管理模式在具体实施过程中的讨论
伙伴关系项目管理实施的评价
评估业绩共享成功总结经验
项目实施阶段
伙伴关系项目管理上升到战略层面，下个项目继续或项目结束
项目再次实施阶段

图9-22　全过程工程咨询合作伙伴项目管理模式过程示意图

第一、项目准备阶段——实施伙伴合作模式宜在工程项目招标阶段及前期筹备阶段开始策划，及早了解参与项目各方对合作伙伴模式项目管理的期望、及早探讨项目面临的具体问题和影响因素：如进度安排、投资控制、新技术应用、现场施工条件等。准备阶段的重要内容是在业主选定项目参与各方，签订合同后进行合作伙伴模式准备工作，主要包括：

（1）确定建设单位总建筑师和全过程工程咨询单位总咨询师。尤其是总咨询师应当在合作伙伴讨论会之前确定，在总建筑师的大力支持和总咨询师的统一安排指导下，对项目团队进行合作伙伴模式项目管理的培训，指导建立合作伙伴模式项目指挥部和专业合成部门，指导拟定合作伙伴模式协议，准备并主持合作伙伴模式讨论会，指导项目参与各方建立并完善各项合作伙伴项目管理机制等。

按照总建筑师对项目成功负责，总咨询师对项目管理成功负责的原则，总咨询师应具备很好的合作伙伴模式项目管理的经验，有出色的项目管理能力、组织能力、控制风险和处理冲突的能力。从项目层面看，总咨询师应获得合作伙伴双方项目团队的信任，帮助项目团队实现预先确定的目标；从合作伙伴双方单位来看，总咨询师可以激发项目各方的创新能力，具备促成和实现项目目标更大的潜力。

（2）召开合作伙伴模式项目管理讨论会。各参与方拟定讨论项目目标、沟通程序、冲突处理流程并通过这三个文件。

（3）组建合作伙伴项目指挥部。项目指挥部不同于各方的"项目部"，而是由业主或投资人、全过程咨询单位作为主体，包括设计、总包、分包、供货商、用户等派出的代表组成的一个临时共同体，所派出人员参与各专业合成部门的工作，各参与人员职责明确，且具有现场工作的决策权，指挥部是实施合作伙伴模式项目管理的重要组织保障。

第二、项目实施阶段——首先，在项目准备阶段的基础上，在业主、全过程咨询单位作为主体确定的前提下，项目各参与方签订合作伙伴项目管理协议书，并建立起项目沟通机制、冲突处理机制、项目工作评价机制；其次，在项目实施过程中，不断完善项目沟通机制、冲突处理机制、项目工作评价机制，持续改进合作伙伴项目管理的动态过程；再次，该合作伙伴项目管理是一个开放的流程，可以随着项目的进程，吸收新的合作伙伴，合作伙伴协议也可以随着项目的进展不断修改完善。通过项目实施逐步将合作伙伴模式下的项目管理打造成为解决项目冲突、沟通、风险问题的一个共享平台，保障项目的各项目

标顺利实现。

第三、项目再实施阶段——提出了项目完成后合作伙伴模式项目管理的下一步走向：或者再次在项目层面上进行合作伙伴模式的合作；或者上升到公司战略层面上进行更高层次的合作伙伴模式的合作；或者就此项目后结束合作。

全过程工程咨询合作伙伴模式项目管理流程的关键内容是：确定合作伙伴项目团队；组建合作伙伴项目指挥部；合作伙伴联席讨论会；共同的合作伙伴协议；对合作伙伴模式的实施进行周期性的评估和完善；制定及时有效的方式解决争议的指导方针；为过程改善和风险分担提供的措施。

建设项目全过程工程咨询基于在伙伴关系的方式下进行，在实践中已体现出一定优势，若与BIM项目管理相结合，将产生更好的效果。其核心内容定义为如下几个方面：

（1）全过程咨询服务单位与建设项目各方确立共同目标，彼此认同、各自理解对方的期望和价值。双方在项目中与各方有效沟通、协调，形成一个合作的、超越传统组织边界的项目团队，即以业主方或投资人任命的总建筑师为核心的项目建设团队和以全过程工程咨询单位任命的总咨询师为核心的工程咨询团队合二为一，基于在合作伙伴关系下，形成统一的项目现场指挥部，共同设置各专业合成部门，并对建设项目施工实行穿透式的项目管理。

（2）双方在项目中与各方建立有效的冲突处理程序，及时发现问题解决矛盾。以雷打不动的形式定于每周一召开现场办公会，在指挥部下设子项目总调度室，由总调度长主持现场办公会，掌控项目的进度、成本、质量与安全，项目各方具体工程施工按标段或工作包在每周五下午上报本周工作进展状况、下周工作进度安排及需要解决的问题等，要求指挥部领导、各部门领导、项目各方领导均参加现场会，严肃会议纪律，无故不得缺席。

（3）在指挥部的统一领导下，项目各方共同使用统一的项目管理软件、办公软件、人力资源管理软件、资金管控软件等，所有命令、通知、变更以及需要采用书面的文件资料，除电子版存档外，一律采用纸质文件保存实现信息共享和重要资源的共享。

BIM应用于工程设计——改变了设计创作与手工模型之间反复修改和需要较长时间的设计工作状态，由于BIM其真实的三维特性，采用基于BIM技术的设计软件做支撑，预先导入的三维外观造型做定位参考，发挥其直观、实际的可视化纠错能力，使得施工过程中可能发生的问题，提前到设计阶段来处理，从而减少施工阶段的返工，不仅节约成本，更节省了建设周期。BIM的建立有助于设计对防火、疏散、声音、温度、光照等相关的节能功能进行分析研究，同时更加便于设计人员与业主或投资人等相关参建单位进行沟通。

BIM应用于工程施工管理——BIM进行虚拟施工可以实现动态、集成和可视化的4D施工管理。将建筑物及施工现场3D模型与施工进度相链接，并与施工资源和场地布置信息集成一体，建立4D施工信息模型。从而实现了建设项目施工阶段工程进度、人力、材料、设备、成本和场地布置的动态集成管理及施工过程的可视化模拟，以提供合理的施工方案及人员、材料使用的合理配置，这就在最大范围内实现了资源的合理运用。同时，在计算机上模拟执行建造过程，虚拟模型可在实际建造之前对工程项目的功能及可建造性等潜在问题进行预测，包括施工方法试验、施工过程模拟及施工方案优化等，彻底改变了传统的施工理念和手段。

BIM应用于建设项目运营维护管理——综合运用GIS地理信息系统技术，将BIM与运营维护管理计划相链接，实现建筑物业管理与楼宇设备的实时监控相集成的智能化和可视化管理，及时定位问题来源。结合运营阶段的环境影响和灾害破坏，针对结构损伤、材料劣化及灾害破坏，实现对建筑结构安全性、耐久性分析和预测，达到提前防范的目的。

BIM应用于建设项目全生命周期管理——BIM最关键的意义在于完善了整个建筑行业从上游到下游的各个管理系统和工作流程间的纵、横向沟通和多维性交流，实现了项目全生命周期的信息化管理。BIM的核心是一个由计算机三维模型所形成的数据库，包含了贯穿于设计、施工和运营管理等整个项目生命周期的各个阶段，并且将各种信息始终如一建立在一个三维模型数据库中。BIM全方位能够使总建筑师、专业建筑工程师、总咨询师、专业咨询工程师、总承包单位的项目经理、工程师、施工人员、材料及设备供应商以及业主或投资人等干系人清楚全面地了解项目，便于指导和纠正出现的问题。BIM让建筑专业可以直接生成三维实体模型；结构专业直接获取材料强度及墙上孔洞大小进行计算；设备专业可以据此进行建筑能量分析、声学分析、光学分析等；施工单位可根据混凝土类型、钢筋等信息进行水泥等材料的备料及下料；全过程工程咨询单位则可获取项目前期所需各类信息编制各种项目报告，同时取其中的造价参数、门窗类型、工程量等信息进行工程造价总预算和全过程投资控制等；并提供数据给业主或施工单位进行产品订货。

BIM在促进建筑专业人员整合、改进设计成效方面发挥的作用与日俱增，它将人员、系统和实践全部集成到一个流程中，使所有参与者充分发挥自己的智慧和才华，可在设计、建造和施工等所有阶段优化项目成效，为业主或投资人增加项目价值、减少浪费并最大限度提高效率。

2. BIM项目管理在项目全生命周期各阶段的主要工作内容

（1）项目决策阶段——创建的模型应根据项目全生命期的BIM应用策划做出规划，以实现模型及信息在后续环节中的充分利用。

（2）在设计阶段——将BIM技术用于优化设计方案，提高各专业沟通效率，通过各专业的协同设计提高设计质量。

（3）在招标采购阶段——基于BIM模型优化成果的施工标段划分，减少各标段之间的工作冲突，消除传统施工过程中，由于工作界面冲突而导致效率低下等问题。

（4）在造价咨询阶段——根据BIM模型编制准确的工程量清单，达到清单完整、快速算量、精确算量，有效地避免漏项和错算，最大限度地减少施工阶段因工程量问题而引起的纠纷。

（5）在施工阶段——应基于设计阶段交付的模型，并根据BIM施工应用需要，创建形成施工模型、专项施工模型等子模型。

（6）竣工验收阶段——将竣工验收信息添加到施工过程模型，并根据项目实际情况进行修正，以保证模型与工程实体的一致性，进而形成竣工模型。

（7）运营维护阶段——运维模型宜关联信息应在设计、施工的建设期，具备资产基本信息和建设各阶段资料信息。

3. BIM项目管理应用给项目建设带来的深刻改变

（1）项目工程建设理念的改变——BIM项目管理应用可以预知结果，保证项目目标顺利实现；采用虚拟施工，提高施工技术水平；建设运维平台，提供物业管理支持。

（2）项目工程设计方式的改变——首先，改变了过去手工模型的传统模式，采用专业软件运用3D建模方式进行模型设计，在虚拟世界里就可以完成现实世界里的建筑设计。其次，由于其3D特征的可视化纠错能力直观、实际，对设计师和所有参建项目的人员很有帮助，使得在施工过程中可能发生的问题，提前到设计阶段来处理，控制了风险的发生，既节约了建设成本，又控制了建设周期。

（3）项目工程质量控制模式的改变——解决了建筑物设计对防火、疏散、声音、温度、光照等较高要求的分析计算；采用虚拟施工解决了原先2D图纸无法预测建筑物在施工中出现的问题，虚拟施工的软碰撞提前预测了正式施工中出现的硬碰撞，避免工程建设出现重大失误；实现参建各方的高度高效沟通，工程施工管理走向国际化和精细化，如可视化设计交底、可视化技术交底、精细化施工安排、精确的工程量统计、实现钢结构的预拼装、实现构件工厂化生产、实现框图出价的进度款管理等，为工程后期维护提供准确数据。

（4）项目业主或投资人、全过程咨询单位、项目施工单位（包括但不限于EPC工程总承包单位/PPP项目的SPV项目公司/各类施工单位等）采用BIM项目管理后对工程建设管理模式的改变——首先，建立了工程基础数据统计分析系统。工程基础数据统计分析系统是以创建的BIM模型和全过程造价数据为基础，把原来分散在个人手中的工程信息模型汇总到企业，形成一个汇总的企业级项目基础数据库，企业不同岗位都可以进行数据的查询和分析，为总部管理和决策提供依据，为项目部的成本管理提供依据。工程基础数据统计分析系统的应用流程分为三步：汇集数据→整理和分析数据→利用分析后的数据进行成本管控，如图9-23所示。工程基础数据统计分析系统的建立，使得项目成本分析数据信息化、自动化和智能化。

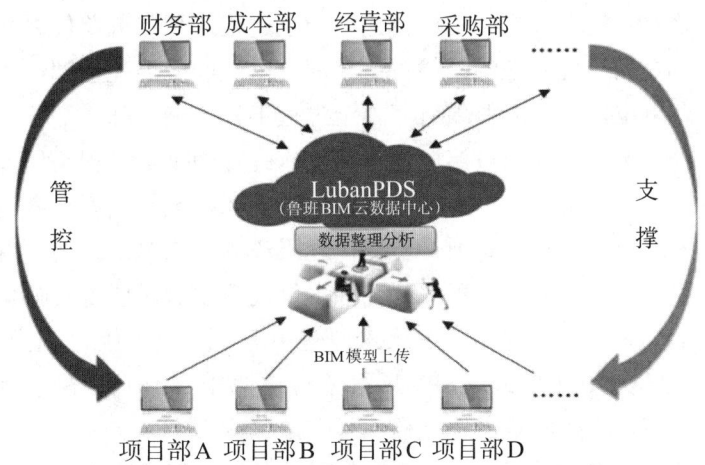

图9-23　BIM工程基础数据统计分析系统示意图

其次，实现项目基础数据全过程服务（PDPS）。PDPS服务体系的核心是由BIM云数据中心和BIM浏览器组成的支撑系统。参建单位及客户随时可以得到从图样到BIM数据的实时服务，大大扩展了BIM的应用价值，也使PDPS实现了标准化、规模化、复制扩展化服务。

再次，BIM项目管理通过进场准备阶段BIM模型的创建、施工阶段BIM模型的实施维护、竣工结算阶段BIM模型的提交完整的全过程BIM项目管理

生命周期的运行，使得大量的数据留存于服务器并经过相应处理形成建筑企业的数据库，日积月累为企业的进一步发展提供强大的数据支持。

9.3.7　全过程工程咨询项目法律与财税专业咨询服务

全过程工程咨询过程中的项目法律与财税专业咨询服务，是建设项目重要的配套咨询服务工作，项目法律专业咨询主要针对各阶段各项工作的法律主体之间的关系。

建设项目各阶段参与主体——包括但不限于各级政府及主管部门，授权担任项目的实施机构，作为项目实施主体、指导和监管主体；项目业主或投资人；项目投资方组成项目公司或基于伙伴关系的项目指挥部；融资贷款的金融机构；全过程工程咨询服务单位；EPC总承包商、分包商；PPP项目的SPV项目公司；勘察设计公司、工程监理公司、项目运营商以及参与投产后的产学研企业单位、设备及材料物资供应商及社会公众用户等。

建设项目基本法律关系如下：

（1）由政府方投资或主导的项目建设与全过程工程咨询单位之间的法律关系——是项目委托代理服务的法律关系，即：由政府方委托达到资格条件的全过程工程咨询单位代理政府对项目实施全过程工程咨询全部或部分工作。委托工作可以采取直接委托或通过招标比选和采购磋商确定全过程工程咨询单位。

（2）由业主或投资人投资的项目（包括核准和备案）建设与全过程工程咨询单位之间的法律关系——是项目委托代理服务的法律关系，即：由业主或投资人委托达到资格条件的全过程工程咨询单位代理政府对项目实施全过程工程咨询全部或部分工作。业主或投资人可以是甲方（建设单位），也可以是乙方（施工总承包单位或PPP模式的SPV项目公司）。委托工作可以采取直接委托或通过招标比选和采购磋商确定全过程工程咨询单位。

（3）政府方与PPP项目公司、EPC工程总承包之间的法律关系——政府方通过采购磋商选择社会资本后成立SPV项目公司，重要的法律关系包括：PPP项目合同体系、风险分担比例、物有所值评估报告、财政承受能力评价报告、项目绩效考核与费用补贴支付等；政府方通过招投标确定EPC总承包单位，重要的法律关系包括：固定总价项目合同体系；设计、采购、施工三者之间的关系，与分包商之间的关系等。

（4）全过程工程咨询单位与PPP项目公司、EPC工程总承包之间的法律关系——在PPP项目中一般分两个阶段，在项目识别和准备阶段项目由政府主导，由政府委托全过程工程咨询单位完成前期咨询工作。当SPV项目公司成立后由项目公司委托全过程工程咨询单位完成后期所有咨询工作。对于EPC工程总承包项目，全过程工程咨询单位受业主或投资人委托，是业主或投资人权力的延伸，对EPC总承包单位是管理与被管理的法律关系。

（5）项目融资法律关系——融资合同可能包括项目业主与投资人与融资方签订的项目贷款合同、具有独立法人的项目公司与融资方签订的项目贷款合同、担保人就项目贷款与融资方签订的担保合同、政府与融资方和项目公司签订的直接介入协议等多个合同，其中项目贷款合同是最主要的融资合同。

（6）项目具体实施过程中的法律关系——除了项目审批职能、核准及备案职能、融资职能、被监管职能、风险管理职能，项目在具体实施过程中还有如下主要法律关系：

a. 基于合作伙伴关系协议法律关系；

b. 工程施工承包合同法律关系；

c. 运营维护服务合同法律关系；

d. 设备与原材料供应合同法律关系；

e. 项目产品或服务销售合同法律关系等。

（7）项目的其他法律关系——为保证项目的成功，项目指挥部、PPP项目公司、EPC工程总承包单位或项目标段与投资中介、法律咨询、技术咨询、财务咨询、税务咨询等中介机构所产生的各类合同法律关系。

建设项目财税咨询主要内容如下：

建设项目财务管理首先要做好基本建设财务管理的基础工作。主要包括：建立健全建设项目财务管理制度和内部控制制度；按照项目单独核算的财务报表；编制项目资金预算并做好核算资料档案管理；按规定向财政部门、项目主管部门报送基本建设财务报表和资料；及时办理工程价款结算、项目竣工财务决算和资产交付使用手续等。具体要做好如下工作：

①建设资金管理——按照来源分为财政资金和自筹资金，财政资金要遵循专款专用的原则，项目建设单位要根据批准的项目概（预）算、年度投资计划和预算、建设进度等控制项目投资规模。

②财政资金处理——由项目主管部门会同财政部门根据项目建设目的、运营模式和盈利能力等因素核定。

③项目预算管理——项目建设单位编制的项目预算要以批准的概算为基础，按照项目实际建设资金需求进行编制，并控制在批准的概算总投资规模、

范围标准以内。

④建设成本管理——按照批准的建设内容由项目建设资金安排各项支出，包括建筑安装工程投资支出、设备投资支出、待摊投资支出和其他投资支出。

⑤基建收入管理——是指在项目建设过程中形成的各项工程建设副产品变价收入、负荷试车和试运行收入以及其他方式获得的各项收入。

⑥工程价款结算管理——是指依据建设项目发承包合同等进行的工程预付款、进度款、竣工价款结算活动。

⑦竣工财务决算管理——是指正确地核定项目资产价值、反映竣工项目建设成果的文件，是办理资产移交和产权登记的依据，包括竣工财务决算报表、竣工财务决算说明书以及相关资料。

⑧资产交付管理——是指项目竣工验收合格后，将形成的资产交付或者转交生产使用单位的行为。交付使用的资产包括固定资产、流动资产、无形资产等。

⑨结余资金管理——是指项目竣工结余的建设资金，不包括工程抵扣的增值税进项税额资金。经营性项目结余资金，转入单位的相关资产，非经营性项目结余资金，首先用于归还项目贷款，然后再作其他处理。

⑩绩效评价与财务监督管理——项目绩效评价是指财政部门、项目主管部门根据设定的项目绩效目标，运用科学合理的评价方法和评价标准，对项目建设全过程中资金筹集、使用及核算的规范性、有效性，以及投入运营效果等进行评价的活动。

项目监督管理主要包括对项目资金筹措与使用、预算编制与执行、建设项目成本控制、工程价款结算、竣工财务决算编报审核、资产交付等的监督管理。

此外，为加快我国基本建设领域健康发展，国务院近年来陆续公布了《基本建设财务规则》《基本建设项目竣工财务决算管理暂行办法》《基本建设项目建设成本管理规定》《建设项目EPC工程总承包费用项目组成》《PPP会计核算准则》等条例规定，以及配套税收政策和建设项目审计等相关制度来规范基本建设财务行为，加强基本建设财务管理，提高项目投资使用效益，保障投资资金安全，提高公共产品或服务的质量和供给效率，加强基本建设治理方面起到了越来越重要作用。

为了使建设项目各参建单位从事基本建设财务、工程总承包、工程概预算、审计、投资评审等管理人员尽快理解与熟练掌握国家最新的基建财务规则、会计核算与税收政策、基本建设审计、建设项目各阶段财务处理的方法和技巧，构建高质量的工程项目内部控制规范体系，确保合规合法、安全高效使用建设资金，提高项目投资效益。建设项目全过程财税专业咨询从以下方面提供服务。

建立项目全过程财税管理体系——包括：现场项目财务总监配备要求、现场会计主管配备要求、现场税务主管配备要求、现场出纳配备要求、现场财税资产部工作职责等。

项目全过程财税工作主要内容——包括：项目筹备阶段费用支出预算管理、项目全生命周期各阶段对项目总投资额度的核算管理、现场资金及预算管理、项目资金结算管理、项目现场固定资产购置保管处置管理、现场账务管理及财务预决算和决算、现场债权债务管理、现场财务档案管理、现场薪酬管理、项目全生命周期各阶段对税务的筹划管理、材料仪器设备进出库核准管理、项目工程款支付审核管理、月度季度年度财税分析报告等。

随着全过程工程咨询业务的深入开展，不仅法律、财税专业咨询的广泛展开，并且地产评估、资产评估、保险、物业等专业咨询以及新基建三大方面七个领域所需要的创新专业咨询都在逐步展开，极大地丰富着全过程工程咨询的内容。

9.3.8　项目工程监理专业咨询服务

工程监理本质上是属于项目管理范畴，是项目管理质量管理、进度管理、成本管理及风险管理延伸工程安全管理的一部分，是我国建筑行业改革产生的、符合我国当时国情所发展的阶段性产物，现随着改革的深入，正式纳入全过程工程咨询范畴。项目工程监理专业咨询服务内容根据《建设工程监理规范》（GB/50319-2013）文件规定，主要包括：

（1）工程质量控制；

（2）工程造价控制；

（3）工程进度控制；

（4）安全生产管理；

（5）施工合同争议管理（含工程变更、索赔、合同争议等）；

（6）施工合同解除；

（7）监理文件资料管理；

（8）设备采购与设备监造管理。

工程监理的工作方法包括：巡视监理、平行检验、旁站监理、见证取样等。

根据国家最新相关文件，取消建立独立的监理行业，使之回归于咨询行业，工程监理从过去的"三控两管一履行一协调"转变之一是成为继续从事建设工程施工阶段的工程技术与管理咨询（顾问）；转变之二是参与建设工程全过程咨询服务；转变之三是参与政府委托的建设工程质量与安全监督工作；转变之四是参与建设工程建设过程中的其他咨询服务。由此建设项目工程监理服务要与其他咨询服务紧密融合一体，作为全过程咨询服务的内容之一，共同保证项目的顺利实施。

9.3.9　项目运营维护专业咨询服务

建设项目在运营阶段需要进行资产管理、运营管理和拆除预案策划，通过运营和监管合同的履行，确保建筑物的全生命周期成本最优化，在运营阶段要完成项目后评价、项目绩效评价、绿色建筑的运行评价。运营活动如图9-24所示。

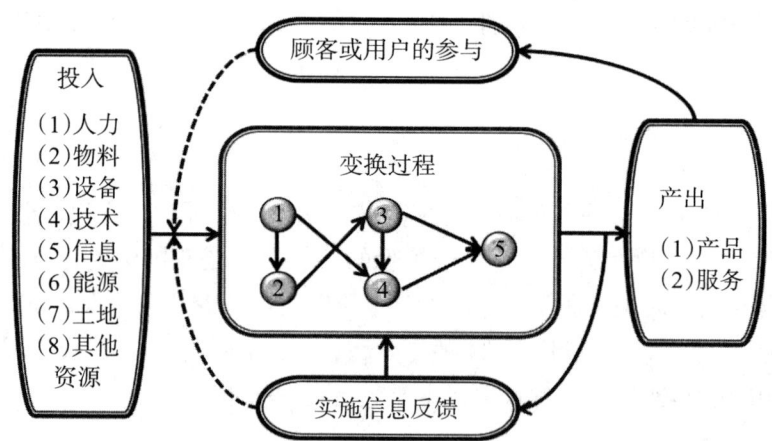

图9-24　全过程工程咨询建设项目运营活动示意图

运营阶段的主要工作包括：

（1）进行项目后评价（包括自我评价和其他项目后评价）；

（2）进行项目绩效评价；

（3）进行运营管理策划；

（4）设施管理；

（5）资产管理。

在以上五项主要工作中，项目运营阶段管理策划是全过程工程咨询运营管理专业咨询服务的重要内容之一，它包括运营组织设计、人力资源管理、项目设施设备管理、财务管理、税务筹划五项内容，具体阐述如下：

1. 运营组织设计

完整的组织设计程序包括：

（1）确定组织设计原则；

（2）运营公司职能的分析和设计；

（3）设计组织结构的框架；

（4）涉及组织的联系方式；

（5）管理规范的设计；

（6）人员的配备和训练；

（7）运行制度的设计；

（8）反馈与修正、定稿并颁布实施。

组织结构的特征因素包括：

（1）集权化程度；

（2）规范化程度；

（3）标准化程度；

（4）职业化程度；

（5）人员结构。

常见的组织结构类型包括：

（1）职能型结构（又称直线式和U形结构）——它是按职能来组织部门分工，从高层到基层，均把相同职能的管理业务及其人员组合在一起，设置相对应的管理部门和管理职务。

（2）分权的事业部制结构——按照企业所经营的事业，包括：按产品、按地区、按市场等来划分部门，设立若干事业部。

（3）模拟分权制结构——按照研究开发、生产制造、市场销售等不同经营管理领域及其特点，将企业高层领导下的第一级组织分成若干组织单位，把相应的业务活动分别归属到这些单位，让这些单位承担模拟性的盈亏责任，并配套相适应的管理权限，各自建立必要的职能机构，组织本单位的生产、技术或经营活动。

（4）矩阵结构——是把按照职能组合业务活动，以及按工程项目、规划项

目组合业务活动的方法结合起来运用的一种组织设计，即在同一内部，具有纵向管理信息流的若干职能部门，又建立具有横向项目（生产）信息流的产品（项目部门）部门，从而形成纵向与横向管理与项目系统相结合，形如矩阵的组织结构形式。

人员配置：在设定了适应组织战略的组织结构后，还要为组织结构配置适当的人员来完成各项工作，这是组织正常运行的关键。人员配置包括：

（1）认真选择和使用人才的招募、选拔、解除雇佣等方法，以便及时、准确地获取所需人才，这是人员配置的核心。

（2）通过有目的的开发、培训、鉴别等手段，使得人员与工作得到合理的匹配，这是项目团队采用价值工程的体现。

（3）通过搭建人员自身知识体系，确定职业发展规划，控制企业员工的流动，减少人员流失率。

2. 人力资源管理

根据企业发展战略要求，有计划地对人力资源进行合理配置，通过企业人力资源战略制定、员工的招募和选拔、培训与开发、绩效管理与薪酬管理、员工流动管理、员工关系管理、员工安全与健康管理等，调动员工的积极性，发挥员工的潜能，为企业创造价值，确保企业战略目标的实现。

人力资源特点：

（1）树立"以人为本"的主导思想。

（2）强调个人与集体的关系，使公司与员工共同发展。

（3）企业的人力资源开发具有长期性、计划性和前瞻性。

（4）管理方法上强调制度性与艺术性相结合。

（5）领导方式上强调权威性与民主性相结合。

（6）人员培训采用终身学习型。

（7）建立完善的工作绩效评价系统。

员工评价：

（1）员工的业绩评价——结合不同的项目和工作实际，以考核高中管及部门为主、员工个人为辅的方式，采用考核经营管理目标责任指标的方式，包括完成经营收入指标（非经营管理的工作量指标）、项目成本控制指标（管理工作费用指标）、项目及工作质量合格指标（包括所有工作）、项目及工作资料标准化指标、团队建设（包括项目团队及工作部门团队）达标指标五项考核指标，形成业绩评价体系。

（2）员工满意度——员工满意度实质上就是对企业管理层整体经营管理水平的满意度，就是对企业生产力水平的满意度。企业管理层对员工满意度的分析，可以了解员工工作状态，反省企业管理状况，及时改进管理，增强企业凝聚力。

3. 项目设施设备管理

（1）设备管理基本概念——设备管理的主要内容体现在技术、经济、组织三个方面，三者是不可分割的有机整体，具体包括：依据企业经营目标及运营需要制定设备规划；购置所需设备及必要时组织设计和制造；组织安装和调试投入运行的设备；正确合理地使用运行的设备；精心维护保养和及时检修设备；适时改造和更新设备。

（2）设备管理常用指标——设备利用率、设备完好率、设备改造与更新率、设备有效利用率、设备的维修效益、设备的综合效益。

（3）设备管理基本内容——生产能力、可靠性、可维修性、互换性、安全性、配套性、操作性、易于安装、节能性。

（4）设备的选择与评价——对现行组织的影响、备件供应、售后服务、法律及环境保护，以及设备的经济性和收益评价等。

（5）设备的安装与调试——必须满足工艺技术要求；方便工件的存放、运输和切屑的清理；满足安装的空间要求；设备安装、维修及操作安全方面的要求；动力供应和劳动保护的要求；设备调试工作的要求。

（6）设备的使用——提高设备利用程度，减少设备磨损，设备的日常维护保养是重要手段，应建立健全设备管理规章制度并严格遵守执行。

（7）设备的维护与检查——保持设备正常的技术状态，延长使用寿命；实行设备三级保养制；及时对设备运转情况、技术状况、工作精度、零部件老化程度等进行检查，制定修理计划，提高修理效率和修理质量。

（8）设备状态监测与诊断——采用仪器对设备状态检测和设备诊断技术，包括：对设备的技术状态迅速做出概括评价、运用一系列复杂的定量检测和分析技术。

4. 运营财务管理

（1）财务监控的含义——工程项目的运营需要强有力的财务监控，财务监控包括内部监控和外部监控。这种控制是全方位、全过程和多层次的，重点设计产品（服务）生产运营过程的运营时间、运营质量和运营成本控制。

（2）财务监控的内容——财务管理是企业管理的中心环节，包括对企业的

融资、投资、成本控制和利润分配等财务活动的管理、监控与服务。

（3）财务监控的意义——有利于监督企业的财务行为，确保企业的正常运营；加强财务监控有利于消除"内部人控制"的现象；有利于转换国有企业经营机制，建立现代企业制度。

（4）财务监控管理的方法——财务监控分为内部监控和外部监控。

内部监控包括：

第一、企业预算管理是企业在科学生产经营预测和决策的基础上，用数量、金额的形式来反映其来年内供、产、销及财务等方面经营策略、经营成果一整套生产经营计划。通过用预算指导各部门的生产经营活动；通过对预算执行情况的监控，及时发现并妥善处理生产经营过程中的问题，实现对生产经营的有效控制。

第二、内部审计控制是在一个企业中对各种经营活动与控制系统的独立评价，以确定既定的政策和程序是否得到贯彻，建立的标准是否遵循，资源的利用是否合理有效，以及单位的目标是否达到等。

外部监控包括：

第一、对企业的外部财务监控方法主要有外部审计（独立审计）以及财务委派制度。

第二、根据独立性和公正性的原则，通过外部审计对企业的运营情况进行监督显得尤为重要，企业的外部审计主要是通过会计事务所来完成。

第三、企业实行两权分离，财务委派制和财务任命制是相对的，由企业的所有者委任派遣主要财务人员，经营者不得干涉委派财务人员的工作。财务人员委派制是一种全新的财务管理模式。

（5）项目资源开发与运营——建设项目尤其是大型基础设施建设项目，由于其建设经营的特性，和许多其他资源如土地、广告、景观等具有密切的联系，构成了复杂的建设项目空间资源体系，在进行项目的运营管理的同时也必须注重对这些资源的开发和利用，通过这些资源的开发经营收益来弥补基础设施建设项目的巨大建设和运营成本。

5. 税务筹划

增值税的纳税筹划：

（1）采购业务增值税的纳税筹划——对于一般纳税人购货有三种选择：一是从一般纳税人处购进；二是从小规模纳税人处购进；三是如果两者销售价格相同，应该从一般纳税人处购进，原因在于抵扣的税额大。如果小规模纳税人的售价比一般纳税人低，就需要企业进行计算选择。

（2）销售业务增值税的纳税筹划——一般情况下，收入的确定要根据不同时期进行不同处理，一旦收入确认了，不管收入是否收回，都要进行纳税，减少了企业的净利润。从而选择不同的结算方式，为纳税筹划提供了可能。

税法规定：采取直接收款方式销售的，按照收到货物或取得货物凭证的当天作为收入确定的时间；分期付款方式销售的按照合同约定的收款日期；分期预收货款方式销售的按照交付货物的时间；采用托收承付和委托银行收款方式销售的，按照发出货物并办妥手续的当天。根据不同的销售结算方式和收入确定的时间不同来进行纳税筹划，从而达到减税或递延纳税的目的。

企业所得税的纳税筹划：

（1）销售费用的纳税筹划——税法规定允许扣除项目中，按业务招待费未发生额的60%扣除，但最高不得超过当年销售收入的5‰、广告费和业务宣传费不得超过销售收入的15%部分准予扣除，超过的部分准予结转后纳税年度扣除。其中业务招待与会议费、差旅费要分别核算。

（2）筹资费用的纳税筹划——采取适当方式筹措资金的财务活动，是财务管理的首要环节。最好的筹资办法并不是依靠自己的资金，而是可以向银行贷款。虽然贷款会加大企业的运营成本，但是贷款的利息是可以抵扣应纳所得税的，而且在息税前收益不低于资金成本率的前提下，负债率越高，金额越大，节税效果越显著。一般经营性借款利息是可以直接扣除的，但是有一定的上限。专门性借款利息不能直接扣除，只能随着固定资产折旧，但是没有扣除限额。利用这点可以将经营性借款利息转化为固定资产利息。

9.3.10　项目中后期评估专业咨询服务

建设项目全过程工程咨询服务中期评估专业咨询是全过程工程咨询的复盘业务，主要针对实施阶段的各项工作。

1. 中期评估的必要性

作为公共基础设施建设的监督方政府而言，中期评估可以帮助政府监督部门进一步了解项目进展和运营情况，尤其是面对较为专业和细节的问题，政府监督部门无法及时完成调研和深入了解，采用全过程工程咨询服务机构的专业评估就可以发挥重要作用，为政府监督部门提供有效的参考信息。同时，中期评估也包括对政府监管的检测，有利于调整和改善政府方监管的方向和重点，充分发挥监管资源的优势。对投资方、项目指挥部或项目公司而言，中期评估

是投资者、项目指挥部及项目公司从第三方角度了解项目建设全过程动态进展的依据，是搭建政企沟通的有效桥梁，对降低项目风险有重要的意义。

2. 中期评估的主要方式和内容

中期评估主要方式是投资人委托全过程工程咨询服务单位，并经政府主管部门同意委托的全过程工程咨询服务单位作为第三方对特许经营项目进行中期评估。中期评估内容包括两个方面：一是国家对项目建设相关的规定；二是投资人与全过程工程咨询服务单位签订的服务合同中的约定。除在建设期中或期满后进行中期评估外，应该每3～5年对项目进行一次中期评估，重点分析项目的运营状况和项目合同的合规性、适应性和合理性，中期评估报政府主管部门、财政部门、投资人备案。

3. 中期评估由五个步骤构成

（1）设计合理评估体系——根据项目建设内容设计一个合理的评估体系，以反映项目指挥部或项目公司在建设工程质量、运营管理、用户服务质量等方面综合表现。

（2）应用合理调研方法——为保证评估的客观公正，真实地反映项目指挥部或项目公司的经营状况，可以通过市场调查、实地调研和客户访谈等渠道获取资料数据。

（3）确定综合评分法——评分法可分为三类，即定性评估法、定量评估法和综合评估法。

（4）设定评分标准——可以通过三种评价标准确定，国家或省市相应规范和标准；省内同类城市的横向比较、企业经营前后的纵向对比。

（5）评分确定评估结果——通过全过程工程咨询服务单位作为第三方评估或组建专家团队进行评估，通过实地考察及从项目指挥部或项目公司、政府主管部门和社会公众获取的相关资料信息，依据评分细则对各项指标进行打分，给出最终结果。

4. 建设项目后评价的定义

建设项目后评价是指政府、企业、项目业主或投资人委托全过程工程咨询单位，在建设项目竣工验收或投入使用一段时间后，运用科学、系统、规范的评价方法，对项目投入运行后的实际效果，投资产生的技术、经济、社会、生态效益和影响等方面进行综合评价。后评价结论包括：经验、教训和政策建议等可作为政府或企业发展和投资决策的参考依据，还可以作为政府或企业重大决策失误或国有资产损失责任追究的参考依据，体现了后评价的重要意义。

5. 建设项目后评价的主要内容

（1）建设项目目标评价——主要是对项目设定决策目标的正确性、合理性、和实践性进行分析评价。

（2）建设项目实施过程评价——对照立项评估和可行性研究报告分析项目的立项、准备和评估，项目内容和建设规模，工程进度和实施情况，配套设施和服务条件，受益者范围及其反映，财务执行情况。

（3）建设项目效益评价——包含着财务评价和国民经济评价，主要分析指标是内部收益率、净现值和贷款偿还期等项目盈利能力和偿债能力的指标。

（4）建设项目影响评价——包括经济影响、环境影响和社会影响。

（5）建设项目可持续评价——主要体现在技术的先进性、经济效益合理性、社会影响协调性、生态环境相融性、管理体系完整性五个方面。

6. 建设项目后评价的主要依据与重难点

主要依据包括：

（1）建设项目管理的相关法律、法规、规章及规定。

（2）地方城市总体规划、行业发展规划和专项建设规划。

（3）项目立项相关审批、核准、备案文件，如项目建议书、可行性研究报告、项目申请报告、项目资金申请报告、节能评估报告及相关评估报告等。

（4）项目招投标文件及主要合同。

（5）主要投资控制报告：概算（调整）报告、预算报告、结算报告、财务决算报告、审计报告及相关批复文件等。

（6）主要工程建设文件：方案设计、初步设计、施工图及竣工图、监理报告、竣工验收报告等。

对于政府投资建设项目，还要审计或稽查结论性资料、政府投资建设项目自评报告等。

后评价的重难点包括：

（1）准确把握建设项目建设程序；

（2）细致地评价项目实施控制情况，如实反映存在的问题；

（3）项目效果的后评价中，对项目的可持续能力应重点分析；

（4）工程项目后评价指标体系的建立。

9.4　总建筑师与总咨询师

9.4.1　总建筑师负责项目成功

1. 总建筑师的地位

建设项目总建筑师（建设单位项目建设总负责或EPC总承包单位工程施工总负责）——是指项目建设单位、EPC总承包单位、业主或投资人指定及任命，具有相关资格和能力为建设项目提供顺利实施的甲方（针对全过程工程咨询服务单位）项目总负责人，它包含原项目经理的职责，又高于原项目经理的权责，是项目建设过程中对主要相关事宜具有决策权力的职位。建设单位总建筑师与注册建筑师是两个不同的概念，总建筑师是项目领导职务，注册建筑师只代表业务资格的身份。总建筑师原则上由建设单位副总经理、总工程师级别或相当于此类级别的人员或具有注册建筑师、注册结构工程师、注册建造师及专业高级工程师中一个或多个执业资格的人员担任。该职位与全过程工程咨询服务单位的总咨询师相对应，即总建筑师对项目成功负责，总咨询师对项目管理成功负责。

2. 总建筑师与专业建筑工程师的专业范围

总建筑师主要侧重于具备建筑设计方面的专业，包括但不限于具有酒店建筑设计、商业建筑设计、购物中心设计、影视剧院设计、图书馆设计、博物馆设计、养老建筑设计、医疗建筑设计、中小学校设计、托儿所幼儿园设计、高等院校设计、园区建筑设计、体育场馆设计、超高层建筑设计、地铁车站建筑设计、机场航站建筑设计、铁路客运站建筑设计、大型车库建筑设计、汽车客运站建筑设计、高速公路服务区设计、住宅建筑设计、绿色建筑设计、海绵城市设计、BIM应用设计、装配式建筑设计、景观设计、建筑防火设计等全部或部分知识体系。

专业建筑工程师（业主代表）是指具备相应资格和能力、在总建筑师管理领导下，开展对建设项目投资、施工、运营等相关专业管理的专业人士。专业建筑工程师主要包括但不限于以下专业人士：注册建筑师、勘察设计注册工程师、注册造价工程师、注册建造师、律师、会计师等及相当于工程师级别的其他执业人员。

建设单位或EPC总承包单位实行总建筑师制度是我国建筑行业发展过程

中逐步与国家建筑行业管理接轨的具体体现和实践。

9.4.2　总咨询师负责项目管理成功

1.总咨询师的地位

总咨询师——是指全过程工程咨询服务单位委派或业主及投资人指定，具有相关资格和多专业能力，为建设项目提供全过程工程咨询服务的项目管理总负责人，原则上由全过程工程咨询公司副总或总工级别的人员或具有国际PMP、注册建筑师、注册结构工程师及其他勘察设计注册工程师、注册造价工程师、注册监理工程师、注册建造师、注册咨询工程师中一个或多个执业资格的人员担任，总咨询师在建设项目全过程中的位置如图9-25所示。

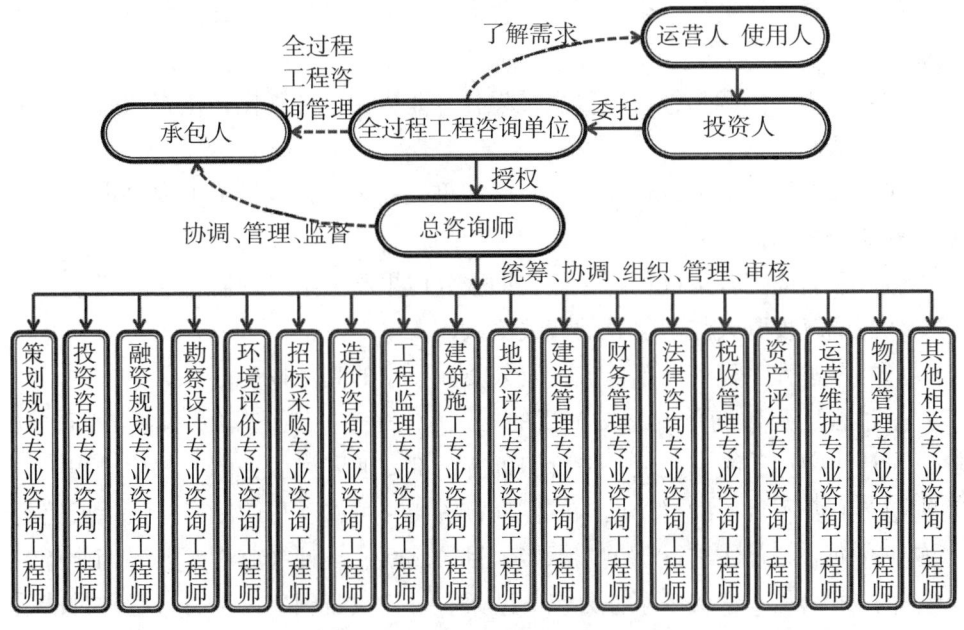

图9-25　总咨询师与专业咨询工程师在项目中的位置示意图

总咨询师要具备先进的管理意识。管理首先是管理别人的能力和接受别人管理的能力；其次，总咨询师要强化角色属性认知，管理也分为做正确的事和正确的做事两种，前者为决策，后者为执行。这是每一个优秀的总咨询师必须具备的职业操守和动态能力。

在实际项目建设工作中，总咨询师可同时兼任项目的勘察负责人、设计负责人、总监理工程师之一项或多项职务，并承担相应的质量安全等责任。总咨询师不兼任项目的勘察负责人、设计负责人或总监理工程师的，总咨询师应任

命具备相应资格的专业咨询工程师担任，由被任命的项目勘察负责人、设计负责人、总监理工程师承担相应的质量安全等直接责任，总咨询师承担质量安全等连带管理责任。总咨询师向投资人履行质量安全报告责任。

2. 全过程工程咨询的总咨询师应履行下列职责

（1）牵头制定项目全过程工程咨询服务的组织架构、专业分工、决策机制、管理制度、工作流程以及相关表格和成果文件模板等，并组织实施。

（2）组织编制全过程工程咨询服务规划、咨询目标，核准专业咨询服务实施细则。

（3）根据需求确定全过程工程咨询项目部人员及其岗位职责，特别是明确各专业咨询服务的负责人及其职责。

（4）根据工程进展及全过程工程咨询工作情况调配全过程工程咨询项目部人员。

（5）统筹、协调和管理项目全过程各专业咨询服务工作，检查和监督工作计划执行情况。

（6）参与组织对项目全过程各阶段的重大决策，在授权范围内决定任务分解、利益分配和资源使用。

（7）参与或配合全过程各专业咨询服务成果质量事故的调查和处理。

（8）调解投资人与承包人的有关争议。

（9）全过程工程咨询单位或投资人委托授予的其他权责。

全过程工程咨询单位承接项目的全过程工程项目管理以及投资咨询、勘察、设计、招标采购、监理、造价咨询等全部专业咨询服务的，如全过程工程咨询单位自身不具备勘察、设计或监理等资质，可将项目的勘察、设计或监理等专业咨询业务合法进行分包，承接项目的勘察、设计或监理专业咨询业务的分包单位可以是一家或多家，分包的勘察、设计或监理单位报总咨询师批准后任命项目的勘察负责人、设计负责人、总监理工程师。勘察、设计或监理的分包单位以及其任命的勘察负责人、设计负责人、总监理工程师向全过程工程咨询单位和总咨询师履行质量安全报告责任，并承担相应的质量安全等直接责任，全过程咨询单位和总咨询师承担质量安全等连带管理责任。

当全过程工程咨询单位采用联合经营方式时，联合经营单位应接受全过程工程咨询牵头单位的管理协调，并对其所提供的专业咨询服务负责。全过程工程咨询牵头单位应向投资人承担项目全过程咨询的主要责任，联合经营单位承担附带责任。

全过程工程咨询单位根据投资人的委托承接项目的全过程工程项目管理等咨询服务的，但投资人将项目的勘察、设计或监理等专业咨询服务另行发包的，承接该项目的勘察、设计或监理等专业咨询服务的单位（可以是一家或多家）任命项目的勘察负责人、设计负责人或总监理工程师，由投资人批准任命，向投资人履行质量安全报告责任，并承担相应质量安全等直接责任。全过程工程咨询单位不承担投资人另行发包的专业咨询服务的质量安全责任。

3. 全过程工程咨询服务规划

（1）建设项目概况；

（2）编制依据；

（3）全过程工程咨询服务范围；

（4）全过程工程咨询服务内容；

（5）全过程工程咨询服务目标；

（6）全过程工程咨询服务组织机构；

（7）全过程工程咨询管理制度；

（8）全过程工程咨询服务措施；

（9）全过程工程咨询服务设施。

4. 全过程工程咨询服务的项目专业工程师

项目专业咨询工程师是指具备相应资格和能力、在总咨询师管理协调下，开展全过程工程咨询服务的相关专业咨询的专业人士。专业咨询工程师主要包括但不限于以下专业人士：注册建筑师、注册结构工程师及其他勘察设计注册工程师、注册造价工程师、注册监理工程师、注册建造师、注册咨询工程师、律师、会计师等及相当于工程师级别的其他执业人员。

5. 全过程工程咨询的专业咨询师应履行下列职责

（1）参与编制全过程工程咨询规划，负责编制所负责专业咨询服务的实施细则。

（2）按工作计划、任务分配和现行法律法规、标准规范、质量要求等，完成所负责的专业咨询服务工作，对所承担的任务和出具的成果负责，并向总咨询师报告。

（3）完成总咨询师安排的其他咨询服务工作。

6. 专业咨询服务实施细则

（1）相关专业咨询特点；

（2）编制依据；

（3）工作范围；

（4）工作内容；

（5）工作目标；

（6）相关专业咨询的重点、难点及薄弱环节；

（7）相关专业咨询工作流程；

（8）相关专业咨询工作方法和措施。

本章小结

工程咨询是绕着工程项目而展开和进行的各项咨询工作。工程项目生命周期指一个工程项目从立项到完成所经历的所有阶段，全过程工程咨询是一种创新咨询服务组织实施方式，大力发展以市场需求为导向、满足委托方多样化需求的全过程工程咨询服务模式。

（1）全过程工程咨询包括全过程工程咨询的概念，全过程工程咨询单位，全过程工程咨询总咨询师和专业咨询工程师，全过程工程咨询服务与代建制/项目管理承包/工程总承包/工程监理等项目管理模式的区别，国外全过程工程咨询简介，国际全过程工程咨询酬金模式，全过程工程咨询的价值体现、原则与特点、全过程工程咨询的服务对象、全过程工程咨询的目标体系、全过程工程咨询的评判标准等。工程咨询服务范围包括规划咨询、项目咨询、评估咨询、全过程工程咨询。

（2）建设项目全过程工程咨询知识体系包含了12项知识领域，共计75个知识点或咨询过程，6个项目阶段过程组（决策阶段咨询服务、勘察设计阶段咨询服务、招标采购阶段咨询服务、施工阶段咨询服务、竣工阶段咨询服务、运营阶段咨询服务），6个配套技术工具过程组（全过程工程咨询概论、全过程工程咨询理论基础、全过程工程咨询工具、全过程项目合同管理、BIM技术辅助全过程工程咨询、建设项目廉洁管理）。建设项目全过程工程咨询知识体系阐述了较完整的全过程工程咨询服务的内容，对于指导全过程工程咨询服务工作具有很好的引导作用。

（3）总建筑师与总咨询师的区别：建设项目总建筑师是指项目建设单位、EPC总承包单位、业主或投资人指定及任命，具有相关资格和能力为建设项目提供顺利实施的甲方项目总负责人，它包含原项目经理的职责，又高于原项目经理的权责，是对项目建设过程中对主要相关事宜具有决策权力的职位。总咨询师是指全过程工程咨询服务单位委派或业主及投资人指定，具有相关资格和多专业能力，为建设项目提供全过程工程咨询服务的项目管理总负责人。

关键术语

BIM；工程咨询；工程项目；全生命周期；全过程工程咨询

参考案例

第9章参考案例·第一部分　　第9章参考案例·第二部分　　第9章参考案例·第三部分

第9章参考案例·第四部分　　第9章参考案例·第五部分

案例：经济技术开发区职教城建设项目全过程咨询服务

摘要：准东职教城位于国家级新疆准东经济技术开发区域内，拟计划建成具有国际先进理念的、现代化的、综合性的、基于国际双元制的职业教育模式，集课堂理论教学和工厂实习实训为一体，职教城内的企业与学校进行嵌入式、无间隙的相融合。本建设项目采用全过程工程咨询服务模式，并在招标文件中明确规定招标服务范围包括：项目综合性咨询服务；项目管理服务；全过程造价咨询服务；工程监理服务；BIM技术服务五大项内容。本案例从项目的重点、难点及解决方案出发，构建了适宜的全过程建设项目管理方案，为项目的顺利完成提供了保障。

关键词：工程咨询；全生命周期；全过程；项目管理方案

思考与讨论

（1）请阐述工程项目全生命周期的内容。

（2）请阐述全过程工程咨询服务的概念。

（3）请阐述工程咨询服务的范围。

（4）全过程工程咨询服务体系的主轴是什么？

（5）请阐述全过程造价咨询服务。

（6）请阐述全过程PPP咨询服务的内容。

（7）请阐述全过程BIM项目管理的内容。

（8）请分析总建筑师与总咨询师的区别。

参考文献

[1] 美国项目管理协会. 项目管理知识体系指南[M]. 6版. 北京：电子工业出版社，2017.

[2] 吴玉珊，韩江涛，王瑞镛. 建设项目全过程工程咨询理论与实务[M]. 北京：中国建筑工业出版社，2018.

[3] 杨卫东，敖永杰，翁晓红，韩光耀. 全过程工程咨询实践指南[M]. 北京：中国建筑工业出版社，2018.

[4] 张毅. 工程项目建设指南[M]. 2版. 北京：中国建筑工业出版社，2019.

[5] 董发根. 建设工程项目全过程管理操作指南[M]. 北京：中国建筑工业出版社，2017.

[6] 夏冰. 勘察设计企业全过程工程咨询管理指南[M]. 上海：同济大学出版社，2019.

[7] 刘占省，孟凡贵主编. BIM项目管理[M]. 北京：机械工业出版社，2018.

[8] 宋蕊. 工程咨询理论与实践研究系列丛书建设项目全过程投资控制理论与操作指南[M]. 北京：中国电力出版社，2017.

[9] 杨丽坤. 全过程工程咨询典型案例[M]. 北京：中国建筑工业出版社，2018.